अश्क

निम्न-मध्यवर्गीय जीवन के सफल चितेरे

डॉ. ज्योति दूबे

शिवालिक प्रकाशन
नई दिल्ली (भारत)

इस पुस्तक में व्यक्त विचार लेखिका के व्यक्तिगत है। इस पुस्तक में व्यक्त विचारों से किसी भी प्रकार की होने वाली हानि के लिए शब्द संयोजक, मुद्रक तथा प्रकाशक का कोई भी दायित्व नहीं होगा। किसी भी विवादास्पद स्थिति में, न्यायालय क्षेत्र दिल्ली होगा।

ISBN : 978-93-83838-44-8

प्रकाशकः

शिवालिक प्रकाशन

27 / 16, शक्तिनगर, नई दिल्ली–110007

दूरभाष : 011–42351161

ई–मेलः shivalikprakashan@gmail.com

वेबसाईट : shivalikprakashan.com

मूल्य : 600.00

प्रथम संस्करण : 2016

आवरण व शब्द संयोजन

कॉन्वेक्स पब्लिशिंग सोल्यूशन ब्यूरो

नई दिल्ली–59

मुद्रक : आर.के. प्रिंटर, दिल्ली

भूमिका

उपेन्द्र नाथ 'अश्क' हिन्दी साहित्य के उत्कृष्ट रचनाकार है। साहित्य उनके लिए साधना थी, इसलिए उनका सम्पूर्ण जीवन साहित्य के सच्चे साधक के रूप में बीता। 'अश्क' जीवन में विश्वास करने वाले व्यक्ति थे। जीवन पर्यन्त उन्होंने अदम्य जीजिविषा का परिचय दिया। लगातार संघर्ष करते हुए भी उन्होंने जीवन से कभी- हार नहीं मानी। जीवन के यथार्थ को उन्होंने सिर्फ लिखा ही नहीं बल्कि उसे जिया और बखूबी जिया। एक आम निम्नवर्ग का आदमी किस तरह से जीवन यापन करता है, उसे कैसी-कैसी समस्याओं का सामना करना पड़ता है, कैसे-कैसे संघर्ष करने पड़ते है इसका यथार्थ चित्रण उन्होंने अपने लेखन के माध्यम से किया है। अनवरत साहित्य की साधना करते हुए उन्होंने आम लोगों के जीवन के यथार्थ को सामने लाने का पूर्ण प्रयास किया।

अश्क का निम्न मध्यवर्गीय परिवेश में जन्म लेना और उसी वातावरण में किशोरावस्था से युवावस्था तक जीवन व्यतीत करना, उनके सृजन का आधार बना। उन्होंने नगर के निम्न मध्यवर्गीय जीवन के नब्ज को अत्याधिक निकट से परखा व पहचाना था, इसलिए उनकी रचनाओं में निम्न मध्यवर्ग पूर्ण यथार्थ के साथ अभिव्यक्त हुआ है। 'अश्क' ने जब साहित्य सृजन की आधारभूत भावना की अभिव्यक्ति के लिए लेखनी उठाई तो आत्मानुभूति से सृजित साहित्य का दर्शन पाठकों को हुआ।

अश्क गरीब और शोषितों के जीवन का चित्रण करने के पूर्व उसकी प्रामाणिकता का पूर्ण निरीक्षण करते थे। उन्होंने अपनी रचनाओं में निम्न-मध्यवर्गीय समाज की प्रायः उन सभी समस्याओं को उठाया है, जो उन्हें निरन्तर अन्दर ही अन्दर खोखला किए जा रही है।

सड़ी-गली सामाजिक रुढ़ियों, मूल्यों, मान्यताओं तथा नारी की दीन-हीन परिस्थितियों एवं आर्थिक दृष्टि से निचले स्तर के लोगों की मार्मिक व्यथा से उनका गहरा सरोकार था, जिसके खिलाफ वे जीवनभर जूझते रहे। उनके उपन्यास सामाजिक है और जीवन की यथार्थ समस्याओं से संबंधित है।

अश्क कोरी कल्पना के बल पर साहित्य की रचना नहीं करते थे, बल्कि अपने समृद्ध जीवनानुभवों को आधार बनाकर बृहद रूप में साहित्य सृजन किया। वे मानव जीवन की उपेक्षा कर साहित्य सृजन में विश्वास नहीं करते थे। अश्क का विशुद्ध कला अथवा विशुद्ध उपादेयता में विश्वास नहीं था वे ऐसे साहित्य अथवा कला को महत्व देते थे जो रचना के मानदण्डों के साथ व्यष्टि या समष्टि के लिए भी उपादेय हो। 'अश्क' ऐसे साहित्य को व्यर्थ मानते थे जिसमें जीवन का यथार्थ न हो। वे लेखन में पूर्ण काल्पनिकता के विरोधी थे। 'अश्क' यथार्थवादी शैली के जौहरी थे और इस शैली में उन्होंने कुछ बड़े ही उच्चकोटि के उपन्यास हिन्दी साहित्य को दिए हैं।

अश्क का जीवन के प्रति अपनी मान्यताएं और अपना दृष्टिकोण था, जिसे उन्होंने अपने उपन्यासों के माध्यम से अभिव्यक्त किया। हिन्दी के यथार्थवादी परम्परा के उपन्यासकारों की अग्रिम पंक्ति के उपन्यासकार 'अश्क' का सम्पूर्ण जीवन अथक संघर्ष करते हुए बीता। फिर भी जीवन के प्रति उनका दृष्टिकोण सदैव आशावादी रहा। वे विपरीत से विपरीत परिस्थिति में भी सकारात्मकता ढूंढ निकालते थे। उनकी एक कविता में जीवन के प्रति उनके प्रेम को देखा जा सकता है-

मौत बहरक है दोस्तों,
यहीं सोचकर मैंने जिया है जिंदगी का हर क्षण
अपने आन्तरिक सुखों के लिए।
बहुत भाग-दौड़ की, भयंकर संघर्ष किया
पर नहीं की खुशामद, न किये समझौते
अपने उसूलों से

अपने आदर्शों से नहीं डिगा, न हुआ दयनीय

ज़िंदगी को समझा है मैंने, जेब में पड़े इस्तीफ़े की तरह

और नौकरी बजायी है 'उसकी' सर उठाकर अपने काम के हर क्षण का पूरा लुत्फ़ उठाया है।

जीवन के प्रति उनका यही दृष्टिकोण उनके उपन्यासों में भी दिखाई देता है। उनके सभी उपन्यासों में निम्न मध्यवर्ग के जीवन के संघर्ष को उनके आशावादी दृष्टिकोण का सहारा मिला है। जीवन के घोर अंधकार के पल में भी आशा की एक किरण वो खोज निकालते थे।

'अश्क' के उपन्यासों के नायक में भी जीवन के प्रति इस आस्था का भाव साफ देख सकते है जो निःसंदेह 'अश्क' की जीवन के प्रति अपनी आस्था ही है। निम्न मध्यवर्ग के जीवन संघर्षो को अपने उपन्यासों के माध्यम से अभिव्यक्त करने में 'अश्क' जी कितने सफल हुए है पुस्तक के माध्यम से इस प्रश्न पर दृष्टि डालने की कोशिश की गई है।

डॉ. ज्योति दूबे

अनुक्रमणिका

प्रथम अध्याय

अश्कः जीवन व रचनाकर्म

साहित्य जीवन का अभिन्न अंग है, इसलिए साहित्य में जीवन के अंश का आ जाना स्वाभाविक है। लेखक का व्यक्तित्व उसके साहित्य में निहित होता है, इसलिए उसके साहित्य के मूल में पहुंचने के लिए पहले उसके जीवन को समझना पड़ता है। अतः आवश्यक है कि 'अश्क' के रचना-कर्म से पहले उनके व्यक्तित्व व जीवन को जाना जाय। उपेन्द्र नाथ 'अश्क' का सम्पूर्ण रचना कर्म उनके व्यक्तिगत जीवन का प्रतिबिम्ब है। साहित्य और कला का परस्पर मिलन अश्क के व्यक्तित्व में देखा जा सकता है।

'अश्क' के जीवन पर दृष्टि डालने पर हम पाते हैं कि उनका जीवन अभाव व संघर्ष में बीता। किन्तु वे अदम्य जीजिविषा वाले व्यक्ति थे, बाल्यावस्था से लेकर मृत्यु तक तमाम संघर्षो से जूझते हुए परिस्थितियों से लोहा लेते रहे, पर जीवन से हार कभी नहीं मानी। विकट से विकट परिस्थितियों का सामना किया, जीवन के हर उतार चढ़ाव को देखा किन्तु जीवन के प्रति सदैव आस्थावान रहे। इसीलिए उनके साहित्य में जीवन के तमाम उतार चढ़ाव, आशा-निराशा तथा संघर्ष के साथ जीवन के प्रति अपार श्रद्धा-भाव दिखाई पड़ता है। 'अश्क' का ये स्पष्ट मत रहा है कि 'ज़िंदगी जीने की, भोगने की चीज है, न कि नष्ट-भ्रष्ट करने की।' वे यह मानते थे कि इंसानों को बेहतर जीवन जीना चाहिए और इसके लिए अपनी प्रवृतियों को एक सीमा तक संयत रखना हर व्यक्ति का कर्तव्य होता है।

वे सदैव कहते थे दुर्भाग्य या सौभाग्य से दर्शन की इन दोनों पहलुओं की अति को मैं बचपन से अपने घर में देखता आया हूं। मेरे दादा और उनके भाई जीवन को निःसार समझते हुए परमार्थ की चिंता में लीन थे। मेरी मां इस लोक की चिंता करते हुए भी अपनी वृति को परलोक में

लगाये हुए थी। मेरे पिता क्षणवादी थे- कौड़ी न रख कफन के लिए उनका नारा था। जिंदगी से जितना सुख ले सकते थे, उन्होंने भरपूर लिया। लेकिन युवावस्था तक पहुंचते-पहुंचते मैंने जान लिया कि ये दोनों रास्ते गलत हैं। इन्द्रियों की सीमाएं है।[1]

'अश्क' आशावादी थे और वे हमेशा यही कहते- 'किस्मत का काम बिजलियाँ गिराना है तो इन्सान का काम जले हुए आशियाने पर फ़िर नया आशियाना बनाना है और पहले से बेहतर आशियाना बनाना है।'[2] वे न तो परमानन्दवादी थे न आनन्दवादी। उनकी स्पष्ट धारणा थी कि ईश्वर ने मानव को जिन्दगी दी है, इसलिए मानव का यह कर्तव्य है कि वह उस जिन्दगी को भरपूर जीये और दूसरों को अपने कार्य-कलाप से लाभान्वित करें-'संघर्ष तो हजारों-हजार, लाखों-लाख लोग अजाने रोज करते हैं, उसके कष्ट महसूस करते हैं और दुख पाते हैं। लेकिन जो लोग उस संघर्ष की प्रकृति को जानकर, उस जद्दोजहद के अन्जाम को समझकर संघर्ष करते हैं वही उस संघर्ष की तमाम तकलीफ के बावजूद उसे एन्जाय करते हैं। उस तकलीफ़ में भी सुख पाते हैं।'[3] निष्कर्ष के रूप में अश्क के जीवन-दर्शन के विषय में हम यह कह सकते हैं कि- जीवन के प्रति उनकी अटूट आस्था थी, उन्होंने मौत को चुनौती के रूप में स्वीकार किया था। जिन्दगी को सही अर्थों में समझने के लिए मृत्यु का अनुभव वे आवश्यक मानते थे। उनका मानना था कि जिन्दगी को जीने के लिए इन्सान को आशावादी होना आवश्यक है। तभी वह जिन्दगी के हर पल का लुत्फ उठा सकता है। 'साहित्यकार के रूप में यह मानना पड़ेगा कि अश्क अपने कठिनतम् परिश्रम और कष्टसाध्य लेखन के बल पर खड़े हैं। मातृभाषा पंजाबी, लेखक उर्दू के, लेकिन जब हिन्दी में लिखने लगे तो उसी धूम से उन्होंने साहित्य सृजा, जिस धूम-धाम से कोई प्रतिभा सम्पन्न सृज सकता है।'[4] अपने जीवन-दर्शन को स्पष्ट करते हुए उन्होंने राजेन्द्र टोकी से अपने एक साक्षात्कार में कहा है :

'नहीं मुझे इस बात का खेद नहीं
कि जिन्दगी एक लम्बी कठिन यात्रा की तरह गुजर गयी
कठिन यात्रओं के अपने सुख होते हैं

पीछे-बहुत लम्बा, ऊबड़-खाबड़, कँटीला घाट
आगे-पहाड़ी नाले का चौड़ा, पथरीला पाट
दुखते पैर, घायल टखने, टीसती पिंडलियाँ और बेपनाह थकन
और चारों ओर से घिरती हुई साँझ का सन्नाटा और सूनापन

नहीं मुझे इस बात का दुख नहीं
कि जिन्दगी एक अनवरत संघर्ष में बीत गयी।
संघर्ष का एक अपना तर्क होता है।
आदमी उसके आगे घुटने नहीं टेकता
तो वह उसे शक्ति देता है। जीवन देता है।
और 'जुझारु'-गाली नहीं, प्रशंसा है

संघर्ष का सुख वही जानते हैं
जो चेतन रूप से संघर्ष करते हैं।'[5]

अश्क उत्कृष्ट साहित्यकार के साथ एक अच्छे पाठक भी थे। वे नये लेखकों और कवियों को पूर्ण प्रोत्साहन देते थे। वे सिर्फ प्रोत्साहन नहीं देते थे बल्कि आवश्यकता पड़ने पर उनकी सहायता भी करते थे। नये लेखकों की रचनाओं को वे पूरे ध्यान से पढ़ते और उसकी अच्छाइयों एवं बुराइयों को पूरी ईमानदारी के साथ अपनी आलोचनाओं के माध्यम से पाठकों के समक्ष रखते थे। अश्क को अपने लेखन पर पूर्ण विश्वास था, अपनी रचनाओं पर उन्हें पूर्ण विश्वास था, इसी विश्वास के बल पर उन्होंने कहा था- 'यूनिवर्सिटी के अध्यापक या तथाकथित आलोचक उनके कृतियों का मूल्यांकन या विवेचन करें या न करें, हिन्दी में वे इतना लिख जायेंगे कि उसको बिना पढ़े हिन्दी का कोई भी इतिहास पूरा नहीं होगा।'[6]

और यह सत्य ही है कि अश्क इतना लिख गये हैं कि साहित्य का ऐतिहासिक विवेचन करते समय कोई उनके लेखन की उपेक्षा नहीं कर सकता। उनका व्यक्तित्व उनकी रचनाओं में समाहित हो चुका है, अश्क अपनी रचनाओं में, और उनकी रचनाएँ उनमें इतना एक-दूसरे में रच-बस गये हैं कि उन्हें अलग करके देखना असम्भव है। उन्होंने साहित्य को एक

चुनौती के रूप में स्वीकार किया और अपने जीवन को साहित्य–सृजन पर न्यौछावर कर दिया। उनका यह कथन सत्य ही है– 'सच्चा साहित्यकार दुख और सुख– दोनों में बराबर साहित्य देवता की आराधाना करता है। इस आराधना में उसे सच्चा सुख मिल सके इसके लिए अनवरत साधना करता है।'[7] उनका यह साहित्यिक तप कैसा रहा, ये उन्हीं के शब्दों में देखा जा सकता है–

'गिरकर उठता हूँ, उछलता हूँ/प्रपात पर चढ़, उल्टा तिरता हूँ
यह धारा जब-जब गिरायेगी/मैं उछलूँगा/ उठूँगा!!'[8]

अश्क का कवि रूप :

अश्क बहुमुखी प्रतिभा के धनी व्यक्ति थे, उन्होंने नाटक, एकांकी, संस्मरण, उपन्यास, रेखाचित्र, आत्मकथा सब कुछ सृजे, किन्तु इन सबमें एक समानता विद्यमान है और वो है उसका गद्य रूप। अश्क सिर्फ गद्य रचनायें ही लिखे हों ऐसी बात नहीं। उन्होंने गद्य के साथ काव्य भी रचा है। हिन्दी साहित्य में उनका लेखन तमाम विधाओं में बंटा हुआ है किन्तु काव्य ही वह विधा है जिसमें अश्क ने कम ही योगदान दिया है। पर यह भी सच है कि अश्क ने अपने साहित्यिक जीवन का आरम्भ काव्य के द्वारा ही किया है, यह और बात है कि इसी विधा को वे पीछे छोड़ गये। उन्होंने अपने साहित्यिक जीवन का आरम्भ पंजाबी कवि के रूप में किया। प्रारम्भ में वे पंजाबी में बैत (पंजाबी का एक विशेष छन्द) लिखते थे, परन्तु बाद में वे पंजाबी छोड़कर उर्दू के कवि हो गये और शायरी एवं ग़जल कहने लगे। कुछ वर्षों तक गज़ल लिखने के बाद अश्क उर्दू गद्य की ओर झुके और दस वर्षों तक वे उर्दू गद्य में रचना करते रहे और जब प्रेमचन्द की प्रेरणा पाकर वे हिन्दी की ओर झुके तो हिन्दी काव्य में अपना प्रथम प्रयास प्रारम्भ किया। हिन्दी कविता में अपने आरम्भिक प्रयासों पर अश्क का कथन है– 'मैं हिन्दी में लिखने लगा था। हिन्दी–काव्य के छन्दों का कुछ भी ज्ञान नहीं था, पर यह कठिनाई मेरे मार्ग की बाधा नहीं बनी। मैंने एक कवि मित्र से एक छन्द का पूरा ज्ञान प्राप्त कर लिया और अपने उस मूड की पन्द्रह–बीस कविताएँ उसी छन्द में लिख डालीं।'[9] साहित्य में उनका प्रारम्भिक प्रयास निःसन्देह काव्य ही था, किन्तु उनके लेखन का

यह गौण पहलू ही रहा। जैसा कि उन्होंने स्वयं कहा था– 'कविता हमेशा मैंने तब लिखी है, जब मैं कुछ और न कर पाऊँ। प्रेरणा इतनी बलवती हो कि मेरे सब काम–काज धरे–के–धरे रह जायँ या फिर मेरे पास अपार समय हो और मैं मजे से कविता लिख सकूँ।'[10] यही कारण है कि उनके काव्य के सृजन के पीछे कोई न कोई आराम का क्षण, बीमारी, यात्रा आदि की स्थिति रहती थी। उन्होंने स्वयं यह स्वीकार किया है– 'कविताएँ मैंने प्रायः बैठकर नहीं लिखी। कमरे में टहलते, ट्राम, बस या गाड़ी में यात्रा करते, प्रातः सायं घूमते अथवा सोने की कोशिश में बिस्तर पर करवटें बदलते–बदलते मैंने अपनी अधिकांश कविताएँ लिखी हैं।'[11]

ये सब होते हुए भी अश्क सिर्फ दिल बहलाने के लिए या बिना किसी प्रेरणा के काव्य–सृजन करते थे, यह कहना गलत होगा। खाली समय में कविता करने के लिए भी उन्हें प्रेरणा की आवश्यकता पड़ती थी, जैसा कि उन्होंने कहा था– 'कविता मैं बिना प्रेरणा के नहीं लिख सकता।'[12] उन्हें हमेशा ऐसा लगता था जैसे 'कहीं अन्तर में गहरे सृजन की बलवती इच्छा–धारा निरन्तर चुपचाप बहती रहती है। सचेत मन किनारे की मिट्टी में अनुभूतियों के गड्ढे खोद रखता है, तभी किसी आलोक–क्षण में उस अन्तःधारा से प्रेरणा की कोई उछाल आती है और किसी–न–किसी गड्ढे को भर जाती है। परिमार्जन का काम बाद में होता रहता है, परन्तु उस आलोक तरंग के बिना गड्ढे रीते पड़े रहते हैं और उसके अभाव में कई बार वक्त की मिट्टी से भर भी जाते हैं।'[13] किन्तु यह प्रेरणा भी उन्हें खाली वक्त में ही मिलती थी, जैसा कि रवीन्द्र कालिया से बातचीत में उन्होंने कहा था– 'अपनी कुछ महत्वपूर्ण कविताएँ मैंने अपनी लम्बी बीमारियों के दौरान लिखी हैं। 1946 के दिसम्बर में जब मैं बम्बई के के0ई0एम0 हस्पताल में भर्ती था, जिस शाम डॉक्टर ने बताया कि मुझे यक्ष्मा है, मैंने 'दीप जलेगा' शुरू की और लेटे–लेटे बाईस दिन में पूरी कर दी। फिर 1947 के शुरू में जब मैं पंचगनी के बेल एयर सैनेटोरियम में दाखिल हुआ और जर्मन डॉक्टर ने मुझे इमरजेन्सी वार्ड में महीना भर तक चुपचाप बिस्तर पर लेटे रहने के लिए कहा और हिलने–डुलने की मनाही कर दी तो मैंने मन ही मन अपना खण्ड–काव्य 'बरगद की बेटी' पूरा कर डाला।'[14]

अश्क साहित्य में अनुभूति पक्ष को महत्वपूर्ण मानते हैं। अनुभूति से उनका तात्पर्य जीवन के वास्तविक संघर्ष से है। उनकी दृष्टि में जो व्यक्ति अपनी जिन्दगी में वास्तविक संघर्ष नहीं देखा है, वो महज कल्पनाओं के बल पर उस संघर्ष का यथार्थ चित्रण नहीं कर सकता। साहित्य में अनुभूति की सार्थकता पर अश्क कहते हैं– 'मैं अनुभूति की सार्थकता को साहित्य में बहुत महत्व देता हूँ। हम जिन्दगी में हजारों अनुभव प्राप्त करते हैं और अगर लेखक के पास अभिव्यक्ति की शक्ति है तो वह उन तमाम छोटे-बड़े अनुभवों को साहित्य में उतार सकता है लेकिन मैं समझता हूँ कि लेखक जब प्रौढ़ हो जाय, जब वह अपने पाठक तैयार कर ले, तो अपनी अनुभूतियों में उसे केवल उन्हीं को कलम की नोंक पर रखना चाहिए, जो उसे महत्वपूर्ण लगे– यानि जिनका महत्व व्यष्टि अथवा समष्टि के सन्दर्भ में असंदिग्ध हो।'[15]

अश्क साहित्य :

अश्क ने अपने प्रबल इच्छा–शक्ति के बल पर एवं श्रम–साधना से प्रचुर साहित्य का सृजन किया। वे हिन्दी के सर्वश्रेष्ठ नाटककार, बेहतरीन उपन्यासकार, श्रेष्ठ कहानीकार और उच्चकोटि के साहित्यकार थे। कहानी, नाटक, निबंध, संस्मरण, उपन्यास ऐसी कोई विधा नहीं बची, जिस पर अश्क ने अपनी लेखनी नहीं चलायी हो। उनका सम्पूर्ण जीवन साहित्य की सेवा करने में ही बीता। उनके सम्पूर्ण साहित्य–सृजन पर एक दृष्टि–

नाटक एवं एकांकी :

अश्क हिन्दी के सर्वश्रेष्ठ नाटककार हैं। उनके नाटक एवं एकांकी हिन्दी साहित्य–संसार में अत्यन्त सफल हुए हैं। उनके नाटकों का सफल मंचन भी होता आया है। प्रसादोत्तर नाटककारों में अश्क अपने नाटकों द्वारा हिन्दी नाट्य साहित्य को और भी ऊँचाई पर ले गये। इसीलिए प्रसादोत्तर नाटककारों में अश्क का मुख्य एवं महत्वपूर्ण स्थान है। अश्क ने हिन्दी नाट्य साहित्य में सन् 1937 ई0 में पदार्पण किया, उसके पश्चात् उन्होंने अत्यन्त उत्कृष्ट नाटकों की रचना की तथा हिन्दी नाट्य साहित्य में ऊँचे स्थान पर आसीन हुए। उनके प्रमुख नाटक हैं :

(1) जय-पराजय

'जय-पराजय' उनकी प्रथम नाट्य कृति है। जिसका सृजन उन्होंने सन् 1937 ई0 में किया। यही वह समय था जब उन्होंने एक सशक्त विधा का सूत्रपात किया और अपने अन्य साहित्यिक विधाओं को पीछे छोड़ते हुए, नाट्य साहित्य में बहुत आगे बढ़ गये।

'जय-पराजय' की कथावस्तु ऐतिहासिक है, जिसमें राजपूतों की शौर्यगाथा का चित्रण है। अश्क की यह पहली और आखिरी नाट्य कृति है, जिसमें उन्होंने ऐतिहासिक पृष्ठभूमि को चुना इसके पश्चात् उन्होंने सिर्फ सामाजिक नाट्यों का ही सृजन किया।

(2) स्वर्ग की झलक

'स्वर्ग की झलक' अश्क की दूसरी नाट्य कृति है, जो सामाजिक जीवन पर आधारित है। इसकी मूल कथा वैवाहिक जीवन की समस्याओं पर आधारित है। इसमें आधुनिकता के अन्धानुकरण पर अश्क जी ने करारा व्यंग्य किया है।

(3) छठां बेटा

'छठां बेटा' हास्य नाट्य-कृति है। सामाजिक जीवन की पृष्ठभूमि पर लिखा गया यह नाटक मानव की अतृप्त आकांक्षा का प्रतीक है, यह समस्या सिर्फ एक परिवार या व्यक्ति की नहीं है बल्कि पूरे समाज की है। इसकी कथावस्तु के मूल में एक बूढ़ी स्त्री है, जिसके छः बेटे हैं जिनमें से पाँच पुत्रों का विवाह हो चुका है और उनकी पत्नियों से उस वृद्धा का रोज झगड़ा होता है। इस बात से वह दुखी रहती है और अपने सबसे छोटे बेटे से उम्मीद लगा कर उसके भविष्य को बनाने के सपने देखती है।

(4) कैद और उड़ान

इसे अश्क के नाट्य कृतियों में विशेष स्थान प्राप्त है। इस नाटक की पृष्ठभूमि में स्त्री के दो रूपों का चित्रण हुआ है, जिसमें एक को जीवन में तमाम बंदिशों को देखना पड़ता है और दूसरी को जीवन में सब कुछ पाने के लिए स्वतन्त्रता प्राप्त होती है।

(5) पैंतरे

यह प्रहसन है। यह नाट्य–कृति अश्क के मुम्बई प्रवास पर आधारित कहानी 'तकल्लुफ' का नाट्य रूपान्तर है जिसमें फिल्मी दुनिया की जिन्दगी का यथार्थ चित्रण हुआ है।

(6) अलग-अलग रास्ते

इस नाट्य–कृति में दो बहनों के वैवाहिक जीवन की असंगतियों की कथा वर्णित है। रानी और राज दो सगी बहनें हैं, जिनका विवाह अच्छे कुल के लड़कों के संग हो जाता है किन्तु वे दोनों ही अपने वैवाहिक जीवन से सन्तुष्ट नहीं रहती और अन्ततः अपने पिता के घर वापस आ जाती हैं।

(8) अंजो दीदी

यह अश्क का मनोवैज्ञानिक नाटक है, जिसकी नायिका अंजो (अंजली) एक अभिजात्य परिवार की लड़की होती है किन्तु उसका विवाह निम्न- मध्यवर्गीय युवक से हो जाता है। अंजो को साफ–सफाई अत्यन्त प्रिय है। धीरे-धीरे उसकी यह सफाई प्रियता एक सनक के रूप में परिवर्तित हो जाती है। इसी सनक को अश्क ने इस नाटक में उतारा है।

(9) भंवर

'अंजोदीदी' की भाँति 'भंवर' भी मनोवैज्ञानिक उपन्यास है। इसकी कथा प्रतिभा नामक युवती की है जो उच्च परिवार से है किन्तु अपने कुण्ठाग्रस्त भावनाओं के जाल में निरन्तर फंसी रहती है।

(10) बड़े खिलाड़ी

यह सामाजिक नाट्यकृति है जिसे अश्क के सामाजिक नाटकों की अगली कड़ी के रूप में देखा जा सकता है। इस कथा की मूल प्रेरणा समाज में व्याप्त कुरीतियाँ व जीवन की विसंगतियाँ हैं। इस नाटक में लड़कियों के विवाह को लेकर उठने वाली समस्याओं का यथार्थ चित्रण किया गया है।

(11) लौटता हुआ दिन

यह नाटक अश्क के पूर्ववर्ती नाटक 'कैद' का संशोधित एवं परिवद्धित रूप है।

अश्क ने जितने उत्कृष्ट नाटकों की रचना की है, उतने ही उत्कृष्ट एकांकियों का भी सृजन किया है। उनके नाट्य-कृतियों की ही भाँति उनके एकांकियों में भी सामाजिक समस्याएँ, हास्य-व्यंग्य के माध्यम से दिखलायी पड़ता है। उन्होंने लगभग चालीस एकांकियों का सृजन किया है, जिसका संक्षिप्त परिचय यहाँ दिया जा रहा है :

(1) देवताओं की छाया में :

यह एक सामाजिक दुखान्त व्यंग्य एकांकी संग्रह है। यह अश्क का पहला एकांकी संग्रह होते हुए भी विषयानुभूति की दृष्टि से अत्यन्त सशक्त है। वैयक्तिक एवं सामाजिक घटनाओं के परिप्रेक्ष्य में इसमें जिन समस्याओं को दिखाया गया है वह आज की बदलती हुई परिस्थितियों में भी उतने ही प्रासंगिक हैं। जिसमें वैवाहिक जीवन की कटुताएँ हैं, नेताओं की चालबाजियाँ हैं, निठल्लों की निठल्ले बाजियाँ हैं और साथ ही इन सबका दुष्परिणाम भी है। इस संग्रह में समाज की समस्याओं को उकेरा गया है। इस संग्रह में पाँच एकांकियाँ सम्मिलित हैं जिसमें- देवताओं की छाया में, जोंक, लक्ष्मी का स्वागत, अधिकार का रक्षक और आपस का समझौता शामिल है।

(2) पक्कागाना :

यह अश्क का दूसरा एकांकी संग्रह है। इस संग्रह का नाम पहले 'तूफान से पहले' रखा गया था किन्तु बाद में इसका नाम बदलकर 'पक्कागाना' रख दिया गया। इस संग्रह में 'तूफान से पहले', बहनें, पापी, नया-पुराना, वेश्या, 'कामदा' और 'पक्कागाना' एकांकियाँ संग्रहित हैं।

यह भी सामाजिक एकांकियों का संग्रह है, जिसमें साम्प्रदायिकता की आग लगाने वालों का पर्दाफाश किया गया है। वैवाहिक प्रणाली और आधुनिक युवतियों की भावुकता का भी चित्रण इस संग्रह में हुआ है।

(3) चरवाहे :

प्रतीकात्मक एकांकी नाटकों का संग्रह है- चरवाहे। जिसमें चरवाहे, मैमूना, चुम्बक, चिलमन, चमत्कार, खिड़की, सूखी डाली एकांकियाँ संग्रहित हैं। अश्क के इस एकांकी संग्रह में सामाजिक जीवन की समस्याओं को पाठकों के समक्ष रखा गया है।

(4) पर्दा उठाओ : पर्दा गिराओ :

यह संग्रह हास्य–व्यंग्य के साथ–साथ मानवीय वृत्तियों का बड़ा ही खुलकर चारित्रिक उद्घाटन करता है। इस संग्रह में जो एकांकियाँ संग्रहित हैं वो इस प्रकार से है : 'पर्दा उठाओ पर्दा गिराओ', तौलिये, कइसा साब, कइसा आया, सयाना मालिक, कस्बे के क्रिकेट क्लब का उद्घाटन, मस्केबाजों का स्वर्ग और बतासिया। ये सभी एकांकियाँ हास्य और व्यंग्य से भरे पड़े हैं।

(5) अंधी गली :

अंधी गली के सात एकांकियों में निम्न–मध्यवर्गीय जीवन की वह ट्रेजिडी छिपी हुई है जिससे सारा मध्यवर्गीय जीवन आज भी उतना ही आक्रान्त है जितना पहले था। इस संग्रह के एकांकी जीवन के यथार्थ से परिपूर्ण है जिसमें हास्य और व्यंग्य छिपे हुए हैं।

(6) साहब को जुकाम है :

सामाजिक जीवन की समस्याओं से ओत–प्रोत यह प्रहसन व्यंग्य मिश्रित है किन्तु अश्क ने इसमें किसी नयी समस्या को नहीं उठाया है बल्कि उनके पूर्ववर्ती नाटकों से यह एकांकी संग्रह पूरी तरह प्रभावित है।

काव्य संग्रह :

यद्यपि अश्क की रूचि कविता करना ही रहा है, फिर भी यह उनके साहित्यिक जीवन का गौण पहलू ही रहा। क्योंकि वे कवितायें तभी करते थे, जब उन्हें कुछ और न करना होता था।[16] इसीलिए उनकी अधिकांश कवितायें यात्रा, बीमारी या आराम करते वक्त ही लिखी गयी

है। किन्तु सिर्फ समय के सदुपयोग के लिए ही वे कवितायें लिखते रहे हों, ऐसा भी नहीं है। दरअसल अश्क जी को कविताएँ लिखने के लिए प्रेरणा की आवश्यकता पड़ती थी। इसीलिए अन्य विधाओं की अपेक्षा कविता उनके साहित्यिक जीवन का गौण पहलू ही रहा। भले ही अश्क जी ने कवितायें कम ही लिखी हैं किन्तु कविता करना अश्क जी का पहला प्यार रहा है। उन्होंने स्वयं इस बात को स्वीकार किया है- 'यदि अपने तमाम उपन्यास, कहानियाँ और नाटक लिखने के साथ-साथ मैं हमेशा कविता करता आ रहा हूँ, पहले से बेहतर करता आ रहा हूँ....तो मान लिजिए कि काव्य मेरी पहली मुहब्बत ही है।'[17] अश्क यह मानते थे कि उनका काव्य पक्ष उनके अन्य विधाओं की अपेक्षा ज्यादा सशक्त नहीं था किन्तु उनकी मूलभूत प्रेरणा कवि की ही रही। उनके उपन्यासों को पढ़ने के बाद इस बात का आभास मिल जाता है। 'गिरती दीवारें', 'एक रात का नरक', बांधों न नाँव इस ठाँव जैसे यथार्थवादी उपन्यासों में उन्होंने जिस तरह लोक गीतों का चित्रण किया है- वो उनके काव्य कारण-प्रेम का ही परिचायक है। 'प्रभाकर माचवे' ने 'गिरती दीवारें' की समीक्षा करते हुए लिखा है- 'उपन्यास-लेखक कवि हैं और इस कारण उपन्यास के कई स्थल अत्यन्त काव्यात्मक है। स्थल-स्थल पर जो लोकगीतों का प्रयोग उपन्यासकार ने किया है, उससे भाव-चित्रण और भी निखर उठा है।'[18]

अश्क जी के काव्य-संग्रह इस प्रकार से हैं- (1) दीप जलेगा, (2) बरगद की बेटी, (3) सड़कों पे ढले साये, (4) खोया हुआ प्रभामण्डल, (5) प्रात-प्रदीप, (6) उर्म्मियाँ।

'प्रात-प्रदीप' उनका प्रथम संग्रह है जिसमें वे गीत संकलित हैं जो उन्होंने अपने पहली पत्नी की मृत्यु के उपरान्त संवेदित एवं दुखी होकर लिखी थी। इस संग्रह में 'जो कुछ भी है वह उनका अपना है, उनकी अपने हृदय की अनुभूति है। उनकी वेदना कल्पना की कृत्रिमता से एकदम अछूती है, यही उनकी विशेषता है।'[19] इसी प्रकार 'उर्म्मियाँ' के भी गीत 'प्रात-प्रदीप' की तरह के ही हैं। इसके गीतों में भी गहरा विषाद और निराशा का भाव अभिव्यक्त हुआ है। 'उर्म्मिया' में तीन प्रकार के भावों की अभिव्यक्ति हुई है। कुछ कवितायें अतीत की मधुर स्मृतियाँ समेटे हुए हैं

तो कुछ में अश्क की आशावादी दृष्टि दिखलायी पड़ती है। तीसरे प्रकार के गीतों को स्वतन्त्र माना जा सकता है। 'दीप जलेगा' में अश्क की अनुभूति की सच्चाई दिखलायी पड़ती है। इस गीत संग्रह के अन्त में संकलित एक स्वतन्त्र खण्ड–काव्य है जिसकी रचना अश्क ने अपने अस्वस्थता के दिनों की हैं। इस लम्बी कविता में एक ऐसे व्यक्ति के अन्तर्विचारों का चित्रण किया गया है जो अपने मृत्यु के सामने संघर्षरत है और मृत्यु से लड़ते हुए अपनी पत्नी को भी जीवन से संघर्ष करने की और आगे बढ़ते जाने की प्रेरणा देता है। 'बरगद की बेटी' अश्क का खण्ड काव्य है। उनकी प्रसिद्ध यथार्थवादी कविता है, जिसकी मूल कथा जमींदारों के शोषण और गरीब–पीड़ित बनजारों के शोषित होने की है। अश्क का तीसरा खण्ड–काव्य 'चाँदनी रात और अजगर' है। इस खण्ड–काव्य में भी अश्क की प्रगतिवादी दृष्टि ही दिखलायी पड़ती है। 'चाँदनी रात और अजगर' के बाद उनका चौथा काव्य–संग्रह 'सड़कों पे ढले साये' काफी अन्तराल के पश्चात् आया। इस काव्य–संग्रह में भी उनकी निजी अनुभूतियाँ ही अभिव्यक्त हुई है। इस संग्रह के गीतों में कवि की वैयक्तिक चिन्तन प्रकृति से इतनी घुल–मिल उठी है कि कवि के अनुभूतिफलक की सराहना किये बिना नहीं रहा जा सकता है।

अश्क मूलतः शुरू से अन्त तक अनुभूतियों के कवि रहे, जिनकी वृत्ति वाह्य न होकर अन्तर्मुखी रही। सामाजिक सन्दर्भों में व्यक्ति–विकास ही उनकी कविता का मूल रहा है। उनके पास एक समर्थ कवि की प्रतिभा थी, सशक्त अभिव्यक्ति की क्षमता थी और अनुभूति की ईमानदारी के साथ गहरी आत्म–दृष्टि थी। शिवदान सिंह चौहान ने ठीक ही लिखा है– 'अश्क की कविताओं में श्रेष्ठ कवित्व है, हृदय की निगूढ़ भावनाओं को सरल, स्वाभाविक ढंग से व्यक्त करने की क्षमता है और उनकी कला महादेवी जी की कला की तरह सूक्ष्मदर्शी और प्रौढ़ भी है।'[20]

कहानियाँ :

अश्क ने अपने साहित्यिक जीवन के आरम्भ से ही कहानियों का सृजन किया। उन्होंने जब कहानी लिखना आरम्भ किया था तो वह युग कहानी–लेखन का संक्रान्ति काल था। अश्क ने अत्यन्त सशक्त कहानियों

की रचना की जिसमें-सामाजिकता, रोमानियत, साम्प्रदायिकता, हास्य और व्यंग्य सभी कुछ मौजूद है। हिन्दी साहित्य में अश्क एक अत्यन्त सफल कहानीकार के रूप में पहचाने जाते हैं। उनकी कहानियों को कथ्य के आध ार पर निम्नलिखित वर्गों में बाँटा जा सकता है-

(1) सामाजिक कहानियाँ :

अश्क ने बहुत सारी सामाजिक कहानियाँ लिखी हैं जिसमें- पिंजरा, पत्नीव्रत, डाँची, सभ्य-असभ्य, खटक, कैप्टन रशीद, बंगले, सतीत्व का आदर्श, बरुसी का फूल और भैंस, नासूर, भिश्ती की बीवी, कांकड़ा का तेली, 324, नरक का चुनाव, बैंगन का पौधा, मेमने, कहानी, लेखिका और जेलहम के सात पुल, डाकू चैन का अभिलाषी, खिलौने, पाषाण, नन्हा, माँ, जीवन, गोखान, बच्चे, भई मर्द का एतबार, सपने, पहेली, मरीचिका, पाप का आरम्भ, कुन्ती, मानव या दानव, तांगेवाला, मरुस्थल, दूलो आदि है।

(2) प्रेम और रोमांस भरी कहानियाँ :

उन्होंने प्रेम और रोमांस पर भी अत्यन्त खुबसूरत कहानियां लिखी हैं, जिसमें माया, नज्जिया, बदरी, वह मेरी मंगेतर थी, फूल का अंजाम, जादूगरनी, चित्रकार की मौत, निशानियाँ, जुदायी की शाम का गीत, एक उदासीन शाम, राजकुमार आदि प्रमुख हैं।

(3) सेक्सी कहानियाँ :

फर्लो, अंकुर, उबाल, ठहराव, झाग और मुस्कान, पलंग, एम्बेस्डर, बेबसी, मरना और मरना, चट्टान तथा अजगर आदि अश्क के सेक्सी कहानियों में गिने जा सकते हैं।

(4) साहित्य विषयक कहानियाँ :

अश्क ने साहित्य से संबंधित कहानियों का भी सृजन किया है, जिसमें- कितना, मगरमच्छ का भाषण, आकाशचारी आदि प्रमुख हैं।

(5) साम्प्रदायिक कहानियाँ :

साम्प्रदायिक कहानियों में चारा काटने की मशीन, ज्ञानी, टेबललैण्ड कहानियों को रखा जा सकता है।

(6) संस्मरणात्मक कहानियाँ :

'कश्मीरीलाल अश्क', मौसी, अड्डीचूक भूतना, वेपाके नगर में, मि0 घट पाण्डे उनकी संस्मरणात्मक कहानियाँ हैं।

(7) फिल्मी जीवन पर आधारित कहानियाँ :

अश्क ने अपने जीवन के दो साल फिल्मीस्तान में बिताया, जहाँ के जीवन पर उन्होंने दो कहानियों की रचना की– घिसा हुआ पत्ता, हीरो का रोल।

(8) पशुओं पर आधारित कहानियाँ :

पशुओं पर भी अश्क ने दो कहानी लिखीं। उन दोनों के नाम इस प्रकार से हैं– 'मोती' तथा 'कालू'।

(9) हास्य तथा व्यंग्य भरी कहानियाँ :

हास्य और व्यंग्य अश्क का प्रिय शगल था। इसीलिए उन्होंने हास्य और व्यंग्य पर अनेक कहानियाँ लिखीं। उनकी हास्य और व्यंग्य भरी कहानियाँ इस प्रकार से हैं– रौबदार, नहूसत, चैत्रशुक्ल तृतीया, तकल्लुफ, दालिये, लिरेंजाईहिस, गली का नाम, भाटके, छिन्द्रान्वेषी, जब सन्तराम ने बेलना उठाया, चपत, दलदल, डॉ0 वेदव्यास और उनकी दूसरी पत्नी, हमारा पहला त्यागपत्र, तमाशा, केवल जाति के लिए, डांकी, आँखों देखी बातें, चोरी–चोरी मुहब्बत हो, गुड़ की भेली, टोपियाँ और डॉक्टर, मनुष्य-यह, फातूर।

अश्क जी की अन्य साहित्यिक विधाएँ :

अश्क बहुमुखी प्रतिभा के धनी व्यक्ति थे। उन्होंने हिन्दी साहित्य की हर विधा को अपनी लेखनी से अंगीकार किया। उन्होंने न सिर्फ उपन्यासों, नाटकों की रचना की, बल्कि आलोचनात्मक, संस्मरण, निबन्ध, साक्षात्कार जैसी विधाओं में भी सफल लेखन का प्रयास किया।

आलोचना :

(1) 'हिन्दी कहानियाँ और फैशन' :

अश्क की पाँच आलोचनात्मक कृतियाँ हैं जिसमें पहला– 'हिन्दी

कहानियाँ और फैशन' है। इस आलोचनात्मक कृति में हिन्दी के कथाकारों द्वारा कहानी के कथा में नित नये प्रयोगों पर अश्क ने अपनी आलोचनात्मक दृष्टि डाली है और नये-पुराने सभी कथाकारों के सशक्त व कमजोर पहलू को उजागर किया है। किन्तु अपने शब्दों के कटु हो जाने पर अश्क सफाई देते हुए इसकी भूमिका में लिखे हैं- 'मेरे शब्दों में हो सकता है, कहीं आक्रोश की झलक मिले- अतिरिक्त आक्रोश की झलक मिले, पर यह आक्रोश केवल ऐसे पाठक का नहीं है, जो सदा नयी कहानियाँ पढ़ता है और जिसे कुछ कहानियाँ घटिया लगी हैं, वरन् ऐसे लेखक का भी है, जो मित्रों को भटकते और अपना ही अहित करते देखता रहा है और कुछ नहीं कर पाया।'[21]

(2) हिन्दी कहानी : एक अंतरंग परिचय :

इस कृति में 'कहानी कला' के बारे में विस्तृत जानकारी है। इसके साथ ही इसमें कहानी के तत्वों के विषय में भी विस्तृत लेख लिखा गया है। साथ ही नये व्यंग्यकारों को प्रकाश में लाने का सराहनीय प्रयास किया गया है।

(3) कुछ दूसरों के लिए :

इस पुस्तक में अश्क के लेखकीय जीवन में आने वाली कठिनाइयों का विशद विश्लेषण किया गया है। इसके साथ ही तमाम समस्याओं को भी उजागर किया गया है जिसकी वजह से नये लेखक धीरे-धीरे निष्प्राण से हो गये। अपने जीवन के अनुभवों को इस कृति में अश्क ने इस प्रकार से लिखा है कि पाठकों के साथ-साथ लेखकों को भी काफी कुछ सीखने को मिल सकता है।

(4) अन्वेषण की सहयात्रा :

अश्क ने इस कृति के द्वारा साहित्य के रास्ते में आने वाली तमाम समस्याओं का विशद चित्रण किया है। साथ ही साथ अपने व्यक्तिगत जीवन के अनुभवों को भी उन्होंने इस आलोचनात्मक कृति के द्वारा पाठकों के साथ बांटा है।

संस्मरण :

अश्क का जीवनानुभव इतना वृहद है कि उन्हें लेखनी में उतारना अभीष्ट था, इसीलिए उन्होंने एक या दो नहीं अपितु सात संस्मरण लिख डाले हैं। उनके सभी संस्मरण को काफी सराहना मिली है और पाठकों द्वारा भी काफी प्रशंसा अश्क ने अपने संस्मरणों द्वारा बटोरी है। उनके संस्मरण इस प्रकार से हैं–

(1) मन्टो मेरा दुश्मन :

अश्क के बहुचर्चित संस्मरण का नाम है– 'मंटो मेरा दुश्मन। इस संस्मरण में उन्होंने अपने मित्र और शत्रु मण्टो के विषय में विस्तृत विवेचना की है। इसे अश्क ने संस्मरण परम्परा के अन्य संस्मरणों से भिन्न माना है। इसकी भूमिका में उन्होंने इसकी विशेषता को अंकित करते हुए लिखा है– 'प्रस्तुत संस्मरण कुछ अर्थों में इन सभी से भिन्न है। यह न बहन का भाई पर लिखा गया संस्मरण है, न मित्र का मित्र पर, न श्रद्धालु का अपने प्रिय लेखक पर– यह एक माने हुए शत्रु का शत्रु पर लिखा गया संस्मरण है। अपनी और मण्टों की शत्रुता पर मैंने पर्दा नहीं डाला, उसको हर कोने से उधेड़ कर मैंने रख दिया है।....संस्मरण लिखा गया है। छापा गया है। उसकी भरपूर प्रशंसा और निन्दा हुई है और अब वह आपके सामने है। अपने पाठकों से मैं इतना ही कहूँगा कि उसे पढ़ते समय आप भूल जाइए कि मण्टो और मैं लेखक हैं। प्रसिद्ध लेखक हैं, आप केवल इतना सोचिए कि, हम दोनों इन्सान हैं और हममें इंसानों के सभी गुण–दोष हैं। इस दृष्टि से यदि आप इस संस्मरण को पढ़ेंगे तो आपको हम दोनों के बारे में नहीं, स्वयं अपने और अपने मित्र–शत्रुओं से आपसी संबंधों के बारे में भी बहुत–सी गहरी बातें मालूम होंगी।'[22]

(2) आस्मां और भी हैं :

अश्क जी के संस्मरणों का प्रमुख गुण उनकी रोचकता नहीं, जीवन का गहरा संस्पर्श है– दुख–सुख–भरा, कटु, निर्मम, लेकिन सहानुभूति की उष्मा से अनुप्राणित।......जिन्दगी का गहरा संस्पर्श, सच्चा, तटस्थ लेकिन रोचक चित्रण, दूसरों के अन्दर नहीं खुद अपने अन्दर भी झाँकने की कोशिश ही वे कारण हैं, जिनसे अश्क जी ने हिन्दी के संस्मरण साहित्य

में एक सर्वथा नयी परम्परा का सूत्रपात किया है।'[23] 'आस्मां और भी हैं' संस्मरण उनके इस परम्परा की एक कड़ी है। अश्क ने अपने संस्मरणों को पूर्णरूप से तटस्थ होकर चित्रित किया है, किसी भी तरह के भावुकता में पड़े बिना हर किसी के विषय में लिखा है। 'वह चाहे महादेवी वर्मा हों या बच्चन, माखन लाल चतुर्वेदी हों या धर्मप्रकाश आनन्द- उन्हें किसी वाद, राग-द्वेष या श्रद्धा-विगलित भावुकता के चश्मे से न देखकर सीधी-सच्ची नजरों से देखा है और वैसा ही चित्रित किया है।'[24]

ज्यादा अपनी : कम परायी :

इस संस्मरण में अश्क ने अपने व्यक्तिगत जीवन के विषय में लिखा है। साथ ही साहित्यिक जीवन के संघर्ष और अपने कटु अनुभवों को भी चित्रित किया है। इस संस्मरण में उन्होंने अपने बाल्यावस्था से लेकर युवावस्था तक के संघर्षों का, अपने विवाहों के संबंध में और साहित्यिक मित्रों और शत्रुओं के विषय में विविध ब्योरे दिए हैं।

फिल्मी दुनियाँ की झलकियाँ :

अश्क को अपने बाल्यावस्था में फिल्मों में जाने का बड़ा शौक था। जैसा कि हिन्दी साहित्य से अनेक लेखक फिल्मी दुनिया में गये। उसी प्रकार अश्क भी फिल्मों में हो आये। वहाँ उन्होंने अपने जीवन के दो वर्ष गुजारे और उन दो वर्षों में ही उन्होंने बहुत सारे कड़वे-मीठे अनुभव सँजोये, फिल्मी नगरी के जगमगाती हुई दुनिया को उन्होंने बड़े ही नजदीक से देखा-परखा और इन अनुभवों को अपनी रचनाओं में व्यक्त किया। हिन्दी के तमाम पाठक आज तक फिल्मों की तड़क-भड़क और चकाचौंधा को दूर से ही देखते रहे हैं, किन्तु अश्क जी अपनी दिलचस्प हास्य-व्यंग्य भरी शैली में उस अनोखे संसार और उसके यथार्थ को इन सभी पाठकों के इतने करीब ले आते हैं कि वे उसे छू कर महसूस कर सकें।

'परतों के आर-पार' :

इस संस्मरण में अश्क ने अपने अनुभवों को विस्तार देकर पाठकों के समक्ष रखा है।

संकलन :

अश्क ने संकलन भी किया है। उन्होंने उर्दू गजलों को 'उर्दू के बेहतरीन संस्मरण' नाम से संकलित किया है– पहले अश्क उर्दू के लेखक व शायर थे इसीलिए उन्हें उर्दू के गजलों से गहरा लगाव था, अपने इसी प्रेम के वशीभूत होकर उन्होंने गजलों का संकलन किया है।

साक्षात्कार :

अश्क एक विवादास्पद व्यक्ति थे, इसीलिए समय–समय पर अनेक साक्षात्कार उनसे, उनके व्यक्तित्व, जीवन और साहित्यिक जीवन के बारे में लिए जाते रहे। सत्य तो यह है कि 'किसी भी कृति या कृतिकार के प्रति नासमझी या उसकी गलत व्याख्या से उत्पन्न आलोचना की अपर्याप्तता हमेशा एक लेखक को इस बात के लिए विवश करती है कि वह रचनात्मकता के बारे में अपने विचार जागरूक पाठकों और आलोचकों के सामने रखे।'[25] अश्क ने भी अपने साहित्यिक व व्यक्तिगत जीवन के विषय में प्रचारित गलत बातों के खण्डन के लिए समय–समय पर अनेक साक्षात्कार दिए हैं। अब तक उनके सात साक्षात्कार प्रकाशित हो चुके हैं– (1) कहानी के इर्द–गिर्द, (2) साक्षात्कार और विचार, (3) गिरती दीवारें : दृष्टि–प्रतिदृष्टि, (4) आमने सामने, (5) हम कहें : आप कहो, (6) विवादों के घेरे में।

इन सभी साक्षात्कारों में अश्क से उनसे व्यक्तित्व, जीवन और साहित्य के विषय में बड़े ही तीखे और तेज प्रश्न किये गये हैं। 'साक्षात्कार और विचार' तीन खण्डों में प्रकाशित अश्क का बहुचर्चित साक्षात्कार है। पहले भाग में दो खण्ड हैं, जिसमें पहले खण्ड में अश्क से दूसरे लेखकों के विषय में वार्तालाप है और दूसरे खण्ड में अश्क के जिन्दगी के विषय में सवाल हैं। 'साक्षात्कार और विचार' के दूसरे भाग में अश्क के रचना–प्रक्रिया, उनके साहित्य–प्रयोग, रचना के कुल–शील, हिन्दी के रंगमंच पर, उनके उपन्यास– 'बड़ी–बड़ी आँखें' के थीम के विभिन्न पक्षों, उर्दू और हिन्दी की समस्या तथा पंजाब के साहित्यिकारों की दुर्व्यवस्था पर उनसे प्रश्न किये गये हैं। तीसरे भाग में स्वतन्त्रता के बाद के भारत की स्थिति, प्रेमचन्द और रेणु की परम्परा और अश्क के व्यक्तिगत तथा

साहित्य के संबंधा में प्रश्न किये गये हैं।

सम्पादन/निबन्ध :

अश्क जी ने तीन पुस्तकों का सम्पादन किया है और एक निबन्ध संग्रह भी लिखा है।

'छोटी सी पहचान' अश्क जी का निबन्ध संग्रह है एवं 'तूफानी लहरों में हँसता माँझी', 'उदास फूल की मुस्कान' और 'उगते सूरज का दर्शन' उनकी सम्पादित रचनाएँ हैं।

आत्मकथा :

चेहरे अनेक :

'अश्क' के गत पचास वर्षों के जीवन का लेखा-जोखा है- 'चेहरे अनेक'। यह पाँच खण्डों में प्रकाशित हुआ है और प्रत्येक खण्ड में अश्क का एक नया चेहरा पाठकों को दिखाई देता है और इस प्रकार से अश्क के उस चेहरे से संबंधित कितने ही मित्रों के (और शत्रुओं के भी) चेहरे बेनकाब हो जाते हैं और पाठक को अश्क के ही नहीं, उन सभी के प्रकट नजर आनेवाले चेहरों के पीछे छिपी रूपाकृतियों की झलक मिल जाती है।'[26]

संदर्भ

1. हिन्दी कहानियां और फैशन- ले. उपेन्द्रनाथ 'अश्क' पृ. 123
2. ज्यादा अपनी : कम परायी-ले0 उपेन्द्रनाथ अश्क, पृ0 141
3. साक्षात्कार और विचार, ले0 अश्क, पृ0 168
4. विवादों के घेरे में-लक्ष्मीकान्त वर्मा, पृ0 15
5. साक्षात्कार और विचार, ले0 अश्क, पृ0 167-68
6. विवादों के घेरे में, अश्क, पृ0 15
7. कुछ दूसरों के लिए, अश्क, पृ0 139
8. सड़कों पे ढले साये (मछली), अश्क, पृ0 64
9. सड़कों पे ढले साये (भूमिका), अश्क, पृ0 12
10. कहानी के इर्द-गिर्द-अश्क, पृ0 203
11. दीप जलेगा (भूमिका), ले0 कौशल्या अश्क, पृ0 8
12. कहानी के इर्द-गिर्द-अश्क, पृ0 203
13. सड़कों पे ढले साये-अश्क, पृ0 14
14. विवादों के घेरे में-अश्क, पृ0 39
15. आमने सामने-अश्क, पृ0 124
16. उपन्यासकार-अश्क, सं0 इन्द्रनाथ मदान, ले0 अश्क, पृ0 69
17. आमने-सामने, अश्क, पृ0 70
18. आमने-सामने से उद्धृत, पृ0 71
19. हिन्दी मिलाप (प्रात-प्रदीप की समीक्षा), गौरीशंकर ओझा, गल्प अंक, मई 1939, पृ0 39
20. हंस, वर्ष 12, अंक-3, दिसम्बर-1941 (प्रात-प्रदीप और ऊर्मिया की समीक्षा)
21. हिन्दी कहानियाँ और फेशन-अश्क, पृ0 38
22. मन्टो : मेरा दुश्मन-अश्क, पृ0 18
23. आस्मां और भी हैं-भूमिका, पृ0 8
24. आस्मां और भी है-अश्क, पृ0 8
25. साक्षात्कार और विचार-(आमुख), पृ0 7
26. चेहरे : अनेक-भूमिका, पृ0 5

द्वितीय अध्याय

'अश्क' के उपन्यास : एक परिचयात्मक विवरण

अश्क जी के उपन्यासों में 'गिरती दीवारें', 'शहर में घूमता आईना', 'एक नन्हीं कींदील', 'पत्थर-अल-पत्थर' बेहद सफल उपन्यास हैं, जिसमें निम्नमध्यवर्ग अपने जीवन के साथ बोल उठा है। इन उपन्यासों के साथ ही अश्क के अन्य सभी उपन्यासों का परिचय यहाँ दिया जा रहा है किन्तु उनके उपन्यासों का परिचय देने से पहले उनकी शैली, उपन्यासों के वातावरण, उसमें वर्णित मूल-स्वर को जानना आवश्यक है।

अश्क जी को बंधी-बधायी शैली में लिखना पसन्द नहीं था, इसीलिए वस्तु की अभिव्यक्ति के लिए उन्होंने जो माध्यम सही समझा, उसे नि:संकोच अपना लिया। यही कारण है कि प्रचलित शैलियों के साथ उनके उपन्यासों में नवीन शिल्प-विधान भी द्रष्टव्य होता है। उनका स्पष्ट मत था '..... आज कविता पहले की सी-कविता और कहानी पहले की सी-कहानी नहीं रही तो उपन्यास पहले का सा उपन्यास क्यों रहे।..... यदि कहानी ने कथानक का मोह छोड़ा तो उपन्यास क्यों न छोड़े। यदि कहानी ने अपने कलेवर में संस्मरण, यात्रा-विवरण, निबन्ध तक को समो लिया है तो उपन्यास क्यों न वैसा करे।'[2] इसलिए आत्मकथात्मक शैली, विवरणात्मक शैली, संस्मरणात्मक शैली, कल्पनात्मक-सांकेतिक शैली, डायरी-शैली, पत्र शैली, संवादात्मक आदि शैलियों का प्रयोग उन्होंने अपने उपन्यासों में किया है।

उपन्यास को अधिक से अधिक सजीव एवं सरस बनाने के लिए उसमें वातावरण का सूक्ष्म से सूक्ष्म वर्णन करने में अश्क जी अत्यन्त कुशल थे। वातावरण के निर्माण में वे जितने सिद्धहस्त हैं, हिन्दी उपन्यासकारों में बहुत कम उतने सिद्धहस्त हैं। क्योंकि अश्क जी ने अपने उपन्यासों में देशकाल एवं वातावरण के सभी तत्वों का रीति-रिवाज, रहन-सहन, आचार-विचार,

सामाजिक संस्कार आदि का बड़ी ही सूक्ष्मता से अंकन किया है। उनके उपन्यासों में जालन्धर और लाहौर के गलियों, नुक्कड़ों, सड़कों, मुहल्लों आदि का तथा वहाँ के निवासियों का और उनके रहन-सहन का जैसा मूर्त वर्णन मिलता है, शायद ही किसी अन्य उपन्यासकार के उपन्यासों में ऐसा वर्णन देखने को मिले। जालन्धर शहर के सूक्ष्म एवं यथार्थ चित्रण पर 'धर्मवीर भारती' जी ने लिखा है- 'इस उपन्यास के पहले अध्याय ने ही मुझे अलिफलैला के उड़ते हुए कालीनों की तरह सशरीर उड़ाकर जीते-जागते हुए जालन्धर के बीचों-बीच ले जाकर खड़ा कर दिया।'[3]

अश्क के उपन्यासों में वातावरण जितना सशक्त तरीके से चित्रित हुआ है, उतनी ही सूक्ष्म और सशक्त अभिव्यक्ति उनके उपन्यासों के मूल-स्वरों की भी हुई है। प्रेम-विवाह, भूख या गरीबी, सेक्स, अहं एवं सामाजिक शोषण ही वह मूल स्वर है जो उनके उपन्यासों में चित्रित हुआ है।

सितारों के खेल :

इस उपन्यास में सती अनुसूईया की कथा को आधुनिक पृष्ठभूमि पर रख कर लिखा गया है, जिसकी 'इति' बेहद कारुणिक है। इस घटना-प्रधान उपन्यास में जिसके केन्द्र में भारतीय मध्यवर्ग का पारिवारिक जीवन है- को अश्क ने भाग्यवादी दृष्टि प्रदान की है। इसमें जो भी घटनायें घटित होती हैं, लेखक के अनुसार- वह किसी 'पात्र-विशेष के कारण नहीं बल्कि 'नियति' के कारण घटित होती है। उपन्यास का मूल स्वर-प्रेम और विवाह की समस्या है।' इसी वजह से उपन्यास में जो भी कारुणिक स्थिति आती है, घटनायें घटती हैं उसकी जिम्मेदारी किसी पात्र विशेष पर न डालकर उसे जीवन की नियति बता दिया गया है और इसी नियति के जाल में सभी पात्र फंसते चले जाते हैं।

'सितारों के खेल' की नायिका 'लता' कालेज में होने वाले 'वाद-विवाद प्रतियोगिता' में भाग लेती है और उसे प्रभावित करने की आकांक्षा लिए जगत और बंसीलाल (दोनों लता की तरफ आकर्षित हैं) भी प्रतियोगिता में भाग लेते हैं। लता भारतीय संस्कृति की दृढ़ नींव पर खड़े पुरातन वैवाहिक आदर्शों का समर्थन करती है। जगत लता को आकर्षित

करने के लिए अवसर का फ़ायदा उठाता है और लता के मतों का पुरजोर समर्थन करता है, किन्तु बंसीलाल को लता का जगत की तरफ ध्यान देना अच्छा नहीं लगता और ईर्ष्यावश वह जगत की चुटकियाँ लेने के लिए यूरोपीय आदर्शों का समर्थन करता है। किन्तु जगत के प्रति उसका व्यक्तिगत रोष ही उसके भावी जीवन के कष्टों का कारण बनती है। लता जगत के बाह्याडम्बरों से मोहित होकर उससे प्रेम करने लगती है, किन्तु जगत के लिए 'लता से उसकी मुहब्बत तो एक विनोद-मात्र था- केवल एक खेल- वैसा ही जैसा उसने दूसरी युवतियों से खेला था।'[4] और जब जगत की यह सच्चाई लता के समने आती है तो उसके हृदय में तूफ़ान सा उठता है। जगत के बाह्य-आडम्बरों का पर्दा हटने पर उसे बंसीलाल के प्रेम की सच्चाई दिखाई पड़ती है, किन्तु तब तक बंसीलाल अपने घुंटते प्रेम से व्याकुल होकर अपने शरीर को नष्ट-भ्रष्ट कर पट्टियों में लिपटा मांस-पिण्ड बन चुका होता है। बंसीलाल के प्रेम में व्याकुल हो चुकी लता उसे अपने रक्त का एक-एक बूंद तक देने को प्रस्तुत हो जाती है। हताश लता के जीवन में इसी वक्त एक तीसरे पुरुष डॉ0 अमृतराय का आगमन होता है। डॉ0 अमृतराय लता के इस त्याग-भावना को देखकर अत्यन्त प्रभावित होते हैं और उन्हें लता से सहानुभूति हो जाती है। यही सहानुभूति डॉ0 राय के हृदय में लता के प्रति प्रेम भावना भर देती है। किन्तु लता हर तरफ से उदासीन होकर बंसीलाल की सेवा में लगी रहती है और एक दिन डॉ0 राय का साथ पाकर बंसीलाल को लेकर तीर्थ पर निकल जाती है। काफी प्रयत्न के पश्चात् भी बंसीलाल के स्वास्थ्य में कोई परिवर्तन नहीं होता और यह देखकर लता धीरे-धीरे बंसीलाल से उदासीन हो जाती है। लता की यह उदासीनता देखकर डॉ0 अमृतराय को हिम्मत मिलती है और उचित समय देखकर वह लता से प्रेम-निवेदन कर देता है। लता का आकर्षण भी डॉ0 राय की तरफ हो चुका होता है, किन्तु मांस-पिंण्ड बन चुके बंसीलाल उन दोनों के बीच दीवार बनकर खड़ा हो जाता है।

जिस बंसीलाल के लिए लता ने अपना सर्वस्व त्याग दिया था, जिसकी सेवा के अतिरिक्त उसके लिए दूसरा कोई धर्म नहीं था और जिसे जिन्दा रखने के लिए वह अपने शरीर के खून का आखिरी बूंद तक देने के लिए तैयार थी- उस बंसीलाल को, अपने भावी जीवन में रुकावट

समझकर उसे विष पिलाने में वह एक क्षण का समय भी नष्ट नहीं करती। लता का यह रूप देखकर डॉ0 अमृतराय का उससे मोहभंग हो जाता है और बंसीलाल की बहन राजरानी के प्रति उसके मन में सहानुभूति जन्म लेती है। लता का यह कृत्य डॉ0 अमृतराय को अस्वाभाविक सा प्रतीत होता है। लता के प्रति उनके हृदय में प्रेम भरा जो आकर्षण था वह उसकी त्याग व सेवा भावना के कारण था। वे स्वयं बंसीलाल को विष पिला कर लता के संग सुखी जीवन बिताना चाहते थे, जिसका असफल प्रयास वे कर भी चुके थे किन्तु लता का बंसीलाल को विष पिलाना उन्हें धक्का दे जाता है।

यह एक दुखान्त उपन्यास है, जिसमें मर्मस्पर्शी भावनाएं दिखलायी पड़ती हैं। बंसीलाल को विष देने के पश्चात् लता पश्चाताप् की अग्नि में जलती हुई अपनी मृत्यु के अन्तिम पड़ाव पर पहुँच जाती है और डॉ0 राय को अपने पास बुला कर अनुरोध करती है कि वह राजरानी से विवाह कर ले। इस तरह बंसीलाल को विष देने पर जिस लता के प्रति पाठकों के मन में घृणा का भाव उत्पन्न होता है, उसके कारुणिक अन्त पर पाठकों को सहानुभूति होती है। 'साहित्य समाज का प्रतिबिम्ब' है। जो कुछ भी हम देखते हैं और अनुभव करते हैं उसका यथार्थ अभिव्यक्तिकरण ही कला का प्रधान उद्देश्य है। जीवन की दारुण परिस्थितियों से बाहर निकलने का आशापूर्ण सन्देश देना भी साहित्य का प्रधान कर्तव्य है। 'सितारों' के खेल' में भी इसी भावना का प्रकाश पाया जाता है।'[5] यह उपन्यास जीवन के पतन एवं उत्कर्ष तथा दुख एवं सुख का अत्यन्त मनोवेधि वर्णन प्रस्तुत करता है, जिसमें भारतीय मध्यवर्ग की पारिवारिक समस्याओं का प्रभावकारी चित्रण है।

एक रात का नरक :

यह उपन्यास अश्क जी के वृहद् उपन्यास 'गिरती–दीवारें' का एक परिच्छेद है, जिसे उन्होंने पहले एक स्वतन्त्र उपन्यास के रूप में लिखा। किन्तु बाद में इसे 'गिरती दीवारें' के तीसरे खण्ड 'बांधों न नाँव इस ठाँव' के दूसरे भाग में एक परिच्छेद के रूप में जोड़ दिया।

इस उपन्यास की कहानी पंजाब से आये एक मास्टर जी के इर्द–गिर्द घूमती है। मास्टर जी एक ट्यूशन के चक्कर में शिमला जाते हैं, किन्तु वहाँ

पहुँचने के बाद वहाँ (शिमला) हर साल होने वाले मेले की चर्चा सुनकर उनका मन भी वह मेला देखने को इच्छुक हो उठता है। इसलिए जब लाल हाकिम चन्द और उनकी मित्र मण्डली शिमले का सालाना मेला देखने सी-पी जाते हैं तो वह भी अपने आप को रोक नहीं पाते और उनके साथ हो लेते हैं। किन्तु सी-पी के मेले में पहुँच दुर्भाग्यवश लड़की को छेड़ने के झूठे आरोप में बंदी बन कर हवालात पहुँच जाते हैं, जहाँ उन्हें एक रात काल कोठरी में बितानी पड़ती है। उसी काल-कोठरी में बितायी गयी एक रात मास्टर जी को इतनी यातनायें दे जाती है जिसे वे आजीवन नहीं भूल पाते। वो रात्रि उन्हें नरक में बितायी गयी एक रात के समान प्रतीत होता है।

इस उपन्यास का कथानक अत्यन्त संक्षिप्त है, जिसमें पात्रों का संयोजन बड़े ही सुंगठित रूप में किया गया है। इस कथा के माध्यम से अश्क ने शिमला में होने वाले सालाना मेले की वास्तविकता पर से पर्दा हटाया है। घाटी के बाशिंदे किस प्रकार वहाँ के जलसों एवं मेलों में सिपाहियों एवं दरोगा द्वारा शोषण का शिकार होते हैं, इसका सत्य रूप अश्क ने पाठकों के समक्ष रखा है। इस उपन्यास के माध्यम से शिमले के प्राकृतिक सौन्दर्य को भी चित्रित किया गया है और वहाँ की संस्कृति एवं स्थानीय जीवन पर भी दृष्टिपात किया गया है। शिमले के तरह-तरह के लोक-गीतों के वर्णन ने पाठकों को रस देने के साथ ही उनके ज्ञान में भी वृद्धि करते हैं।

गिरती दीवारें :

'गिरती दीवारें' अश्क जी का वृहद् उपन्यास है, जिसे उन्होंने सात खण्डों में लिखा है, 'गिरती दीवारें' उस वृहद्काय उपन्यास का प्रथम खण्ड है। यह अश्क का प्रथम यथार्थवादी उपन्यास है जिसमें उन्होंने निम्नमध्यवर्गीय जीवन की महागाथा को लिखना प्रारम्भ किया। अश्क जी का प्रथम उपन्यास 'सितारों के खेल' जहाँ यथार्थ का पुट लिए हुए आदर्शवादी उपन्यास है वहीं 'गिरती दीवारें' पूर्णरूप से यथार्थवादी उपन्यास के रूप में जाना जाता है। अश्क का आदर्शवाद से यथार्थवाद में पर्दापण अचानक और यूं ही नहीं हुआ, बल्कि इसके पीछे घटी उनके जीवन में वे घटनायें हैं जिसके कारण वे कल्पना की दुनिया छोड़कर यथार्थ

के धारातल पर आ खड़े हुए। अश्क ने लिखना आरम्भ ही किया था कि उनकी पहली पत्नी की बड़ी ही विषम परिस्थितियों में मृत्यु हो गयी, लाख प्रयत्न करके भी वे उन्हें बचा न सके। अपनी शादी के चार वर्षों में उन्होंने जीवन का जो नंगा रूप देखा, उससे उनके आँखों के सामने से कल्पना और रोमानियत का पर्दा हट चुका था और वे जीवन की वास्तविकता से पूरी तरह परिचित हो गये थे। इसीलिए जब वे अपना दूसरा उपन्यास लिखना आरम्भ किये तो उनके साहित्य संसार से कल्पना का अस्तित्व समाप्त हो चुका था और यथार्थ अपना पैर पसार चुका था। अश्क ने अपने इसी यथार्थवादी दृष्टिकोण की तरफ इशारा करते हुए लिखा है– 'मेरे जीवन में कई घटनायें ऐसी तेजी से घटीं कि न केवल जिन्दगी के बारे में मेरा दृष्टिकोण बदल गया, बल्कि इर्द–गिर्द की चीज़ों को मैं काफी गहराई से देखने लगा। तब मुझे महसूस हुआ कि जिस घटना को आदमी, उसके कारणों को न जानते हुए नियति के मत्थे मढ़ देता है, कई बार वह समाज की रूढ़िग्रस्तता अथवा दूसरी कुरीतियों के कारण होती है और मैंने जाना कि समाज बदला भी जा सकता है– उसके बंधन तोड़े भी जा सकते हैं और मनुष्य नियति से चालित होने के बदले उसका संचालन भी कर सकता है।'[6] इसीलिए जब उन्होंने अपना दूसरा उपन्यास लिखा तो उसमें जीवन के स्थानीय रंगों का यथार्थ रूप दिखायी पड़ा। 'गिरती दीवारें' उसी यथार्थवादी दृष्टिकोण की पहली कृति है। इस उपन्यास में अश्क ने न सिर्फ जीवन का गहरा यथार्थ चित्रित किया बल्कि उसमें निम्नमध्यवर्गीय जीवन की तमाम समस्यायें अपनी इच्छाओं, आकांक्षाओं, महत्वाकांक्षाओं, कुण्ठाओं, सद्वृत्तियों, कुवृत्तियों और विकृतियों को जीवन्त रूप में पाठकों के सामने ला परोसा।

'गिरती दीवारें' की महागाथा में अश्क ने एक निम्नमध्यवर्गीय युवक के माध्यम से निम्नमध्यवर्ग के जीवन की आर्थिक, सामाजिक, वैवाहिक समस्याओं, कुण्ठाओं, विडम्बनाओं, काम–विकारों का यथार्थ चित्रण किया है।

इस महागाथा का नायक 'चेतन' निम्नमध्यवर्ग का संघर्षशील युवक है, जिसका व्यक्तित्व आर्थिक शोषण तथा सेक्स संबंधी कुण्ठाओं से ग्रस्त

है। गरीब निम्नमध्यवर्ग में उत्पन्न चेतन का जीवन संघर्षपूर्ण रहा है। उसके पिता रेलवे में स्टेशन मास्टर हैं किन्तु घर से लापरवाह रहने और शराब पीने में ही सारे पैसे उड़ा देने के कारण उसके घर की दशा शोचनीय है। चेतन किसी तरह संघर्ष कर स्नातक तक की शिक्षा पूर्ण करता है। साहित्य में रुचि रखने के कारण वह कवि या लेखक बनना चाहता है, किन्तु पारिवारिक परिस्थितियाँ उसे पहले अध्यापक, फिर बाद में लाहौर के समाचार-पत्र में नौकरी करने के लिए विवश करती हैं। इसी बीच उसका विवाह एक ऐसी लड़की से तय हो जाता है जिसे वह पसन्द नहीं करता। वह कुन्ती नामक लड़की से प्रेम करता है और उसी से विवाह भी करना चाहता है किन्तु अपने पिता के कठोर व्यवहार के कारण चेतन इस विषय में उनसे बात करने की हिम्मत नहीं जुटा पाता और न चाहते हुए भी वह उस लड़की से शादी करने को विवश हो जाता है जिसे उसके माता-पिता ने उसके लिए पसन्द कर रखा है।[7] चेतन को वह पसन्द नहीं है किन्तु माता-पिता के दबाव डालने के कारण वह विवाह टाल नहीं सका और न चाहते हुए भी वह चन्दा को देखने के लिए बस्तीगजाँ जाता है। वहाँ उसे चन्दा की बहन नीला मिलती है जिसे वह मन ही मन चाहने लगता है। चेतन नीला के प्रति और नीला चेतन के प्रति आकर्षित हो जाते हैं।

संघर्ष और द्वन्द्व-भरे जीवन में चेतन को कतिपय विचित्र और कुरूप अनुभव होते हैं। दिन-रात काम करते-करते वह अपना स्वास्थ्य खो बैठता है और लाहौर के ही एक वैद्यराज के साथ अपने स्वास्थ्य के सुध ार के लिए शिमला चला जाता है किन्तु वैद्यराज रामदास एक मतलबी और धूर्त व्यक्ति है जो चेतन को अपनी बातों के जाल में फंसाकर उससे स्वास्थ्य-रक्षा संबंधी एक पुस्तक लिखने के लिए कहते हैं। चेतन जल्द ही वैद्यराज की वास्तविकता से परिचित हो जाता है उनके छल और दम्भ को देखकर वहाँ उसका दम घुटने लगता है। तब एक दिन वह वैद्यराज से वापस जाने के लिए कह भी देता है किन्तु रामदास उसे अपनी बातों के जाल में फंसा कर उसे रोक लेते हैं और उसे किताब पूरी करने के लिए जोर देते हैं। चेतन अब वहाँ नहीं रुकना चाहता किन्तु उसके पास कोई और बहाना नहीं होता। इसी बीच उसे नीला के विवाह की खबर मिलती है, वह जल्द ही कविराज रामदास की किताब पूरी कर शिमले से सीधे

जालन्धर जाता है और वहाँ से चन्दा को लेकर बस्तीगँजा जाता है। वहाँ पहुँचकर वह देखता है कि नीला एकदम गंभीर हो गई है उसकी चंचलता एकदम गायब हो चुकी है। उसे अफसोस होता है कि वह नीला के पिता से अपने और नीला के संबंधों के विषय में क्यों बताया, उसकी इस गलती की वजह से नीला के पिता ने उसका विवाह जल्द करने का फैसला ले लेते हैं और उसका विवाह रंगून के एक अधेड़ और बदसूरत मिलिट्री मैन से कर देते हैं। वह नीला से मिलकर अपने कृत्यों की उससे माफी मांगना चाहता है किन्तु वह उससे मिल नहीं पाता और देखते ही देखते नीला का विवाह उस अधेड़ और कुरूप वृद्ध से हो जाता है। चेतन इस अनमेल विवाह को देखकर आत्म–ग्लानी से भर उठता है और पश्चाताप की अग्नि में जलने लगता है। नीला विदा होने से पहले चेतन से मिलने आती है और यहीं चेतन को मौका मिलता है कि वह अपने कृत्यों की माफी नीला से माँग ले। वह नीला के चरणों में झुक कर क्षमा मांगता है, किन्तु नीला पीछे हटते हुए नीचे भाग जाती है। चेतन व नीला का यह प्रेम उसके व उसकी पत्नी के बीच अभेद्य दीवार बनकर खड़ी हो जाती है। किन्तु यह दीवार जो निम्न मध्यवर्गीय कुण्ठा का प्रतीक है– 'उसके और उसकी पत्नी के बीच की नहीं, नीला और त्रिलोक (नीला के जेठ का लड़का) के मध्य ही नहीं, बल्कि इस परतन्त्र देश के सभी स्त्री–पुरुषों, तरुण–तरुणियों, वर्गों और जातियों के मध्य ऐसी ही अगिनत दीवारें खड़ी हैं– कविराज और उसमें, उसमें और जयदेव में, जयदेव और यादराम में– इन दीवारों का कोई अन्त नहीं। उस तिमिराच्छन्न सन्नाटे में चेतन ने अगणित प्राणियों की मूक सिसकियाँ सुनीं, जो इन दीवारों में बन्द थे और निकलने की राह न पा रहे थे। इन दीवारों की नींव कहाँ है? ये कब गिरेंगी? बार–बार सेचने पर भी चेतन किसी नतीजे पर न पहुँच सका[8] और चेतन निम्नमध्यवर्ग के उस चेतन प्राणी का सहज प्रतीक बन जाता है। जो इन बन्द दीवारों की नींव की थाह पाने के लिए और यह जानने के लिए कि वे कैसे गिरेंगी, सप्रश्न हो उठा है।'[9] इस उपन्यास में कथावस्तु के साथ पात्रों के चित्रण में अश्क को पूर्ण सफलता प्राप्त हुई है। इस उपन्यास के सभी पात्र निम्न मध्यवर्गीय परिवेश के जीते–जागते चेहरे दिखाई पड़ते हैं, जो इस वर्ग की व्यथा को सामने लाने में पूर्ण रूप से सफल रहे हैं। पात्रों के साथ ही देशकाल व वातावरण

के निर्माण में भी अश्क पूर्ण रूप से सफल रहे हैं। भाषा-शैली की दृष्टि से भी उपन्यास महत्वपूर्ण है। पंजाबी बोली के प्रयोग ने इस उपन्यास के परिवेश को जीवन्त कर दिया है।

4. शहर में घूमता आईना :

यह 'गिरती दीवारें' का दूसरा खण्ड है। इस उपन्यास में केवल एक दिन की कथा का वर्णन है। उपन्यास में चेतन के पैतृक शहर जालन्धर का सूक्ष्म चित्रण किया गया है। चेतन के परिवार, मुहल्ले व शहर के परिवेश व रहन-सहन का इस उपन्यास में बड़ा ही सूक्ष्म वर्णन हुआ है। अश्क जी इस उपन्यास के माध्यम से यह दिखलाना चाहते थे कि चेतन के व्यक्तित्व में, जो भी खूबियाँ या खामियाँ हैं, उसका मुख्य कारण उसका वो परिवेश ही है, जिसमें उसने अपना बचपन बिताया है। अश्क ने एक स्थान पर लिखा भी है कि- 'अन्ततः चेतन जो है, अपने उस परिवार और मुहल्ले और शहर की ही उपज है। इसलिए उसके परिवार और मुहल्ले और शहर का विशद चित्रण मुझे जरूरी लगा और बिना अपने मन के अनुरूप उसका चित्रण किए मैं आगे नहीं बढ़ सका।'[10]

उन्होंने चेतन को इस उपन्यास में एक आईने के प्रतीक के रूप में चित्रित किया है, जिसमें सारा शहर अपनी तमाम अच्छाइयों और बुराइयों के साथ प्रतिबिम्बित हुआ है।

इसकी कथा वहीं से शुरू होती है, जहाँ 'गिरती दीवारें' समाप्त होती हैं। अपनी साली नीला जिसे वह प्रेम करता है, के विवाह के दूसरी रात चेतन अपने घर की छत पर अपनी पत्नी के साथ लेटा हुआ है, किन्तु उसे नींद नहीं आती, सारी रात वह सोच के भंवर में फंसा रहता है। सुबह भी जब मन की बेचैनी खत्म नहीं होती तो चेतन अपनी उस विशेष मनःस्थिति में ही घर से निकलकर अनन्त के पास जाता है किन्तु उसके साथ भी वह अपना दुख कम नहीं कर पाता तो अकेले ही सारे शहर में भटकता फिरता है और इसी भटकन में वह उन तमाम जगहों से गुजरता है जहाँ उसका बचपन गुजरा रहता है। हर स्थान पर कोई न कोई घटना उसके स्मृति-पटल पर उभरने लगती है जो उसके जिन्दगी में घटी रहती है। चेतन अपनी उसी मनोस्थिति के संग पूरे शहर का चक्कर काटता है और अपने उस

निम्नमध्यवर्गीय जीवन को एक समीक्षक की तरह निहारता जाता है- और पाता है कि वह परिवेश, वह जीवन संघर्ष, आर्थिक विपन्नता, काम–कुण ठा, अज्ञानता, जीवन व वर्ग संघर्ष, घुटन से भरा हुआ है जिसमें वह जीता है। उसे हर तरफ वही घुटन और कुण्ठा दिखलायी पड़ती है जो उसके हृदय में बसी हुई है और उसका मन और भी खिन्न हो उठता है। यूं ही सारा दिन इधर–उधर भटकते हुए व्यतीत कर वह देर रात अपने घर वापस जाता है किन्तु फिर भी उसके हृदय की विषाद और खिन्नता समाप्त नहीं होती। इस उपन्यास के माध्यम से अश्क ने तत्कालीन जालन्धर शहर का पूर्ण लेखा- जोखा प्रस्तुत किया है। इस उपन्यास में निम्न–मध्यवर्ग के जीवन की तमाम विसंगतियां अपने चरम रूप में प्रस्तुत हुई हैं।

5. पत्थर अल पत्थर :

'पत्थर अल पत्थर' अश्क का सबसे छोटा उपन्यास है। लेकिन इस छोटे से उपन्यास में उन्होंने निम्न वर्ग का चित्र इतनी संश्लिष्टता के साथ खिंचा है कि अपनी सामाजिक, आर्थिक, राजनीतिक और मानवीय चिन्ताओं में यह उपन्यास व्यापक सन्दर्भों को उद्घाटित करता है।

यह उपन्यास कश्मीर के एक प्रमुख पर्यटन–स्थल 'गुलमर्ग' के एक दरिद्र, धर्म–परायण भूमिहीन मजदूर–किसान हसनदीन की कहानी है, जो गुलमर्ग की सैर के लिए आने वाले सैलानियों को किराये पर घोड़े उपलब्ध कराता है, साथ ही गाइड का भी काम करता है। यह 'हसनदीन' के एक दिन की चर्या है। वह बस अड्डे जाता है और वहाँ उसे खन्ना साहब का परिवार मिलता है, जिन्हें वह दिन–भर भ्रमण कराता है। दिन भर के हड्डी–तोड़ परिश्रम के कारण शाम तक वह बीमार पड़ जाता है, फिर भी वह खन्ना साहब को उनके गन्तव्य स्थान तक वह पहुँचाता है। खन्ना साहब एक कंजूस व बड़बोले व्यक्ति हैं। हसनदीन को पूरे पैसे न देने पड़े, इसलिए वे उस पर चोरी का झूठा आरोप लगाकर उसके मेहनत के पैसे हड़प जाते हैं। अन्त में खन्ना साहब सिपाही हरनाम सिंह को सत्तरह रुपये दे जाते हैं। जिसे हरनाम सिंह व उसके साथी सिपाही आपस में बाँट लेते हैं और हसनदीन को पाँच–सात थप्पड़ और लात–घूँसे जमा कर हवालात में डाल देते हैं। फिर हसनदीन की पत्नी को बुलाकर समझाते हैं

कि वह कहीं से पचास रुपये का इन्तजाम करे तो हसनदीन छूट सकता है। हसनदीन की सारी ट्रेजिडी और न समाप्त होने वाले संघर्ष के साथ उपन्यास यहीं समाप्त हो जाता है और पाठक के हृदय में एक टीस छोड़ जाता है। निश्चय ही यह अश्क जी का श्रेष्ठतम् उपन्यास है जिसमें उन्होंने कश्मीर को निकट से देखने और समझने का प्रयास किया और वहाँ के जीवन को, यथार्थपूर्ण दृष्टि से चित्रित किया है।

इसकी विषय-वस्तु और शैली में नवीनता है और पात्रों का चित्रण भी पर्याप्त यथार्थ रूप से हुआ है। निम्नमध्यवर्ग के पात्रों- खन्ना साहब, उनकी पत्नी, हरनाम सिंह, उप्पल साहब, उषा और जीवानन्द प्राय: सभी पात्रों के चित्रण में लेखक को पूर्ण सफलता मिली है, किन्तु हसनदीन का चरित्र सबसे प्रभावशाली बन पड़ा है।

अश्क जी ने इस उपन्यास में निम्न वर्ग का चित्रण किया है। उनके लेखन का प्रमुख क्षेत्र निम्नमध्यवर्ग रहा है किन्तु पहली बार उन्होंने 'पत्थर अल पत्थर' के माध्यम से कश्मीर के निम्न वर्ग के जीवन को छुआ है, जिसमें उन्हें पूर्ण सफलता प्राप्त हुई है।

इस उपन्यास के माध्यम से पहली बार घाटियों का यथार्थ चित्रण पाठकों के समक्ष प्रस्तुत किया गया है। इसके पहले कश्मीर आदि पहाड़ी क्षेत्रों का केवल सौन्दर्य पक्ष या रोमानी पक्ष ही साहित्य का विषय रहा है किन्तु अश्क ने इस उपन्यास के माध्यम से वहाँ के स्थानीय लोगों के जीवन का संघर्ष व ट्रेजिडी का यथार्थ चित्रण किया है, जिसे पढ़ कर पाठक के हृदय में एक टीस और आँखों में आँसू झलक आते हैं।

6. एक नन्हीं किंदील :

'गिरती दीवारें' का तीसरा और सबसे महत्वपूर्ण खण्ड है यह उपन्यास। क्योंकि अश्क ने इसी उपन्यास के माध्यम से 'अहं की उस सूक्ष्म भावना का चित्रण किया है, जिस पर हल्की सी ठेस जिन्दगी की धारा को मोड़ देती है।'[11]

यह खण्ड विभाजन पूर्व हिन्दुस्तान के महानगर लाहौर में संघर्ष रत युवक चेतन की महागाथा है, जो अपने संघर्षों, सपनों, इच्छाओं, महत्वाकांक्षाओं और अन्तर्द्वन्द्वों में उलझा रहता है। 'गिरती दीवारें' के इस

खण्ड में चेतन- सेक्स, प्रेम एवं अर्थ से ऊपर उठकर अहं की भावना से घिर जाता है अहं की यही भावना उपन्यास का मूल सूत्र है। शिमले में रामदास (कविराज) के चतुराई–भरे शोषण का शिकार होकर और 'बस्ती गँजा' में अपनी सुन्दर और प्यारी साली नीला को, सुदूर रंगून के एक अधेड़ और विधुर मिलिट्री एकाउण्टेण्ट की जीवन संगिनी के रूप में विदा कर, मन में दसियों घाव लिए चेतन कल्लोवानी मुहल्ला, जालन्धर में अपने घर आ जाता है। वह कुछ दिन के लिए आराम करना चाहता है ताकि कच्चे घाव भर जायें और तन–मन से स्वस्थ हो वह लाहौर वापस जा सके, लेकिन माँ और पत्नी के तमाम स्नेह के बावजूद जालन्धर में उसका मन नहीं लगता और वह शहर में भटकता रहता है। उसके मन की विरानी बढ़ती रही, आखिर में तंग आकर टिकट कटाकर लाहौर चला जाता है। लाहौर आने पर चेतन को पता चलता है कि उसके बड़े भाई मकान छोड़ चुके हैं और अपने दुकान पर ही सोते हैं। चेतन झल्लाया हुआ स्वयं मकान की तलाश में निकल पड़ता है। मकान तलाश कर वह रोजी की तलाश में कविराज से मिलता है किन्तु मन से वह कविराज से सन्तुष्ट नहीं रहता। कविराज उसे काम दे भी देते हैं, किन्तु चेतन जल्द ही उनकी नौकरी को छोड़ने का फैसला कर चुका रहता है। कविराज चूँकि एक धूर्त और 'काम–निकालू' किस्म के इन्सान हैं और शिमले में उन्होंने चेतन का काफी शोषण भी किया था, इसलिए चेतन जल्द ही दूसरी नौकरी की तलाश कर कविराज की नौकरी छोड़ देता है किन्तु अपने अहं के कारण वह वहाँ भी ज्यादा दिन टिक नहीं पाता और एक के बाद नौकरी बदलता रहता है। चेतन एक भाव–प्रवण व हस्सास मनोवृत्ति का युवक है, इसीलिए उसे छोटी से छोटी बात भी लग जाती है किन्तु वह अपनी स्थिति की परवाह किए बगैर नौकरी दर नौकरी छोड़ता रहता है।

लाहौर आकर वह अपनी पत्नी चन्दा को भी बुला लेता है और उसका दाखिला स्कूल में करा देता है। सब कुछ ठीक चलता रहता है कि एक ऐसी घटना घट जाती है जिससे चेतन का अहं जाग उठता है। 'अहं पर हल्की–सी ठेस किस तरह आदमी की जीवन–धारा को बदल देती है। अपने अहं का मारा आदमी कैसे उत्तर को जाता हुआ दक्खिन को चल पड़ता है और यह भी कि यह अहं हर व्यक्ति के अन्दर है।'[12] चेतन के

अन्दर कहीं गहरे में बैठे इसी अहं को अश्क जी ने इस उपन्यास में चित्रित किया है। चेतन को पता चलता है कि उसके श्वसुर विक्षिप्त हो गये हैं और लाहौर के एक अस्पताल में भर्ती हैं उसकी सास अपने पति की सेवा के लिए लाहौर चली आयीं हैं और एक सेठ के यहाँ बर्तन मांजती है। चेतन को बुरा लगता है, वह अपनी सास को घर लाना चाहता है किन्तु उसकी सास अपने हठ व धार्मिक अंधा-विश्वास के कारण उसके अनुग्रह को अस्वीकार कर देती है। बाद में चेतन को पता चलता है कि उसी सेठ की लड़की से उसके सहपाठी अमीचन्द का विवाह तय हो गया है। तब उसके अहं को ठेस पहुँचती है। उसे ग्लानि होती है कि उसी के मुहल्ले का रहने वाला अमीचन्द उस घर का दामाद है जहाँ उसकी सास नौकरानी है। उसे अपनी और अपनी पत्नी की स्थिति बहुत ही तुच्छ लगती है। वह नहीं चाहता था कि अमीचन्द की शादी में चन्दा की हैसियत सिर्फ एक नौकरानी की बेटी की रहे। इसलिए वह तय करता है कि कानून की पढ़ाई कर के सब-जजी के कम्पटीशन में बैठेगा और सब-जज बनेगा। अमीचन्द के विवाह में उसकी पत्नी महरी की बेटी के रूप में नहीं बल्कि सब-जज की पत्नी की हैसियत से शामिल हो। इस दृढ़ निश्चय के साथ चेतन अपनी नौकरी छोड़ने का फैसला करता है और चन्दा को विश्वास दिलाता है कि '......कृष्णा का पति डिप्टी कलेक्टर है तो तुम्हारा पति भी सब-जज होगा।'[13] दूसरे दिन वह जब चन्दा को अपनी नौकरी छोड़ने की बात बताता है तो चन्दा ने मुस्करा कर कहा कि- 'फिर क्या हुआ।..... और दस नौकरियाँ मिल जायेंगी।'[14] चन्दा के इस विश्वास भरे शब्दों से उसे महसूस हुआ कि, चन्दा की उस मुस्कान, प्रोत्साहन और स्नेह के सहारे वह तमाम बाधाओं को पार कर अपनी मंजिल को पा लेगा। 'उसे विश्वास हो गया कि उस रोशनी में तमाम धुँधा-लकों और अस्पष्टताओं से निकलकर अपने उद्देश्य को पा लेगा। 'उसमें इस्पाती इच्छा-शक्ति है। ...उसे कोई नहीं रोक सकता... कोई नहीं रोक सकता।'[15] उपन्यास चेतन के निश्चयात्मक और दृढ़ इच्छाओं के साथ समाप्त हो जाता है।

यह उपन्यास अश्क की दृष्टि में उनका सबसे महत्वपूर्ण उपन्यास है क्योंकि यहीं आकर उपन्यास के नायक चेतन के चरित्र का विकास होता है। वह काम, अर्थ से ऊपर उठकर अपने आत्म-सम्मान के विषय

में सोचना शुरू करता है और यही वो मोड़ है जहाँ पहुँच कर वह अपनी नापसन्द पत्नी चन्दा के बारे में सोचना शुरू करता है और समाज में उसे सम्मान दिलाने के लिए वह सब कुछ छोड़कर सब-जज बनने के लिए संघर्ष करना प्रारम्भ कर देता है।

7. बड़ी-बड़ी आँखें :

अश्क के उपन्यासों का मूल उद्देश्य व्यक्तिवादी जीवन-दृष्टि है। इनकी जीवन-दृष्टि व्यक्ति चिन्तन के अधिक निकट है और इनकी उपन्यास-कला का उद्देश्य भी व्यक्तिमूलक है। इसी जीवन-दृष्टि से अनुप्राणित उनका चौथा उपन्यास- 'बड़ी-बड़ी आँखें' हैं। इस उपन्यास के मूल में व्यक्ति स्वातन्त्र्य का स्वर मुखरित हुआ है।

इस उपन्यास की कथा जिस क्षेत्र व वातावरण से सम्बन्धित है, वह बाहर से देखने पर बहुत सरल, स्वच्छ और पवित्र जान पड़ता है किन्तु अन्दर से वह देवनगर महज ढोंग है। इस उपन्यास का नायक संगीत मध्यवित्त समाज का आदर्शवादी युवक है, जो अपने आदर्शों के लिए जीवन के विकट पथ पर चलने को कटिबद्ध है। संगीत अपनी पत्नी के असामयिक मृत्यु से परेशान होकर आत्म ग्लानि व अशांति की मनोस्थिति लिए हुए देवनगर पहुँचता है, जहाँ उसकी मुलाकात वहाँ के संस्थापक श्री देवा जी (सरदार देवेन्द्र सिंह) से होती है। वह उनसे बहुत प्रभावित होता है और उसे पूर्ण विश्वास हो जाता है कि यहाँ (देवनगर) उसे आत्म-शान्ति जरूर मिलेगी। किन्तु कुछ ही दिनों में वह देवनगर की वास्तविकता से परिचित हो जाता है। उसे यह अच्छी तरह समझ में आ जाता है कि देवनगर के आदर्शों की वास्तविकता क्या है। देवाजी का आदर्श- महज दिखावा है। वहाँ की वास्तविकता ये है कि देवा जी अपनी पत्नी के अर्द्ध-सामन्ती विचारों से समझौता कर देवनगर की स्थापना के वास्तविक उद्देश्यों से चूक जाते हैं। वस्तुतः देवा जी के कथनी और करनी में पूर्ण तादात्म्य नहीं है। इसका कारण ये है कि वे अपने वातावरण की ऐसी परिस्थितियों से समझौता करने के लिए मजबूर हो जाते हैं जो उन्हें आदर्श की ऊँचाई से लुढका कर बहुत नीचे गिरा देता है।

देवनगर के आदर्शों के पीछे छिपी वास्तविकता को जानकर संगीत

को आत्मशान्ति तो नहीं मिली, बल्कि वह वहाँ और भी मानसिक अशान्ति का शिकार हो जाता है। देवा जी की बड़ी पुत्री वाणी संगीत से प्रेम करने लगती है, किन्तु उसका प्रेम देवनगर के एक कर्मचारी तीरथराम को अच्छा नहीं लगता और वह हरमोहन के साथ मिलकर संगीत की जासूसी करने लगता है। एक दिन मौका पा कर वे 'अप्रिल फूल' के मजाक का बहाना करके उसका अपमान भी करते हैं। इन सब घटनाओं से बौखला कर संगीत वहाँ से चला जाना चाहता है किन्तु देवा जी के समझाने पर वह जाने का विचार बदल देता है। इन घटनाओं के कारण संगीत का मन अब देवनगर में नहीं लगता, वह सिर्फ वाणी की बड़ी-बड़ी आँखों में अपने लिए प्रेम देखकर, उनमें उलझा हुआ वहीं पड़ा रहता है किन्तु इसी बीच एक और घटना वहाँ घटती है, जिससे उसका मन टूट जाता और वह देवनगर को छोड़कर हमेशा के लिए चला जाता है। दरअसल वह अपने नौकर गुलाब नबी को प्रैक्टिकल स्कूल में दाखिल कराना चाहता है किन्तु इसके लिए संगीत को वहाँ की माता जी के सामंती विचारों के कारण काफी विरोध का सामना करना पड़ता है, यहाँ तक की माता जी- जो उसे पहले से ही पसन्द नहीं करती थी, उसके इस कदम से और अधिाक रुष्ट हो जाती हैं। नबी को स्कूल में प्रवेश कराने में संगीत सफल जरूर हो जाता है किन्तु कुछ ही समय पश्चात् उसे स्कूल से निकाल दिया जाता है। वास्तव में नबी को चोरी करने की आदत थी। वह संगीत के घर आये मेहमान का बटुआ चोरी कर लेता है, इसी बात को मुद्दा बनाकर उसे स्कूल से निकाल दिया जाता है। संगीत इसका विरोध करता है किन्तु उसके किसी भी बात का प्रभाव नहीं पड़ता। संगीत चाहता था कि नबी की चोरी की आदत को सुधारा जाय न कि उसे विद्यालय से निष्काषित किया जाय। किन्तु उसकी एक न चली और नबी को विद्यालय से निकालने का फैसला हो जाता है। इस घटना से संगीत का हृदय देवनगर से खिन्न हो उठता है और नबी को निकालने के पूर्व ही वह देवनगर को छोड़ कर चला जाता है। अपने आदर्शों की रक्षा के लिए वह वाणी का प्रेम भी ठुकरा देता है। जाते हुए वह मन ही मन वाणी से कहता है कि 'तुम नहीं जानती, तुम्हें खो देने का ख्याल कितना तकलीफदेह है कितना दम घोट देने वाला है, लेकिन तुमने जो आँखें मुझे बख्शी हैं, दूसरे के दुःख दर्द को महसूस करने की जो

शक्ति प्रदान की है, वह उसी का तगादा था कि मैं यों भाग जाऊँ। लेकिन मैं विश्वास दिलाता हूँ, तुम्हारी उन बड़ी-बड़ी आँखों की याद, जिन्होंने मेरी आत्मा को आँखें दी हैं, 'देववाणी' के आदर्श पर चलने की प्रेरणा दी हैं,जीवन भर मेरा पथ उजेला रखेगी।'[16] संगीत को देवनगर का आदर्श, देवा जी का सपना अयथार्थ, अवास्तविक लगने लगा। उसका मन वहाँ से एकदम उखड़ गया, उसका दम घुटने लगता है और इसीलिए वह देवनगर को हमेशा के लिए छोड़ जाता है।

इस प्रकार 'बड़ी-बड़ी आँखें' उस नायक की कथा कहता है जिसे प्रेम ने वे आँखें प्रदान कर दी हैं, जिसकी रूह अभी मरी नहीं, जिसे प्रेम ऊपर उठा देता है, जो समझौता नहीं करता और आदर्श के पीछे निर्मल प्रेम को ठुकरा कर चला जाता है।'[17]

संगीत एक निम्नमध्यवर्गीय युवक है, जिसकी जीवन–दृष्टि आदर्शवादी है। जो कुंछ व्यक्तिगत स्वार्थों के लिए किसी भी कीमत पर अपने आदर्शों से समझौता नहीं करता। अश्क इसे अपना राजनीतिक उपन्यास मानते हैं। उन्होंने देवनगर और उसकी व्यवस्था को एक विशिष्ट सरकारी ढाँचे का प्रतीक बताया है और देवा जी को उस प्रधानमन्त्री के रूप में चित्रित किया जो उदाराशय, स्वप्नशील, भविष्यद्रष्टा हो, पर जिसके सहकारी अवसरवादी, चाटुकार और खुशामदी हों।

8. बांधों न नाव इस ठाँव :

यह 'गिरती दीवारें' का चौथा खण्ड है। यह खण्ड चेतन और उसकी पत्नी चन्दा के सुप्त प्रेम की कथा है। प्रारम्भ में चेतन जिस पत्नी को काली व भद्दी कह कर मन ही मन अस्वीकार कर दिया था, उसे वह उसकी सादगी और भोलेपन के कारण धीरे-धीरे प्रेम करने लगता है और इसी प्रेम के कारण वह अपनी पत्नी को समाज में प्रतिष्ठित करने के लिए कानून की पढ़ाई कर सब-जज बनने का सपना पालने लगता है। किन्तु उन दोनों के इस सुप्त प्रेम में एक लड़की चन्द्रा बीच में आ जाती है। 'बांधों न नाव इस ठाँव' चेतन के संघर्ष और चन्द्रा के प्रति उसके आकर्षण और उसकी पत्नी के अगाध विश्वास व प्रेम के आगे उसके समर्पण की कथा है।

चेतन 'भूचाल' नामक पत्र की नौकरी छोड़ देता है और किसी ऐसी नौकरी की तलाश करता है जिसमें उसे ज्यादा समय न देना पड़े। ताकि वह नौकरी के साथ कानून की पढ़ाई भी कर सके। किन्तु उसे ऐसा कोई काम नहीं मिलता जो उसकी पढ़ाई के साथ घर खर्च को भी पूरा कर सके। कोई रास्ता न दिखाई देने पर चेतन थोक बाजार से दो रुपये में दो दर्जन रूमाल खरीद लाता है और उसे अनारकली की सड़कों पर फुटकल दामों में बचने लगता है। इसी बीच उसे पण्डित रत्न मिल जाते हैं, जो सही अर्थों में उसके हितचिन्तक हैं, उसे उनके सहारे दो दिन का काम मिल जाता है। किन्तु इन दो दिनों के काम से उसकी किसी भी समस्या का समाधान नहीं हो पाता और वह इसी जुगाड़ में लगा रहता है कि कहीं से कुछ रुपयों का इन्तजाम हो जाय, जिससे वह दाखिले के साथ घर खर्च भी देख सके।

इसी बीच लाला हाकिम चन्द उसे अपनी बेटी को ट्यूशन पढ़ाने के लिए कहते हैं। चूँकि लाला जी की बेटी चन्द्रा पढ़ने में कुछ अच्छी न थी और मैट्रिक में फेल भी हो चुकी होती है। साथ ही उसका स्वभाव भी बेपरवाह व खिलन्दड़ा है। वह अपने इसी स्वभाव के कारण पिछले कई ट्यूशन-मास्टरों को पिटवा भी चुकी थी, इसलिए चेतन के बड़े भाई उसे यह ट्यूशन करने से मना करते हैं। किन्तु चेतन उन्हें समझा कर लाला जी के साथ शिमला चला जाता है किन्तु वहाँ जाकर चेतन को पता चल जाता है कि चन्द्रा कुन्द ज़ेहन और बहुत ही चंचल लड़की है। उसका मन पढ़ने में न लगता और उसकी कोशिश यही रहती की चेतन किसी भी तरह उसकी तरफ आकर्षित हो जाय। चेतन जल्द ही उसकी भावनाओं को समझ जाता है और उससे दूर रहने के प्रयास करता है, किन्तु चन्द्रा से दूर रहने की उसकी सारी कोशिशे विफल हो जाती हैं और वह चन्द्रा की प्रेम निवेदन करती आँखों में खोने लगता है। वह सोचता है कि 'क्या वह चन्द्रा से प्यार करने लगा है। ... क्या चन्द्रा के बालों को अनायास उसे चूम लेना कृतज्ञता भरे क्षणिक आवेग का द्योतक था या किसी दबी-छिपी भावना का?"[18] चार महीने शिमले में रहते हुए चेतन चन्द्रा को ट्यूशन पढ़ाता है और धीरे-धीरे उसके करीब भी आने लगता है किन्तु इन सब में वह अपनी पत्नी चन्दा को भूल नहीं पाता और चन्दा का अगाध विश्वास भरा प्रेम चेतन व चन्द्रा के बीच दीवार बन कर खड़ा हो जाता है।

उसकी पत्नी का पवित्र, भोला व निश्च्छल प्रेम चेतन को दूर रहते हुए भी बांधे रखता है, जिसके कारण वह चन्द्रा के प्रेम में बंध कर भी बंध नहीं पाता और अपनी पत्नी के पास जल्द ही पहुँच जाने के लिए वह शिमले से निकल पड़ता है।

'बांधों न नाव इस ठाँव' दो भागों में लिखा एक वृहद् उपन्यास है, जिसके प्रथम खण्ड में चेतन के आर्थिक संघर्ष और कानून की पढ़ाई के लिए उसका किया गया संघर्ष चित्रित है एवं द्वितीय खण्ड में उसका चन्द्रा के प्रति आकर्षण व पत्नी के निश्च्छल प्रेम के आगे उसके आत्म–समर्पण की कथा है।

9. गर्मराख :

'गर्मराख' सन् 1952 ई0 में प्रकाशित अश्क का 'गिरती दीवारे' की श्रृंखला से इतर एक स्वतन्त्र उपन्यास है किन्तु इसकी पृष्ठभूमि भी वही निम्नमध्यवर्गीय जीवन है। अश्क ने इस उपन्यास को 'गिरती दीवारें' के भाग के रूप में न लिख कर अलग से लिखा हैं, किन्तु इसकी कथा–वस्तु 'गिरती दीवारें' श्रृंखला की एक कड़ी 'बांधों न नाव इस ठाँव' भाग–1 से काफी मिलता–जुलता है।

'गर्मराख' को अश्क जी के यथार्थवादी उपन्यासों की अगली कड़ी के रूप में देखा जा सकता है। इसमें भी निम्नमध्यवर्ग के जीवन के संघर्ष का अपने अधिकारों के लिए लड़ने वाले मजदूर वर्ग का, साहित्यिक कवियों- बुद्धिजीवियों के जीवन को–अश्क जी ने बड़ी ही बारीकी और सतर्कता से अंकित किया है। इस उपन्यास के पात्र भी अश्क के अन्य उपन्यासों के पात्रों की भाँति जिन्दगी के करीब के और जाने पहचाने से लगते हैं।

अत्यन्त साधारण पात्रों के आर्थिक व समसामयिक परिस्थितियों के बीच उनके प्रेम–प्रसंग ही इस उपन्यास की मुख्य पृष्ठभूमि है। मुख्य कथा के साथ इसमें कई छोटी कथाएं भी हैं जो उपन्यास के विकास में सहयोग करती हैं

मुख्य कथा में जगमोहन नामक निम्नमध्यवर्ग के एक भीरु युवक

और सत्या नामक एक गंभीर युवती के संबंधों का चित्रण है। जगमोहन निम्नमध्यवर्गीय युवक है जो किसी तरह स्नातक की शिक्षा तो प्राप्त कर लेता है किन्तु आर्थिक कठिनाइयों के कारण आगे पढ़ने में असमर्थ हो जाता है। वह चातक जी के सम्पर्क में आकर 'संस्कृति समाज' की स्थापना के कार्य में लग जाता है। चातक जी का चरित्र काफी छिछला है, जो भी स्त्री उनके सम्पर्क में आती है वे उसी से प्रेम करने लगते हैं। चातक जी 'संस्कृति समाज' की स्थापना करते हैं जिसका एक मात्र उद्देश्य पहले सत्या, फिर अन्य नारियों को अपनी ओर आकृष्ट करना है। सत्या जी अपनी ही चलायी गयी कन्या-पाठशला की अध्यापिका है, जो गम्भीर, समझदार और साधारण सुन्दर हैं, किन्तु जिसके प्रति प्रकट-अप्रकट रूप से अनेक पुरुष अनुरक्त हैं। 'माधुरी' पत्र में छपी उसके चित्र से आकृष्ट होकर ही कवि 'चातक', 'संस्कृति समाज' की स्थापना करते हैं। जगमोहन भी उसके प्रति आकृष्ट है, उसका और सत्या जी का एकदूसरे के घर आना-जाना लगा रहता है। इसी कारण उन दोनों को लेकर स्केण्डल खड़ा हो जाता है। किन्तु जगमोहन जल्द ही सत्या जी के मोहपाश से अपने को मुक्त कर लेता है और सत्या की ही छोटी बहन दुरो की ओर आकृष्ट हो जाता है। सत्या जी इस बात से अनभिज्ञ जगमोहन से प्रेम करने लगती हैं और दुरो जगमोहन के प्रेम से अनजान हरिश जी से प्रेम करती है। जगमोहन का प्रयत्न यही रहता है कि वह दुरो के हृदय में स्थान बना ले। किन्तु वह असफल रहता है और उसे भान होता है कि सत्या जी उसे चाहती हैं, वह दुरो को चाहता है, दुरो हरीश जी को चाहती हैं और हरीश... उनके दिल की बात वह क्या जाने।"[19] इधर सत्या जी चाह कर भी जगमोहन को अपने करीब नहीं कर पातीं और छुब्ध होकर एक अधेड़ मेजर से विवाह कर लेती है। विवाह-पूर्व सत्या जी चाहती थीं कि जगमोहन उनके भावी पति से एक बार मिले, ताकि वो उसे यह विवाह करने से रोक सके। किन्तु जगमोहन उन्हें समझाता है कि वह शादी कर ही रही है तो उसे निभाये, सफल बनाये इसी में उसकी खुशी है और उनसे कभी न मिलने व पत्र-व्यवहार न करने का वादा ले कर चला जाता है। सत्या जी अपने विवाह के उपरान्त, जगमोहन के नाम एक पत्र छोड़ जाती हैं, जिसमें वह उससे आखिरी बार मिलने का अनुरोध करते हुए उसे स्टेशन बुलाती हैं।

स्टेशन जा कर भी जगमोहन सत्या जी के सामने नहीं जाता और छिपकर सत्या जी और उनके पति को देखता है। सत्या जी उसका इन्तजार करते हुए निराश हो अपने पति के संग अफ्रीका चली जाती है और एक अपार करुणा, अवसाद व टीस के साथ उपन्यास समाप्त हो जाता है।

जगमोहन और सत्या जी की कथा के साथ-साथ दुरो-हरीश की कथा, धर्मदेव वेदालंकार और प्रो. ज्योति स्वरूप की उपकथा, वसंत–सरला की कथा, सरदार गुलाब सिंह आदि की कथा भी चलती रहती है। इन प्रसंगों में दुरो और हरीश की कथा अधिक महत्वपूर्ण है। दुरो का चरित्र तो इतना सशक्त है कि वह सत्या जी के चरित्र पर भी भारी पड़ी है। दुरो वह महत्वपूर्ण पात्र है जिसके बिना उपन्यास अपना पूर्ण विकास नहीं कर पाता। सही मायनों में उपन्यास की नायिका वही लगती है।

10. पलटती धारा :

यह उपन्यास 'गिरती दीवारें' का छठां खण्ड है। यहाँ तक आते–आते अश्क चेतन के व्यक्तित्व में और विकास करते हैं, जो चेतन 'गिरती दीवारें' में अपरिपक्व व किशोरवय रहता है, वही 'पलटती धारा' तक आते–आते बहुत ही समझदार व परिपक्व हो जाता है। वह अपनी जिम्मेदारियों को पूर्ण करने के लिए और अधिक प्रयत्नरत हो जाता है। साथ ही कानून की शिक्षा प्राप्त करने के लिए लॉ–कालिज में दाखिला लेता है साथ ही अपने साहित्यिक प्रेम को भी एक ऊँचाई तक ले जाता है।

इस खण्ड में अश्क ने चेतन के अन्तर्द्वन्द्व और उसकी पत्नी चन्दा के अस्वस्थता का चित्रण किया है। साथ ही चेतन के परिवार की वास्तविक स्थिति भी सामने लाते हैं।

चेतन शिमले से जब जालन्धर आता है तो उसे पता चलता है कि वह एक बेटे का पिता बन चुका है। कुछ दिनों घर की उलझनों में चेतन फंसा रहता है किन्तु लॉ कालिज में दाखिले के लिए जल्द ही लाहौर चला जाता है। दाखिला लेने के बाद उसके सामने फीस भरने की समस्या आती है जिसके समाधान के लिए वह एक जगह ट्यूशन पढ़ाने लगता है। चेतन कानून की पढ़ाई शुरू कर देता है और सब–जज बनने के लिए कठिन

परिश्रम भी करता है, किन्तु उसके अन्दर का साहित्यिक मरता नहीं, वह समय निकाल कर साहित्य–सृजन भी करता रहता है। जीवन की समस्याओं से जूझता हुआ चेतन आगे बढ़ता रहता है कि एक दिन उसे अपने मित्र अनन्त का पत्र मिलता है जिसके माध्यम से उसे पता चलता है कि उसकी पत्नी चन्दा बहुत बीमार है। चेतन को जब चन्दा के अस्वस्थ होने का पता चलता है तो उसे क्रोध आता है कि यह ख़बर उसे अपने परिवार से क्यों नहीं मिला। यह सोचकर ही चेतन को कोफ्त होती है कि 'हमारा घर कैसा है... परसराम को टाइफाइड हो गया था तो माँ और बाऊ जी ने घर को सिर पर उठा लिया था और आज चन्दा को टाइफाइड हुआ किसी ने मुझे खबर तक नहीं दी।'[20] बेटे और बहू में इतना फर्क करने पर चेतन के सामने अपने परिवार की वास्तविकता आती है। यह सब सोचकर '... चेतन का जी हआ वह कानून–वानून छोड़कर किसी अखबार में नौकरी कर ले और चन्दा को लाहौर ले आये– उसे पूरा यकीन था कि जालन्धर में चन्दा और बीमार भले हो जाय, ठीक नहीं हो सकती।'[21] चेतन कुछ रुपयों का इन्तजाम करके जालन्धर जाता है और चन्दा को अपने स्वास्थ्य का खयाल रखने को कहकर वापस लाहौर आ जाता है और अपनी पढ़ाई में व्यस्त हो जाता है। दो महीने की छुटी में जब वह जालन्धर जाता है तो वह तय करता है कि वह खूब मेहनत से तैयारी करेगा किन्तु उसकी सारी सोच धरी की ध री रह जाती है, क्योंकि उसी समय उसकी साली नीला– जिसे चेतन दिल ही दिल प्यार करता है– चेतन से मिलने जालन्धर चली आती है। चेतन एक बार फिर अपने संयम को खो बैठता है और नीला के सौन्दर्य और चंचलता में अपने आप को भूलने लगता है। उसे अहसास होने लगता है कि 'वह नीला को चाहता है। इस डेढ़ वर्ष के वैवाहिक जीवन के बावजूद चाहता है। अपनी पत्नी से स्नेह करने और अपरम्पार विश्वास पाने और उस विश्वास के लिए मन में उसके प्रति श्रद्धा रखने के बावजूद ।'[22] चेतन नीला और अपने प्रेमोन्माद को याद करता है और उसे जल्द ही इस बात पर यकीन हो जाता है कि नीला की उपस्थिति में वह अपनी पढ़ाई पूरा ध्यान नहीं दे पायेगा। इसलिए चेतन चन्दा को लेकर अपने पिता के पास बहराम चला जाता है। वहाँ वह चन्दा के स्वास्थ्य का ध्यान रखता है और साथ में परीक्षा की तैयारी भी करता है। किन्तु वहाँ वह ज्यादा दिन नहीं रह

पाता और वापस जालन्धर चला आता है। वहाँ आते ही उसे पता चलता है कि नीला उससे मिलने के लिए जालन्धर आयी थी, किन्तु उसे वहाँ न पाकर वापस बस्ती चली गयी है। एक दिन उसे खबर मिलती है कि नीला उससे मिलने सुबह आ रही है। नीला से सामना होने पर वह कहीं अपने कर्तव्यों से विमुख होकर चन्दा को कोई तकलीफ न दे दे– इन विचारों में घिरा चेतन फैसला लेता है कि वह सुबह ही लाहौर चला जायेगा। किन्तु सुबह चेतन के निकलने से पहले ही नीला वहाँ आ जाती है और चेतन के साथ स्टेशन उसे छोड़ने जाती है। स्टशेन पर नीला के प्रेम भरे निवेदन को सुनकर चेतन नीला से कहता है कि 'मैं तुम्हारा शुक्रगुजार हूँ। ... कि मेरी इन हरकतों के बावजूद तुम अब भी मुझे मानती हो, प्यार करती हो। लेकिन मैं सोचता हूँ कि हालात जैसे भी हैं, मैं तुम्हारी बहन का पति हूँ और चन्दा बहुत अच्छी, भोली और प्यार करने वाली पत्नी है। जैसे तुम्हें तकलीफ पहुँचाना मुझे पसन्द नहीं, मेरी और तुम्हारी वजह से उसे तकलीफ पहुँचे, यह भी मैं नहीं चाहता।'[23] यह कह कर चेतन लाहौर जाने के लिए फ्राण्टियर मेल में जा बैठता है और खिड़की से सिर निकाल कर नीला को देखता है, नीला पीछे छुटती हुई एकदम लोप हो जाती है और चेतन के हृदय से निकली एक लम्बी साँस के साथ उपन्यास समाप्त हो जाता है।

इस खण्ड में अश्क ने चेतन के अन्तर्द्वन्द्व का बड़ी ही गहराई से चित्रण किया गया है। उसके साहित्यिक बने रहने और कानून के पढ़ाई का अन्तर्द्वन्द्व, पत्नी के प्रति प्रेम तथा प्रेमिका के प्रति आकर्षण का अन्तर्द्वन्द्व, पत्नी और परिवार के प्रति अन्तर्द्वन्द्व सभी का चित्रण अश्क जी ने बड़ी ही यथार्थता के साथ किया है। 'गिरती दीवारें' के इस खण्ड में चेतन के व्यक्तित्व का मद्धिम विकास दिखाई पड़ता है। साथ ही उसके परिवार की वास्तविक स्थिति भी इस खण्ड में आकर साफ हो गयी है।

11. इति नियति :

'इति नियति' निम्नमध्यवर्गीय जीवन की उस महागाथा का अन्तिम खण्ड है, जिसे अश्क पिछले लगभग 60 वर्षों से रचते आ रहे थे। इस महागाथा को शुरू करते समय अश्क ने अपने सामने उद्देश्य रखा था कि वे ऐसा उपन्यास लिखेगे, जो जीवन की ही तरह चले, बढ़े और फेले,

पहले तो तयशुदा आरम्भ या अन्त उसका न हो। 'इति नियति' में उन्होंने इसी उद्देश्य को उसकी तार्किक परिणति तक पहुँचाया है। जहाँ उसका अन्त होता है, वहाँ से अनेक सम्भावनाएँ खुलती नजर आती हैं।

'इति नियति' अपूर्ण उपन्यास है। इसके अन्तिम कुछ परिच्छेद पूर्ण करने से पूर्व ही अश्क जी की मृत्यु हो गयी और उनकी मृत्यु के बाद यह उपन्यास अपूर्ण रूप में ही प्रकाशित हुआ। इस उपन्यास का आरम्भ वहीं से होता है, जहाँ 'पलटती धारा' समाप्त होती है। चेतन लाहौर में एक तरफ कानून की पढ़ाई में व्यस्त रहता है और सब-जज बनने के लिए कमर-तोड़ परिश्रम करता है तो दूसरी तरफ साहित्य से प्रेम होने के कारण साहित्य-सृजन भी करता रहता है। वह कानून के प्रथम वर्ष की परीक्षा देकर खाली होता ही है कि उसे पता चलता है कि उसकी पत्नी चन्दा को तपेदिक हो गया है। वह उससे मिलने जालन्धर जाता है किन्तु वहाँ उसकी बदहाल स्थिति देख कर उसकी आत्मा फट पड़ती है। उसे महसूस होता है कि उसके परिवार वाले कितने निर्दयी व असंवेदनशील हैं। जो उसकी बीमार पत्नी की देखभाल भी नहीं कर सके। क्रोध व विक्षोभ के साथ वह तय करता है कि चन्दा की खूब सेवा करेगा, इलाज-उपचार करायेगा और जल्द से जल्द उसे अच्छा करेगा। इन्हीं विचारों के साथ चेतन चन्दा की तिमारदारी में लग जाता है। इसी बीच वह कानून के प्रथम वर्ष की परीक्षा प्रथम श्रेणी से उत्तीण कर, द्वितीय वर्ष में दाखिला लेने के लिए लाहौर चला जाता है। चेतन को अपने जीवन के इसी मोड़ पर सर्वाधिक संघर्ष का सामना करना पड़ता है। एक ओर चेतन साहित्यकार बनने की आकांक्षा पाले हुए है तो दूसरी ओर सामाजिक प्रतिष्ठा प्राप्त करने की जद्दो-जेहद है। संघर्ष के इस मोड़ पर उसकी पत्नी का स्वास्थ्य और ज्यादा गिर जाता है और उसे अपनी पत्नी को सैनेटोरियन में भर्ती कराना पड़ता है। वह चन्दा को गुलाब देवी टी0बी0 सैनेटोरियम में भर्ती कर अपनी पढ़ाई और जीविका के लिए कठिन परिश्रम करता है। अपने परिश्रम के कारण वह लॉ कालिज के सात सौ छात्रों में सातवाँ स्थान प्राप्त करता है किन्तु उस वक्त तक उसकी पत्नी उसकी सफलता देखने के लिए जीवित नहीं रहतीं। 'अजीब संयोग था कि जिस उद्देश्य से चेतन पिछले दो सालों से जी तोड़

मेहनत की थी, जिसके लिए की थी, वह इस मेहनत का फल चखने से पहले ही इस तरह दुनिया छोड़ गई थी।'[24] इस मोड़ पर पहुँचकर चेतन एक गहरे आत्म–मंथन से गुजरता है। वह सोचता है कि 'क्या नियति इसी को कहते हैं, मनुष्य के सारे प्रयत्न ऐसे सारे संयोग के आगे अर्थहीन प्रतीत होते हैं।'[25] वह कठिन परिश्रम करके लॉ प्रथम श्रेणी में उत्तीण करता है और सातवाँ स्थान प्राप्त करता है किन्तु उसकी सफलता का मुख्य कारण उसकी पत्नी तब तक उसकी सफलता देखने के लिए इस दुनिया में नहीं रहती। उसे अपना जीवन निरर्थक लगने लगता है और वह आत्महत्या तक की सोचता है किन्तु फिर वह आत्मनिरीक्षण और आत्म–मन्थन कर पाता है कि वह गलत सोच रहा है। 'जिन्दगी जीने के लिए है, जीवन की सार्थकता उसे किसी महत् कार्य में लगाने में है।' चेतन के इस सकारात्मक सोच के साथ निम्नमध्यवर्ग के जीवन की यह महागाथा यहीं समाप्त हो जाती है।

इस खण्ड में सिर्फ चेतन के व्यक्तित्व का विकास ही नहीं होता, बल्कि उसका अपनी पत्नी के प्रति दृष्टिकोण भी बदलता है। जो चन्दा शुरू में उसे फूहड़ और बदसूरत लगती थी और जिसे वह सख्त नापसन्द करता था, वो अब उसे पसन्द करने लगता है और धीरे–धीरे उस सीधी–सादी, भोली–भाली युवती ने उसके हृदय में स्थान पा लिया। कथावस्तु की दृष्टि से इस उपन्यास में 'अश्क' ने अपने को कई स्थानों पर दोहराया है। उपन्यास के कई परिच्छेद ऐसे थे जो पहले के खण्डों में भी मिल जायेंगे। यह दोष उनके प्रायः सभी उपन्यासों में द्रष्टव्य होता है।

चरित्र–चित्रण की दृष्टि से 'अश्क' को इस उपन्यास में पूर्ण सफलता मिली है। उन्होंने इस भाग में प्रायः सभी पात्रों को विकसित होने का पूर्ण मौका दिया है। यह उपन्यास 'गिरती दीवारें' का है इसलिए वातावरण व देशकाल की दृष्टि से यह भाग 'गिरती दीवारें' उपन्यास जैसा ही है। सात खण्डों में लिखे गये इस उपन्यास की समयावधि1931–1936 तक की है, अतः देशकाल व वातावरण की दृष्टि से बहुत ज्यादा अन्तर नहीं दिखाई पड़ता है।

12. निमिषा :

यह नायिका प्रधान उपन्यास है, जिसे ट्रेजिक उपन्यास की संज्ञा दी

जा सकती है। निम्नध्यवर्गीय जीवन पर आधारित यह उपन्यास अश्क के उपन्यासों में महत्वपूर्ण हैं। किन्तु इस उपन्यास में भी कई स्थानों पर अश्क दोहराव के शिकार हुए हैं, खास कर पात्रों के सृजन में। निमिषा और माला को छोड़कर प्रायः सभी पात्र अश्क के अन्य उपन्यासों में दृष्टव्य होते हैं। वातावरण और देशकाल भी उनके अन्य उपन्यासों से काफी मिलता जुलता है। खास कर देवनगर का तथा वहाँ के निवासियों का चित्रण तो पूरी तरह उनक उपन्यास 'बड़ी-बड़ी आँखें' से उठा लिया गया है।

'निमिषा' अश्क का यथार्थवादी उपन्यास है कहीं-कहीं तो उसमें घोर यथार्थ के भी दर्शन होते हैं। पात्रों के सृजन में भी अश्क ने इसमें पूरी तरह से यथार्थ का सहारा लिया है।

पत्रात्मक शैली में लिखे गये इस उपन्यास की कथावस्तु कुछ यूं है। उपन्यास की नायिका एक सम्भ्रान्त परिवार की, दृढ़ इच्छा शक्ति वाली व व्यवहारिक लड़की है। बाल्यावस्था में ही अपने माता-पिता को खो चुकी निमिषा पहले अपने मामा-मामी, फिर अपने चाचा-चाची के पास पली-बढ़ी है। निमिषा पढ़ाई-लिखाई में अच्छी होने के कारण अपने विद्यालय की अध्यापिकाओं की चहेती है, किन्तु अपनी चाची के दुर्व्यवहार की शिकार है, जिसके कारण उसके व्यक्तित्व में एक ठहराव सा आ गया है। अपने दबे-सकुचाये व्यक्तित्व के साथ निमिषा उच्च शिक्षा पाने की अपनी इच्छा को छोड़ बी0टी0एस0 कर लेती है और एक प्राइमरी बालिका विद्यालय में प्रधान-अध्यापिका बन जाती है। इसी बीच उसकी मुलाकात गोविन्द नामक युवक से होती है, जिसे वह मन ही मन प्रेम करने लगती है। गोविन्द एक निम्नमध्यवर्गीय युवक है, जिसका जीवन संघर्षों से घिरा रहता है। वह एक बोदा, ढुलमुल कमजोर व कायर व्यक्तित्व का युवक है। निमिषा से उसकी मुलाकात 'मुशायरा-नुमा कवि सम्मेलन' में होती है। जहाँ वह एक करुण गज़ल सुनाता है जिसे सुन कर निमिषा उससे प्रभावित होती है, वह गोविन्द से मिलना चाहती है। किन्तु उसकी ये इच्छा अधूरी ही रह जाती है। कुछ दिनों के पश्चात् वह गोविन्द से पत्राचार के माध्यम से परिचय बढ़ाती है। धीरे-धीरे यह पहचान मित्रता में और मित्रता प्रेम में परिवर्तित हो जाती है।

निमिषा अपने प्रेम को विवाह में परिणत करने की इच्छुक हो गोविन्द के समक्ष विवाह का प्रस्ताव रखती है किन्तु गोविन्द ऐसा निम्नमध्यवर्गीय युवक है जो अपने परिवार के दबाव में आकर निमिषा से विवाह करने का साहस नहीं कर पाता और आवेश में आकर अपनी भाभी की पसन्द की लड़की से विवाह कर लेता है। भावुकता और आवेग में आकर गोविन्द माला से विवाह तो कर लेता है किन्तु शीघ्र ही उसे इस बात का एहसास हो जाता है कि यह विवाह कर उसने बहुत बड़ी गलती कर दी है। उसके समक्ष जल्द ही यह भेद खुल जाता है कि उसकी पत्नी माला एक अध ापढ़, फूहड़ और बेशर्म युवती है। वह अपनी शादी से खुश नहीं रहता और अपनी पत्नी से पीछा छुड़ाने के लिए देवनगर भाग जाता है। किन्तु उसकी पत्नी वहाँ भी पहुँच कर गोविन्द के जीवन में तनाव का विष घोल देती है। अन्त में गोविन्द को अपनी गलती पर पछतावा होता है कि निमिषा जैसी सुलझी हुई लड़की को छोड़कर उसने एक बद्दिमाग व झगड़ालू युवती से विवाह कर लिया है। अपनी गलती को सुधारने हेतु अन्ततः वह निर्णय लेता है कि पत्नी को हमेशा के लिए उसके मायके छोड़कर बंगलौर चला जायेगा। इस फैसले के साथ ही वह निमिषा को एक पत्र लिखता है जिसमें अपने हृदय की सारी बातें लिखता है।

अश्क ने इस उपन्यास में नायक को समष्टि के क्रूर बंधनों और जड़ मर्यादाओं में बंधा हुआ चित्रित किया है। इसे ट्रेजिक उपन्यास माना गया है, क्योंकि यह जीवन की ट्रेजिडी ही है कि एक अति सम्भ्रान्त व दृढ़ इच्छा शक्ति वाली युवती एक ऐसे व्यक्ति से प्यार कर बैठती है जो न सिर्फ अपने जीवन में संघर्षरत है बल्कि व्यक्तित्व से भी बोदा व कायर है। जो निमिषा को बीच राह छोड़ कर दूसरी युवती से विवाह कर लेता है सिर्फ इस दबाव में आकर कि शायद वह बहुत सुन्दर है जैसा कि उसने अपनी भाभी से सुन रखा था किन्तु जब एक बदसूरत व अनपढ़ युवती को वह अपनी पत्नी के रूप में देखता है तब उसे फिर से इसे निमिषा की याद आती है। हैरत होती है कि निमिषा फिर भी न सिर्फ उससे प्रेम करती है बल्कि उसे सहारा भी देती है।

पात्रों के चरित्र चित्रण में अश्क जी ने खुद को लगातार दोहराया है। उपन्यास के पात्र उनके अन्य उपन्यासों के पात्रों जैसे लगते हैं। गोविन्द तो

उनके वृहद् उपन्यास 'गिरती दीवारें' के नायक चेतन का ही प्रतिरूप लगता है तथा उसके भाई, भाभी व माँ भी 'गिरती दीवारें' के ही पात्रों जैसे ही द्रष्टव्य होते हैं। हाँ! निमिषा, माला, मिसेज़ शर्मा, कनक आदि पात्र जरूर नये हैं। माला के रूप में ऐसे पात्र का चित्रण कर अश्क ने उपन्यास के नायक के प्रति सहानुभूति पैदा करने की कोशिश की है। किन्तु एक पाठक की दृष्टि से गोविन्द तो नहीं हाँ! माला सहानुभूति की पात्र अवश्य लगती है। क्योंकि गोविन्द के जीवन में जो भी विषमताएँ उत्पन्न होती हैं उसका वजह माला नहीं स्वयं गोविन्द है।

संदर्भ

1. ज्ञानोदय (अक्टूबर अंक, सन् 1964)
2. उपन्यासकार अश्क- (ले0) धार्मवीर भारती, पृ0 150
3. सितारों के खेल- (ले0) उपेन्द्रनाथ अश्क, पृ0 43
4. उपन्यासकार अश्क- (ले0) राजबल्लभ ओझा, पृ0 113-14
5. उपन्यासकार अश्क- (ले0) उपेन्द्रनाथ अश्क, पृ0 61
6. उपन्यासकार अश्क (स0) इन्द्रनाथ मदान- (ले0) उपेन्द्रनाथ अश्क, पृ0 61
7. गिरती दीवारें- उपेन्द्रनाथ अश्क, पृ0 392
8. उपन्यासकार अश्क- (स0) इन्द्रनाथ मदान (ले0) शिवदान सिंह चौहान, पृ0 132
9. गिरती दीवारें : दृष्टि- प्रतिदृष्टि, प्रस्तुतकर्ता- रमेश शौनक, पृ0 159
10. आमने-सामने- (सं0 उपेन्द्रनाथ अश्क), पृ0 16
11. वही, पृ0 15
12. एक नन्हीं किन्दील- (ले0) उपेन्द्रनाथ अश्क, पृ0 753
13. वही, पृ0 777
14. एक नन्हीं किंदील, पृ0 780
15. बड़ी-बड़ी आँखें- (ले0) उपेन्द्रनाथ अश्क, पृ0 206
16. उपन्यासकार अश्क- (सं0) इन्द्रनाथ मदान (ले0) उपेन्द्रनाथ अश्क, पृ0 76
17. बांधो न नाव इस ठाँव- (ले0) उपेन्द्रनाथ अश्क, पृ0 331
18. गर्मशरण- (ले0) उपेन्द्र नाथ अश्क, पृ0 545
19. पलटती धारा- (ले0) उपेन्द्रनाथ अश्क, पृ0 151
20. वही, पृ0 152
21. वही, पृ0 225
22. वही, पृ0 450
23. इति नियति- (ले0) उपेन्द्रनाथ अश्क, पृ0 400
24. वही

तृतीय अध्याय

यथार्थवाद और अश्क के उपन्यास

निम्न-मध्यवर्गीय जीवन की समस्याओं पर सबसे ज्यादा अपनी लेखनी अगर किसी लेखक ने चलायी है तो वे हैं- उपेन्द्रनाथ 'अश्क'। 'अश्क' का सम्पूर्ण साहित्य निम्न-मध्यवर्गीय जीवन की समस्याओं, कुण्ठाओं और उनके रहन-सहन के यथार्थ चित्रण से भरा पड़ा है। उनके उपन्यास यथार्थ के गहरे यथार्थ पर लिखा गया है, जिसके केन्द्र में निम्न-मध्यवर्ग का जीवन विद्यमान है, जिसमें उन्होंने निम्न-मध्यवर्ग की समस्याओं को उठाया और पाठकों के समक्ष प्रस्तुत किया।

अश्क निम्न-मध्यवर्ग के उन अनेक परिवेशों का चित्र अपने उपन्यासों में उपस्थित करते हैं जिनकी रूढ़ियों, वैषम्य और शोषण के कारण इस वर्ग को अपने आदर्शों, आशाओं और आकांक्षाओं एवं सुनहले सपनों को दफना देना पड़ता है। अतिशय आत्मविश्वासी, मस्तमौला एवं फक्कड़ 'अश्क' ने अपने जीवन में जो भी संघर्ष किये उसकी यथार्थ अभिव्यक्ति उन्होंने अपने उपन्यासों के माध्यम से किया है। निम्न-मध्यवर्ग में जन्म लेने वाले अश्क ने अपना जीवन घोर संघर्ष में बिताया, इसलिए उनके उपन्यासों में निम्न-मध्यवर्ग अपनी तमाम बुराईयों, अच्छाइयों, गन्दगी-गलाजत के साथ उपस्थित है।

'अश्क' की दृष्टि प्रारम्भ से ही यथार्थवादी हो, ऐसा नहीं है। उनके प्रथम उपन्यास 'सितारों के खेल' में आदर्श का पुट दिखायी पड़ता है। यद्यपि उपन्यास आदर्श का समर्थन करता हुआ प्रतीत होता है, किन्तु अश्क का यथार्थवादी दृष्टिकोण स्थान-स्थान पर परिलक्षित हो ही जाता है।

इस उपन्यास के केन्द्र में लता नामक युवती है, जिसे विभिन्न परिस्थितियों में रखकर उसके मन में उठने वाले भावों का यथार्थ चित्र 'अश्क' ने प्रस्तुत किया है। लेखक ने इस उपन्यास में भाग्यवादी दृष्टि को

अपनाया है, इसीलिए इसकी घटनाओं को व्यक्ति-विशेष पर न डालकर भाग्य के ऊपर छोड़ दिया है। 'मनुष्य के जीवन की महत्वपूर्ण घटनाओं पर सितारों की दृष्टि रहती है और सितारे भाग्य के साथ खेल खेला करते हैं यही उपन्यास का प्रतिपाद्य है।'[1]

लता इस उपन्यास की नायिका है, जिसका आकर्षण पहले जगत के प्रति होता है- जिसका वाह्य रूप कुछ और भीतरी कुछ और है। जगत की वास्तविकता खुलने पर ही लता बंसीलाल के गहरे प्रेम को समझ पाती है। जगत के 'रूपलोभी' स्वरूप को देखकर ही वह प्रेम में मांसपिण्ड बन चुके बंसीलाल पर अपना सर्वस्व लुटाने को तैयार हो जाती है। 'ऐसा करना अपने आप में बहुत कठिन था लेकिन अश्क जी ने इस बात का ध्यान रखा है कि वह करना असम्भव न दिखाई दे। इसके बाद, उस पंगु के साथ लता के जीवन को बाँधाने के पश्चात् अश्क की ने कहानी गति को यथार्थ रूप से ही चलने दिया।'[2] उपन्यास का आरम्भ रूमानी है, जो बीच में आदर्श एवं अन्त में यथार्थवादी रूप में परिवर्तित हो गया है। उपन्यास का मुख्य उद्‌देश्य स्वतन्त्र प्रेम के दुष्परिणामों पर दृष्टिपात करना है, जिस की अभिव्यक्ति में लेखक को सफलता प्राप्त हुई है।

उपन्यास का पूरा कथानक नायिका लता के चारों ओर ही भटकता है जो भाग्य एवं सितारों के चक्र में फँसकर मिट जाती है। भाग्यवादी कथानक में लता द्वारा बंसीलाल को विष देने और फिर पश्चाताप में स्वयं को ध ीरे-धीरे मिटा देने को लेखक ने जहाँ नियति का खेल माना है वहीं उसकी भावुकता पर वासना की विजय दिखाकर आदर्श के बीच से यथार्थ का द्व ार भी खोल दिया है।

अश्क का यह उपन्यास यथार्थ के साथ आदर्श को प्रतिपादित अवश्य करता है किन्तु उपन्यास में यथार्थ की अपेक्षा आदर्श का रूप अधिक द्रष्टव्य होता है। यद्यपि अश्क का प्रथम उपन्यास आदर्श के अधिक करीब है किन्तु बाद के सभी उपन्यासों में यथार्थ का नग्न रूप ही पाठकों के समक्ष उपस्थित होता है। लेखक की प्रारम्भिक जीवन दृष्टि जो आदर्श से अभिप्रेरित है का अचानक जीवन के गहरे यथार्थ में विश्वास हो जाना सहज तो नहीं हो सकता। निश्चित ही इसके पीछे विशेष कारण छिपा होगा।

किसी भी व्यक्ति अथवा लेखक की जीवन-दृष्टि यूं ही नहीं बदलती, इसके पीछे उसके जीवन में आने वाली वो परिस्थियां होती है, जो उसे जीवन के उतार-चढ़ाव से सामना कराती है। 'अश्क' के साथ भी कुछ ऐसा ही हुआ। उन्होंने अपना साहित्यिक जीवन आरम्भ ही किया था कि उनकी पत्नी की विपरीत परिस्थितियों में मृत्यु हो गयी। उन एक-दो वर्षों में अश्क जी ने अपने जीवन में इतनी कठिन परिस्थितियाँ देखीं- जिससे वे कल्पना की दुनिया को छोड़कर यथार्थ के धरातल पर खड़े हो गये। अपने जीवन के उन कटु अनुभवों को बताते हुए उन्होंने लिखा है- '1935 और 36 दो वर्षों में मुझे इतना कुछ सहना पड़ा कि मेरी सारी काल्पनिकता उड़न छू हो गयी। मेरा अपना जीवन उन दो वर्षों में कुछ इतनी तेजी से बदला कि जाने-अनजाने जिन्दगी के बारे में मेरा दृष्टिकोण ही बदल गया। पहले मन कुछ ऐसे कल्पना-लोक में रहता था कि निकट का कूड़ा-करकट, भूख, गरीबी, रोग-शोक, गन्दगी-गलाजत कुछ भी दिखाई न देता था। अब मुझे जिन्दगी न सिर्फ अपने नंगे रूप में दिखाई देने लगी, वरन् ऊपर से दिखाई देने वाली जिन्दगी के पीछे छिपी हकीकतें भी नजर आने लगी।'[3] यही वजह है कि अश्क के उपन्यासों में जीवन अपने यथार्थ रंग-रूप में दिखायी पड़ती है। 'गिरती दीवारें', 'शहर में घूमता आईना', 'एक नन्हीं किन्दील', 'गर्मराख', 'बाँधों न नाँव इस ठाँव', 'एक रात का नरक' एवं 'बड़ी-बड़ी आँखें' आदि अश्क के यथार्थवादी उपन्यास हैं जिसमें निम्न-मध्यवर्ग की समस्यायें अपने नग्न रूप में दिखाई देती हैं।

अश्क के उपन्यासों में 'गिरती दीवारें' प्रतिनिधि उपन्यास है, जिसमें उन्होंने अपने जीवन के यथार्थ को प्रतिबिंबित किया है। इस उपन्यास में एक निम्न-मध्यवर्गीय युवक 'चेतन' के माध्यम से उसके परिवेश, रहन-सहन, रीति-रिवाज, जीवन-संघर्ष,. सपनों, इच्छाओं, आकांक्षाओं और महत्वाकांक्षाओं का अभूतपूर्व खाका खींचा गया है, साथ ही निम्न-मध्यवर्गीय जीवन की विसंगतियों और कुरीतियों के शिकंजे में जकड़े जीवन का विशद् चित्रांकन भी हुआ है। 'गिरती दीवारें' के अतिरिक्त अन्य उपन्यासों में भी जीवन के यथार्थ का गहरा रंग द्रष्टव्य होता है। जिसमें निम्न-मध्यवर्गीय जीवन की विषमता, आर्थिक विपन्नता, प्रेम व सेक्स की समस्या, बेमेल विवाह की समस्या तथा अहं की प्रबल भावना ही मुख्य रूप से विद्यमान

है। अश्क मूलतः व्यक्तिवादी उपन्यासकार हैं, इसलिए उनके उपन्यासों में व्यक्तिवादी जीवनदृष्टि परिलक्षित होती है। वे 'निम्न-मध्यवर्गीय समाज के बुद्धिजीवी सदस्यों में से एक हैं, जो उस सामाजिक परिवेश के प्रति विद्रोह करने पर तुल जाते हैं, जिसमें उनके व्यक्तित्व के विकास के लिए समान अवसरों का अभाव ही अभाव है।'[4] इसी कारण उनके उपन्यासों में चित्रित निम्न-मधयवर्ग उनके व्यक्तिगत संस्कारों तथा युगगत विचारों का परिणाम है। यथार्थवाद के प्रकाश में यदि 'अश्क' के उपन्यासों पर दृष्टि डाली जाय तो उनके उपन्यास निम्न-मध्यवर्ग की महागाथा ही दृष्टिगोचर होती है। 'गिरती दीवारें' को उन्होंने सात खण्डों में लिखा है- जिसके आगामी खण्डों में 'शहर में घूमता आईना', 'एक नन्हीं किंदील', 'बांधों न नाँव इस ठाँव', 'पलटती धारा' व 'इति नियति' है। इन सभी उपन्यासों में चेतन नामक निम्न-मध्यवर्गीय युवक की कथा विद्यमान है। 'गिरती दीवारें' व उसके अन्य खण्डों के समान ही 'अश्क' के और उपन्यासों में जो बात तुलनीय है वो है- निम्न-मध्यवर्गीय जीवन में आर्थिक तथा नैतिक स्तर पर उखड़े हुए लोगों का सजीव चित्रण।

'गिरती दीवारें' में उन्होंने निम्न-मध्यवर्गीय जीवन की जो ज्वलन्त समस्यायें उठायी हैं, उनमें मुख्य हैं- रोटी की समस्या और कुण्ठित प्रेम के फलस्वरूप उपजी काम-भावना, जिससे आम-निम्न मध्यवर्गीय संघर्ष करते रहते हैं। चेतन को इन्हीं समस्याओं से लड़ते और असफल होते हुए दिखाया किया गया है।

इसके दूसरे खण्ड के रूप में जब उन्होंने 'शहर में घूमता आईना' लिखा तो, उसमें भी 'गिरती दीवारें' की पृष्ठभूमि व परिवेश को ही चित्रित किया। इस उपन्यास की सबसे बड़ी विशेषता है- एक शहर के निम्न-मध्यवर्गीय परिवेश का यथार्थ चित्रण, जिसमें तमाम समस्यायें मुँह उठाये खड़ी दिखाई देती हैं। यह उपन्यास 'अश्क' द्वारा व्यष्टि और समष्टि के बीच संबंधों को परिभाषित करने का प्रयत्न है, जिसमें उन्हें पूर्ण सफलता मिली है। चेतन के परिवेश को दिखाते हुए 'अश्क' ने इस उपन्यास के माध्यम से उसके शहर की वास्तविकता का- जिसमें भूख, गरीबी, कुण्ठा, असफल प्रेम और काम-वासना विद्यमान है- उसे यथार्थ

रूप में रेखांकित किया है। तीसरा भाग 'एक नन्हीं किंदील' में उन्होंने चेतन को रोटी, प्रेम और सेक्स की भावना से उत्प्रेरित कर स्व की प्रबल भावना से भर दिया है। जो उनके उपन्यासों की मूल समस्याओं में से एक है। स्व की भावना आ जाने से चेतन के जीवन की दिशा परिवर्तित हो जाती है और वह सेक्स, प्रेम एवं अर्थ से ऊपर उठकर आत्ममंथन करने पर विवश हो जाता है। उपन्यास में समाज की जीवन–रीति, स्वभाव–संस्कार, विभिन्न पारिवारिक एवं सामाजिक बुराईयों, उसकी आन्तरिक कुण्ठाओं एवं दमित इच्छाओं का चित्रण अत्यन्त स्वाभाविक एवं मार्मिक शैली में हुआ है। जिसमें जीवन की निष्क्रियता, उद्देश्यहीनता और हल्के विषाद की छाया दिखाई पड़ती है। 'गिरती दीवारें' के उपरान्त यह उपन्यास उस क्रम में अत्यन्त महत्वपूर्ण है, इसी खण्ड में आकर चेतन के चरित्र में विकास होता है और वह काम एवं अर्थ से ऊपर उठकर सोचना प्रारम्भ करता है। उसके जीवन के आदर्श बदलते हैं और वह सिर्फ पैसों को ही सब कुछ समझना त्यागकर अपने जीवन को अर्थपूर्ण बनाने का प्रयत्न प्रारम्भ करता है। उसके अन्तर्मन में 'अहं' की भावना प्रबल हो उठती है। उपन्यासकार ने इस उपन्यास की महत्ता को दर्शाते हुए लिखा है– 'इसी में वह मूल घटना है जो चेतन की जिन्दगी की धारा को मोड़ती है। उसके माध्यम से आगे चल कर वह जीवन और मृत्यु और नियति से साक्षात्कार करता है। जिन्दगी की व्यर्थता और उस व्यर्थता के बावजूद जिन्दा रहने के अर्थ पाता है। इसीलिए पहले दो खण्डों में से मैं इसे महत्वपूर्ण मानता हूँ।'[5] इस उपन्यास के माध्यम से यह दिखाने का प्रयत्न किया गया है कि अहं पर लगी हल्की सी ठेस किस प्रकार जीवन–धारा को परिवर्तित कर देती है। जो चेतन 'गिरती दीवारें' में सिर्फ अर्थ और काम के विषय में निमग्न रहता है, वह यहाँ तक आते–आते अपने कुटुम्ब एवं पत्नी के प्रति अत्यन्त जिम्मेदार हो जाता है। उसके प्रेम में उदात्तता आती है। पहले चन्दा एवं चेतन के आपसी संबंधों में दूरियाँ ज्यादा थीं, किन्तु चन्दा के पिता के विक्षिप्त हो जाने के पश्चात् उन दोनों को जो गहरा आघात लगता है उसकी वजह से वे एक–दूसरे के ज्यादा करीब आ जाते हैं। 'गिरती दीवारें' से 'एक नन्हीं किंदील' तक के सफ़र में चेतन के जीवन में अनेक ऐसी परिस्थितियाँ आती हैं जिसकी वजह से उसके जीवन–दृष्टि में परिवर्तन

आता है,. जिसके परिणाम स्वरूप उसके जीवन की प्राथमिकताएँ बदल जाती हैं। शिमला प्रवास के दौरान कविराज द्वारा खुद का शोषण देख और अमीचन्द के व्यवहार में परिवर्तन देखकर उसके अहं को चोट पहुँचती है, फिर उसके श्वसुर के विक्षिप्त हो जाने के उपरान्त उसकी सास का उस घर में महरी का कार्य करना जहाँ उसका सहपाठी अमीचन्द दामाद बनने वाला है- उसके स्वाभिमान को गहरा आघात पहुँचाता है। इसका परिण ाम यह होता है कि चेतन सब-कुछ त्याग कर सब जज बनने के लिए संघर्ष करना प्रारम्भ कर देता है और यहीं आकर चेतन के जीवन की दिशा बदल जाती है। चेतन के चरित्र के इस विकासक्रम पर 'अश्क' ने अपना विचार प्रकट करते हुए कहा- 'एक नन्हीं किंदील' पढ़ेंगे तो पायेंगे कि उन परिच्छेदों का चेतन के चरित्र-विकास से घना संबंध है। जो भोला-भाला चेतन श्रद्धा विगलित हो, कविराज के साथ शिमला गया था, वह उनके साथ तीन महीना गुजार कर आने के बाद खासा काइयाँ हो गया है। जैसा कि मैंने पहले कहा, आदमी का चरित्र बिजली का बल्ब नहीं होता कि बटन दबाने से जगमगाने लगे। विकास के लिए समय चाहिए। शिमले के उस जीवन का, कविराज की धूर्तता का चेतन के चरित्र और उसके जीवन पर कितना गहरा प्रभाव पड़ा है, इसे 'एक नन्हीं किंदील' पढ़कर ही जाना जा सकता है।'[6]

'एक नन्हीं किंदील' के बाद 'बांधों न नाँव इस ठाँव' में चेतन के जीवन में उत्पन्न संघर्षों की शुरूआत है। चेतन अपनी पत्नी के सम्मान के लिए अपनी 'दैनिक पत्र' की सेवावृत्ति से त्यागपत्र देकर 'लॉ-कालिज' में दाखिला लेने और अपनी गृहस्थी को चलाने के लिए किसी ऐसे काम की तलाश करता है, जिससे उसकी दोनों समस्याओं का समाधान हो जाय। किन्तु जब उसे कोई काम नहीं मिलता और घर की दशा दिन-ब-दिन सोचनीय होती जाती है, 'ऐसे में, जब उसके घर दो जून का आटा नहीं था और उसके हाथ में कोई काम नहीं था'[7] तब उसके समक्ष थोक भाव में रूमाल खरीद कर अनारकली के चौराहों पर फुटकल दामों में बेचने के अतिरिक्त कोई दूसरा रास्ता उसे नजर नहीं आया। किंतु रूमाल खरीदने के लिए भी उसके पास पैसे नहीं होते, इसलिए उसने उन पैसों से रूमाल खरीदे जो उसकी दहलीज पर नीलामकार ने फेंक दिए थे। जिन्दगी का

ऐसा वीभत्स रूप देखकर भी चेतन की आशावादी दृष्टिकोण में कोई परिवर्तन नहीं आता, अपितु वह और भी एकनिष्ठ हो मेहनत करना प्रारम्भ करता है। अपनी जिन्दगी के कठिनतम् समय में भी चेतन सपने देखना नहीं त्यागता। 'अश्क' ने चेतन के संघर्ष और उसके सपनों की बड़ी ही स्वाभाविक एवं यथार्थ अभिव्यक्ति दी है- 'अभी जिन्दगी का संघर्ष उनका बहुत कठिन और दुर्वार था, लेकिन उस तमाम संघर्ष में चेतन उन दिनों के सपने लेता था, जब वह कानून पास कर लेगा, कहीं सब जज हो जायेगा, चन्दा बी0ए0 कर लेगी। हार्मोनियम और सितार और दिलरूबा (जो शिमले से आने के बाद उसी तरह बन्द पड़ा था) सीख जायेगी। वह पार्टियाँ देगा, जिनमें कभी–कभी वह गाया करेगी। अवकाश के समय में वह साहित्य की साधना करेगा।.....इन सुख सपनों में रमा, वह अपने वर्तमान का तमाम दुख–दर्द और संघर्ष भूल जाता था। ये सपने ही थे, जो उसके अंगों में अद्भूत स्फूर्ति भर देते थे, कि उसे कुछ भी कठिन, कुछ भी असम्भव न लगता था।'[8]

चेतन अपने सभी सपनों को पूर्ण करने के लिए हर तरह का कार्य करता है, जिनमें कभी किसी पत्र का सम्पादन करना तो कभी किसी सभा–सोसाइटी का संचालन करना शामिल होता है।

'बाँधों न नाँव की ठाँव',-पलटती धारा' और 'इति नियति' में चेतन के सब–जज बनने की राह में उत्पन्न संघर्ष और चन्दा की हृदय विदारक मृत्यु का चित्रण हुआ है। चेतन जो कि अपनी पत्नी के सम्मान के लिए सब–जज बनना चाहता है, किन्तु उससे पहले उसके समक्ष आजीविका की समस्या प्रबल समस्या है जिसके समाधान के लिए वह रात में काम करता है और काम न रहने पर अनारकली के चौराहे पर रूमाल तक बेचता है। फिर भी घर का खर्च पूर्ण नहीं हो पाता और ना ही दाखिले के लिए फीस का ही इन्तजाम हो पाता है। तब उसके समक्ष सिर्फ एक राह बचती है कि वह शिमला जाकर ट्यूशन कर पैसों का इन्तजाम करे। वह शिमला तो चला जाता है किन्तु वहाँ पहुँचकर वह अपने मन के अन्तर्द्वन्द्व में फँस जाता है। चन्द्रा (जिसे वह ट्यूशन पढ़ाता है) एक चंचल प्रवृत्ति की लड़की है, वह चेतन को तरह–तरह की हरकतें कर अपनी तरफ आकर्षित करने का

प्रयत्न करती है। पहले-पहल तो चेतन उससे बचने का प्रयत्न करता है, पर धीरे-धीरे वह भी उसकी तरफ आकर्षित होने लगता है। किन्तु अपनी पत्नी के अगाध विश्वास के कारण वह अपने आपको चन्द्रा के मोह-पाश से निकालने में सफल हो जाता है। शिमला से चेतन जब वापस आता है तो उसे ज्ञात होता है कि उसकी पत्नी यक्ष्मा रोग से ग्रसित है। चेतन के सामने विकट समस्या खड़ी हो जाती है- वह पढ़ाई कर सब-जज बनने का ख्वाब पूरा करे अथवा पत्नी की देखभाल करे। इन दोनों समस्याओं के समाधान के लिए पहले वह अपनी पत्नी को टी0बी0 सैनोटेरियम में भर्ती कराता है और स्वयं लॉ-कालिज में दाखिला लेकर रात-दिन अथक् परिश्रम करता हुआ अपनी मंजिल की ओर निरन्तर बढ़ता चला जाता है। चेतन का यह संघर्ष आम निम्न-मध्यवर्गीय परिवारों में देखा जा सकता है। जिसे 'अश्क' ने बड़ी ही यथार्थ दृष्टि से प्रस्तुत किया है। किन्तु चेतन के जीवन का संघर्ष यहीं पर समाप्त नहीं होता, वह कानून की परीक्षा प्रथम श्रेणी से पास कर लेता है किन्तु जिसके लिए वह इतना परिश्रम करके लॉ प्रथम श्रेणी में उत्तीर्ण करता है वह यानि कि उसकी पत्नी उसकी इस सफलता को देखने के लिए जीवित नहीं रहती। चेतन का हृदय अपनी पत्नी की मृत्यु के कारण खिन्न हो जाता है। 'इति नियति' में अश्क ने चेतन की इस मनोदशा का जो चित्रण किया है वह अत्यन्त हृदयविदारक है- 'चन्दा की मृत्यु के बाद चेतन एक गहरे अवसाद के दौर से गुजर रहा था। उसे बार-बार एक अपार व्यर्थता-बोधा होता। वह लगातार अपनी जिन्दगी के बारे में सोचता। चन्दा की लम्बी बीमारी और उसकी ट्रेजिक मौत के दौरान उसके जीवन को इतने विविध, कटु और नंगे रूप में देखा था, कि उसकी आँखों पर पड़ा रूमानियत का पर्दा तार-तार हो गया था। इस बारे में उसने सोचा तो पाया कि जिन्दगी तो ऐसी ही कड़वी हकीकतों से भरी थी। वह देखकर भी उसे न देखता था और यह जिन्दगी सिर्फ उसी अकेले की न थी। जिस तबके से उसका ताल्लुक था, उसके सभी नवयुवक ऐसी ही जिन्दगी जी रहे थे। कुछ उसे स्वीकार कर लेते और उसी में घुट-घुट कर मर जाते, कुछ उससे किसी तरह बाहर निकल जाते।[9] अश्क ने 'इति नियति' में चेतन के जीवन का जो संघर्ष प्रस्तुत किया है वह सिर्फ एक युवक का संघर्ष नहीं है बल्कि उन तमाम निम्न-मधयवर्गीय परिवार के

युवकों का संघर्ष है जो अपने जीवन की विकट परिस्थितियों से बाहर निकलने के लिए दिन–रात संघर्ष करते हैं। चेतन के रूप में अश्क ने ऐसे ही चरित्र का जीवन्त चित्रण प्रस्तुत किया है।

चेतन के आर्थिक संघर्षों के माध्यम से निम्न–मध्यवर्गीय परिवारों की दयनीय दशा को प्रस्तुत किया गया है। जिसमें यह दिखाने का प्रयत्न है कि निम्न–मधयवर्गीय परिवारों में अर्थाभाव के कारण उन्हें भरपेट भोजन भी नसीब नहीं होता। अश्क ने इस उपन्यास में चेतन के मार्मिक संकटों का बड़ा ही मार्मिक ब्योरा दिया है। उन्होंने चेतन के पारिवारिक स्थिति की दयनीय दशा का चित्रण किया है। सत्य तो यह है कि चेतन के परिवार की आर्थिक स्थिति का चित्रण कर अश्क उन सभी निम्न–मध्यवर्गीय परिवारों को जीवन्त कर दिया है, जहाँ शायद ही कोई हर दिन भरपेट भोजन पाता होगा। भूख और गरीबी का ऐसा ही चित्र 'बांधों न नाँव इस ठाँव' में अश्क ने प्रस्तुत किया है– 'चेतन रोटी के साथ, कम तरकारी खाने का आदी था। ऐसी शामें उसे याद थीं, जब वह स्कूल या कॉलेज से भूखा आया और घर में सालन न होने से, उसने प्याज के छोटे–छोटे कतले काटकर, उनमें नमक डाल, उनसे रोटी खायी थी या फिर घर में सालन इतना ही पका कि छहों भाइयों के हिस्से में एक–एक कलछी ही आयी थी। माँ उनको सदा उपदेश देती थी कि जो कुछ भी मिले, भगवान को धान्यवाद देकर, सब्र–सन्तोष से खा लेना चाहिए।''[10] चेतन के भाइयों पर चाहे इस बात का कोई प्रभाव भले ही न पड़ा हो किन्तु अपनी माँ के इस बात को वह इतनी अच्छी तरह समझ चुका था कि उसमें सन्तोष की भावना बहुत ज्यादा आ गयी थी। 'गिरती दीवारें' के सभी खण्डों में अश्क ने निम्न–मधयवर्गीय जीवन की जो 'पैनोरोमिक' तस्वीर पेश की है, उसके विषय में प्रसिद्ध आलोचक 'शिवदान सिंह चौहान' ने लिखा है– 'गिरती दीवारें की शैली और टेकनीक इतनी सुगठित, परिष्कृत और कलापूर्ण है कि निर्विवाद रूप से यह कहा जा सकता है कि प्रेमचन्द के 'गोदान' की यथार्थवादी परम्परा में अश्क का यह उपन्यास एक बहुत बड़ा व साहसपूर्ण कदम है। सम्भवतः इस कथन में अत्युक्ति नहीं है कि 'गिरती दीवारें' हिन्दी की यथार्थवादी परम्परा के सर्वश्रेष्ठ उपन्यासों में गणना करने योग्य है। प्रेमचन्द ने गोदान में यदि किसान–जीवन का सांगोपांग चित्रण किया है तो अश्क ने 'गिरती दीवारें'

में निम्न-मध्यवर्ग के जीवन का व्यापक चित्रण किया है।'[11] यथार्थवाद के संदर्भ में यह कथन सत्य ही प्रतीत होता है, क्योंकि अगर प्रेमचन्द ने ग्रामीण किसानों के जीवन का हर कोना झांका है तो अश्क ने भी नगरीय जीवन के निम्न-मध्यवर्गीय परिवेश का कोई कोना नहीं छोड़ा। उसके सुख-दुख, आशा-निराशा, आकांक्षा, कुण्ठा, आर्थिक समस्या आदि सभी का यथार्थ चित्रण उन्होंने अपने उपन्यासों में किया है। निम्न-मध्यवर्गीय जीवन की जिन समस्याओं का चित्रण अश्क ने 'गिरती दीवारें' एवं उसकी उपन्यास श्रृंखला में किया है उसी निम्न-मध्यवर्गीय जीवन की समस्याओं को उन्होंने 'गर्मराख' व 'बड़ी-बड़ी आँखें' के माध्यम से आगे बढ़ाया। 'गर्मराख' और 'बड़ी-बड़ी आँखें' में अश्क ने प्रेम और राजनीति की समस्याओं को विषय बनाकर मध्यवर्गीय जीवन के सन्दर्भ में सामाजिक कुरीतियों और कुरूपताओं, आन्दोलनों और हलचलों तथा राजनीति ढोंग तथा अवसरवादी प्रवृत्तियों का सच्चा चित्र प्रस्तुत किया है।[12]

'गर्मराख' में उन्होंने जीवन में आर्थिक तथा नैतिक स्तर पर उखड़े हुए निम्न-मध्यवर्गीय परिवेश का चित्रण किया है। यह समस्या-प्रधान उपन्यास है, जिसे लिखने की प्रेरणा उन्हें राजा भर्तृहरि के जीवन से मिली, जिनका जीवन प्रेम से प्रारम्भ हो निराशा और फिर वैराग्य पर जाकर समाप्त होती है। इस उपन्यास की प्रेरणास्रोत पर अश्क जी का कथन है- 'जब मैं बड़ा हुआ तो कभी-कभी मैं सोचा करता था कि इतनी बड़ी प्रजा के हित-अहित की चिन्ता रखने वाला कैसे अपनी व्यक्तिगत निराशा के क्षण में उस सब को भूलकर जीवन से पलायन कर गया। जीवन में मुझे बार-बार प्रेम की असफलता में आत्महत्या कर लेने वाले अथवा उसकी प्रतिक्रिया में अनचाहे संग निभाने वाले लोग मिले हैं। उनकी गाथाएँ भी मैंने पढ़ी हैं और मेरा मन सदा उस पलायन से विद्रोह करता रहा है।...... सत्या जी जैसी लड़कियाँ हमारे निम्न-मधयवर्गीय समाज में बीसियों मिल जायेंगी। इसीलिए मैंने एकतरफा प्रेम और उसकी निराशा को लेकर यह उपन्यास लिखा।'[13]

'गर्मराख' में जगमोहन नामक युवक के माध्यम से उन्होंने निम्न-मध्यवर्गीय जीवन की समस्याओं को उठाया है। जगमोहन एक व्यक्तिवादी

चरित्र है जो समाज को व्यक्तिमूलक जीवनदृष्टि से ही देखता और आंकता है। वह संकोचशील तथा कातर मन का व्यक्ति है जो आदर्श का चोला ओढ़े अन्दर से अवसरवादी व उपयोगितावादी है। उपन्यास में प्रेम के विभिन्न रूपों का भी वर्णन है, जिसके मूल में व्यक्ति चिन्तन तथा व्यक्ति हित की दृष्टि विद्यमान है। कवि चातक जिन्हें हर स्त्री से प्रेम हो जाता है और हर स्त्री उन्हें प्रेरणा देती है। असल में उनका प्रेम 'रावण प्रेम' सरीखा प्रेम है जो सामाजिक बंधनों से मुक्त है। वे अपने प्रेम को 'कलियुगी रावण' का प्रेम कहते हैं और समाज की रूढ़िवादिता का मजाक उड़ाते हैं, जो उनके प्रेम के मर्म को समझ नहीं पाता।

जगमोहन जो चातक जी के प्रेम को निकृष्ट कोटि का मानता है और उनके इस लिजलिजे प्रेम को देख सोचता है कि– 'यह कैसा प्रेम है? .....यह कैसी भूख है? किस प्रकार केवल चित्र देखकर, केवल एक दृष्टि–विनियम अथवा एक भेंट पर वे ऐसे गीत लिख सकते हैं, जिनके शब्द–शब्द से राल–सरीखा प्रेम–रस टपकता है? क्या वे उन सबको शिद्दत से प्यार करने लगते हैं?'[14] चातक जी के लिए ऐसा सोचने वाला जगमोहन कहीं न कहीं स्वयं भी इसी प्रेम के वश में है। पहले वह सत्या जी से प्रेम करता है, उनके प्रति आकर्षित रहता है किन्तु जब वह सत्या की बहन दुरो को देखता है, तो उसके प्रति आकर्षित हो जाता है। इस प्रकार इस उपन्यास में प्रेम के विविधा पक्षों का विवेचन तो हुआ है किन्तु उसका कुण्ठित रूप ही सामने आता है, जो सामान्यतः निम्न–मध्यवर्गीय जीवन की नियति है।

जगमोहन निम्न–मध्यवर्ग का एक संघर्षशील युवक है जिसके अन्तर्मन में अतृप्त वासना का विस्फोट दिखायी पड़ता है। अतएव 'गर्मराख' में निम्न मध्यवर्ग के जीवन की अन्य समस्याएँ कुण्ठित प्रेम की समस्या के समक्ष मौन सी हो गयी है। यह उपन्यास अति सामान्य जनों की कथा है जिसके प्रतिनिधिा निम्न मध्यवर्ग का बुद्धिजीवी वर्ग है। 'गर्मराख' चूँकि एक वृहद् उपन्यास है, इसलिए उसमें विस्तार की कोई कमी नहीं। कालेज में पढ़ने–पढ़ाने वाले लड़के–लड़कियों और प्रेम करने वाले लड़के–लड़कियों, अपने अधिकार पाने के लिए लड़ने वाला मजदूर वर्ग, उसके नेता और

दुश्मन, साहित्यिक, कवि, बुद्धिजीवी, व्यवसायी सभी प्रकार के पात्र इस लम्बे-चौड़े स्टेज पर आते-जाते हैं और किसी हद तक बड़े परिश्रम और यथासम्भव सच्चाई के साथ अश्क जी ने उनका रूप गढ़ा है.....'गर्मराख' यथार्थवादी परम्परा का एक महत्वपूर्ण उपन्यास तो है ही, वह अश्क जी के विकास की एक मंजिल है।"[15]

अश्क ऐसे उपन्यासकार हैं, जो अपने उपन्यासों की कहानी को समाज और तत्कालीन परिस्थितियों से एकदम काटकर रखना नहीं जानते। उनके उपन्यास के पात्र आम जीवन के पात्र होते हैं जिनके कुछ सामाजिक संबंध हैं, स्तर हैं और परिस्थितियाँ हैं। उन्होंने अपने उपन्यासों के माध्यम से पात्रों के परिवेश और उनके रहन-सहन का विशद् चित्रण किया है जिसका एक उदाहरण 'गर्मराख' है, जिसमें लाहौर शहर पूरी तरह मुखरित हुआ है- 'वहाँ की भीड़-भाड़, वहाँ की धूल-धाक्कड़, कहकहे, गन्दगी, भैंसों की पूंछों से उछलती हुई कीचड़, ताँगे, फैशन, सुबह-शाम, स्त्री-पुरुष, पंजाबी गालियाँ और संबोधन, सब-कुछ इतने सजीव और उभरकर आये हैं कि जब आप उपन्यास समाप्त करते हैं तो लगता है, जैसे लाहौर के उसी वातावरण में रहकर आ रहे हों।"[16] उपन्यास के अन्य पात्रों के साथ ही नायक जगमोहन के लिए लेखक ने प्रयत्न किया है कि वह जरा भी असाधारण न बने। वह साधारण मध्यवर्ग की घुटनभरी परिस्थितियों में पला-बढ़ा है- ''वही परिस्थितियाँ, वही संस्कार, वही छाप, कमजोरियाँ और विशेषतायें लिए हुए- जगमोहन मध्यवर्ग के उन लाखों युवकों में से एक है, जो बचपन में बच्चे और जवानी में युवक नहीं होते। बचपन से ही जिन पर प्रौढ़ता का रंग चढ़ जाता है, जो एक कदम आगे रखते हैं तो दो बार सोचते हैं फिर पीछे रख लेते हैं। और कई बार इसी आगे-पीछे में जिन्दगी के दिन पूरे कर देते हैं। वह दुरो से प्रेम करता है किन्तु अपने भीरू व्यक्तित्व के कारण वह दुरो से अपने प्रेम के विषय में कुछ कह नहीं पाता। उसका प्रेम छिपकली सा प्रेम है, जो लजाता है। वह अपने और कवि चातक के प्रेम में तुलना करता हुआ सोचता है- 'दुरो को वह चाहता है- तो वह उसके संबंध में वैसी, प्रेम की आकाश की ऊँचाईयों में उड़ने वाली, कविता नहीं लिख सका? उसने जब अपनी भावनाओं पर कविता लिखी थी तो वह चातक जी से सर्वथा भिन्न बनी थी- छिपकली-सी यह

मुहब्बत, आज के युग की लजीली-उसने लिखा था। वह लजीली मुहब्बत उसी की तो थी। पर वैसी क्यों थी? वह उत्तर न दे पाता।....वह तो उम्र में चातक जी से छोटा है, उसे तो उनसे कहीं तीव्र प्रेम होना चाहिए। क्या वह समय से पहले प्रौढ़ हो रहा है?.......वह झुँझलाता, पर अपने-आपको कोई सन्तोष-प्रद उत्तर न दे पाता.....उसके दिल-दिमाग की बनावट शायद चातक जी से भिन्न है। उसका मन कदाचित् उनकी तरह केवल 'छवि का लोभी, मधु का प्यासा' नहीं। उसकी परिस्थितियों ने उसे शायद यथार्थवादी बना दिया है.....वह अपने मन को समझाता, खीझता, झुंझलाता पर सन्तोष न पाता।'[17]

प्रेम के चित्रण के साथ ही समाज का एक संश्लिष्ट चित्र भी 'अश्क' ने इसमें प्रस्तुत करने का प्रयत्न किया है। जिसमें वेश्याओं का सामाजिक जीवन भी समाहित है। उन्होंने वेश्याओं का चित्रण ही नहीं किया बल्कि उनके साये में पलने वाली, अधम नरक में सड़ने-गलने वाली चकलेवालियों को जीवन्त कर दिया है।

'इसमें संदेह नहीं कि 'गर्मराख' हिन्दी के सामान्य उपन्यासों से पर्याप्त भिन्न प्रकार का है। इसमें कथानक के माध्यम से किसी नायक विशेष का जीवन-चित्र न देकर विवरणात्मक खण्ड चित्रों के माध्यम से बुद्धिजीवी निम्न-मध्यवर्ग का एक ऐसा एलबम प्रस्तुत किया गया है, जिसके चित्र सामूहिक के अतिरिक्त अपना व्यक्तिगत अस्तित्व भी रखते हैं और हर चित्र को 'अश्क' ने इतनी तन्मयता से उकेरा है कि उसका सूक्ष्म से सूक्ष्म विवरण पाठक के सामने स्पष्ट हो उठता है। इसे अतिरिक्त प्रकाश और छाया के उपयुक्त प्रयोग ने इन चित्रों को एक ऐसी सांकेतिकता प्रदान कर दी है, जिससे जितने वे दिखायी देते हैं, उससे कहीं अधिक का आभास देते हैं।'[18]

अश्क के उपन्यास यथार्थ जीवन की जीती-जागती तस्वीर प्रतीत होते हैं, जिसमें व्यक्तिवादी जीवनदृष्टि को प्रमुखता दी गयी है। 'बड़ी-बड़ी आँखें' में आकर अश्क की व्यक्तिवादी दृष्टि और भी परिपक्व-सी दिखती है। अपने अहं को मान्यता दिलाने के लिए व्यक्ति का संघर्ष और भी उभरकर हमारे समक्ष उपस्थित होता है। इस उपन्यास के माध्यम से अश्क

एक नवीन भाव-भूमि पर पदार्पण करते हैं, जिसका स्वच्छ वातावरण जहाँ मन में अनेक समस्याएँ पैदाकर उसे एक ओर गम्भीर चिन्तन की ओर प्रेरित करता है, वहीं दूसरी ओर हृदय को अज्ञात रूप से अपने अकलुष सौन्दर्य तथा प्रच्छन्न सहानुभूति से प्रभावित किये बिना नहीं रहता।

उपन्यास का नायक संगीत अशान्ति की मन:स्थिति में देवनगर आश्रम में जाता है। देवनगर सुधारवादी सामाजिक संस्थान है, जिसके संस्थापक देवाजी हैं, जिनका आदर्श बहुत ही ऊँचा है किन्तु वो आदर्श सिर्फ दिखावा है, वास्तविकता तो ये होती है कि देवनगर के ऊँचे आदर्शों के नीचे वे अपना मतलब साधते करते रहते हैं। संगीत देवनगर में जब कुछ दिन गुजार लेता है तो उसे इस बात का भान होता है कि देवा जी का ये देवनगर वास्तव में राक्षस-नगर है। जहाँ किसी की भावनाओं को सम्मान नहीं मिलता जो एक अवसरवादी की भाँति इस प्रतीक्षा में रहते हैं कि कब किसी को नीचा दिखाने का अवसर प्राप्त हो। कहने को तो देवनगर एक आदर्श नगर है किन्तु उसके अन्दर भी बाहर की तरह डाह, द्वेष, ईर्ष्या भरी हुई है। और जब इस बात का भान संगीत को होता है तो वह मन ही मन विचार करता है कि 'क्या इर्द-गिर्द की गरीब दुनिया में देवनगर का अस्तित्व सोने की ईंटों को छिपाये वैभवशाली व्यक्ति जैसा नहीं? क्या बाहर की सारी संकीर्णता, बैर, विद्वेष, डाह, चाटुकारिता, चापलूसी यहाँ नहीं?'[19]

इस उपन्यास में अश्क ने सामाजिक संस्थानों के अन्दर के खोखलेपन और मानवताहीन दमघोटूं वातावरण का यथार्थ चित्रण व्यष्टि-समष्टि के आलोक में किया है। उपन्यास का सन्तुलित, स्वल्प कथानक जीवन में आदर्श तथा यथार्थ का संघर्ष दिखाता हुआ पाठकों के मन की आशा-निराशा, आनन्द-अवसाद, प्रेम-विद्वेष, विश्वास-विद्रोह तथा स्वभाव एवं परिस्थितियों की समानान्तर रेखाओं के मध्य से ले जाकर उसे मानव भावना की नींव पर आधारित एक ऐसे देवनगर में विचरण कराता है, जहाँ स्वर्ग और नर्क एक- दूसरे से आँख-मिचौनी खेलते से प्रतीत होते हैं और व्यक्ति के खोखले स्वप्न सामूहिक परिस्थितियों की ठोस निर्मम चट्टान से टकराकर चूर-चूर हो जाते हैं। देवनगर वास्तव में प्रतीक है-

'किसी ऐसे आश्रम, संस्था अथवा देश का, जिसके संचालक बड़े-बड़े दावे करते हैं पर चूंकि वे सत्य का सामना करने का और व्यवस्था को नीचे से बदलने का साहस नहीं रखते, इसलिए उनके सारे आदर्श धरे के धरे रह जाते हैं, यही कारण है कि संगीत देवनगर से जो समष्टि चिन्तन का प्रतीक है- घृणा करता है और देवनगर की वाणी से- जो उसके व्यक्तित्व विकास की प्रेरक है- प्रेम करता है। संगीत व्यक्ति के विकास में विश्वास रखता है, अतः जब उसे यह दृष्टिगोचर होता है कि देवनगर का आदर्श नितान्त खोखला है तो उसका मन वहाँ से अनासक्त हो उठता है और वह अपने आदर्शों की रक्षा करता हुआ देवनगर हमेशा के लिए छोड़कर चला जाता है। जाते हुए संगीत का यह कथन कि, 'देवनगर मुझे उस देश सा लगता है, जिसका प्रधानमंत्री उदाराशय, स्वप्नशील और भविष्य-दृष्टा हो, पर जिसके सहकारी अवसरवादी चाटुकार और खुशामदी हो और जिसके दफ्तरों में भ्रष्टाचार और स्वजन-चालन का दौरा-दौरा हो। उस प्रधानमंत्री की अच्छाई, स्वप्नशीलता और भविष्य दर्शन के बावजूद उस देश का क्या बन सकता है? यदि वह एक सिरे से लेकर दूसरे सिरे तक सारे निजाम को नहीं बदल सकता तो उसे एक के बाद एक समझौता करना पड़ेगा। उसके सपने और आदर्श धरे के धरे रह जायेंगे और देश रसातल में चला जायेगा।[20] देवनगर की वास्तविक तस्वीर प्रस्तुत करता है। देवनगर उस देश का प्रतीक है जहाँ आदर्शवादी राजनायिकों के प्रतिनिधित्व में (जो ऊपर से तो आदर्शवादी होने का ढोंग करते हैं पर वास्तविकता में अवसरवादी होते हैं) देश का सिर्फ पतन ही होता है। क्योंकि वहाँ के कर्मचारी, चाटुकार, अवसरवादी व लोभी हैं और जहाँ का प्रतिनिधि आत्म-प्रशंसक व चाटुकारिताप्रिय है।

निष्कर्षतः कहा जा सकता है कि देवनगर ह्रास्तोन्मुख समाज का प्रतीक है। इस उपन्यास के उद्देश्य को स्पष्ट करते हुए 'अश्क' लिखते हैं- 'आदर्शलोक की एक नैतिक योजना का एक व्यवसायिक आवास-योजना में बदलना ही देवनगर की ट्रेजिडी है।.....मेरा उद्देश्य यथार्थवादी दृष्टि से तथाकथित सुधारकों के छद्म का पर्दाफाश करना था, व्यवस्था की विसंगतियों को दिखाना था और मैंने वैसा उपन्यास लिखा।'[21] 'बड़ी-बड़ी आँखें' में अश्क ने जहाँ एक आश्रम के वास्तविक रूप का उद्घाटन किया

है, वहीं 'एक रात का नरक' में उन्होंने कानून के रक्षकों का वास्तविक रूप खोल कर रख दिया है। उन्होंने उपन्यास के माध्यम से यह दिखलाने का प्रयास किया है कि जिस प्रशासन को आम लोगों का रक्षक बनाया जाता है वही मौका पाकर जनता का शोषण कर उन्हें शर्मिंदा व अपमानित करते हैं। उपन्यास के नायक 'मास्टर जी' ही वह माध्यम बनता है, जिसके द्वार अश्क आम इन्सानों के शोषण का यथार्थ चित्र प्रस्तुत करते हैं। इसके साथ ही उन्होंने शिमला में होने वाले सालाना मेले की वास्तविकता को भी चित्रित किया है।

मास्टर जी शिमले में होने वाले सालाना मेले की बड़ी चर्चा सुने रहते हैं, जो प्रत्येक साल सी0पी0 में आयोजित होता है। इसीलिए उनकी भी इच्छा रहती है कि वो भी उस मेले में शामिल हो मेले का आनन्द उठाये, अतएव वे अपनी मित्रा मण्डली के साथ सी0पी0 के मेले में शामिल होने के लिए जाते हैं किन्तु दुर्भाग्यवश वह वहाँ एक सिपाही से उलझ पड़ते हैं जिसके परिणामस्वरूप उन्हें एक रात हवालात की सैर करनी पड़ती है।

उपन्यास में अश्क ने ग्रामीण-पहाड़ी-जीवन का, शिमले में होने वाले सालाना मेले की वास्तविकता का और पुलिस महकमे का यथार्थ रूप प्रस्तुत किया है। साथ ही इसमें वेश्याओं के जीवन को भी मार्मिक अभिव्यक्ति दी है। शिमला के सालाना मेले में जिन सिपाहियों को लोगों की रक्षा के लिए व सहायता के लिए तैनात किया जाता है वहीं आम लोगों से पैसों की वसूली करते हैं और मेले में आयी स्त्रियों पर बुरी दृष्टि रखते हैं। उपन्यास में मुर्तू नामक महिला के माध्यम अश्क ने गरीब ग्रामीण लड़कियों के इसी दर्द का चित्रण किया है। मुर्तू शिमले के सालाना मेले में जाती है जहाँ वह एक दरोगा के वासना का शिकार होकर वेश्या का अभिशप्त जीवन जीने को बाध्य हो जाती है। मुर्तू के जीवन का यह रूप पहाड़ी युवतियों के जीवन का यथार्थ है, जिसे अश्क ने बखुबी प्रस्तुत किया है।

अश्क ने निम्न-मध्यवर्गीय जीवन की समस्याओं पर एक और यथार्थवादी उपन्यास लिखा है- 'निमिषा'। देखा जाय तो यह अश्क के यथार्थवादी उपन्यासों में जीवन के वीभत्स रूप का चित्रण करने वाला

प्रथम उपन्यास है। इस उपन्यास के क्रूर यथार्थता पर अपना विचार प्रकट करते हुए अश्क ने कहा है- 'यह लगभग सोलहों आने यथार्थ है। हाँ पूरा सच, शायद पाठकों को अविश्वसनीय लगता, इसलिए मैंने इसे थोड़ा डाइल्यूट (पतला) कर दिया है।'[22] इस उपन्यास में भी निम्न मधयवर्ग के कुण्ठाग्रस्त युवक गोविन्द का चित्रण हुआ है जो अवसादग्रस्त मानसिक अवस्था से गुजरता है, जिसकी पत्नी की मृत्यु हो चुकी है। धीरे-धीरे उसकी जिन्दगी में सम्भ्रान्त परिवार की एक लड़की निमिषा प्रवेश करती है, किन्तु अपने दब्बू प्रकृति के कारण गोविन्द निमिषा को पूर्ण रूप से अपना नहीं पाता और अपने परिवार के दबाव में आकर एक अनपढ़ युवती माला से विवाह कर लेता है, किन्तु विवाह के पश्चात् उसका जीवन नारकीय हो उठता है। अश्क ने इस उपन्यास में भी आर्थिक समस्या, काम-कुण्ठा, अनमेल विवाह, कलुषित दाम्पत्य जीवन एवं निम्न- मध्यवर्गीय जीवन की विषमताओं का यथार्थ रूप उपन्यास के नायक गोविन्द के माध्यम से प्रस्तुत किया है। गोविन्द के पारिवारिक परिवेश के माध्यम से निम्न-मध्यवर्गीय जीवन की कटुता को प्रस्तुत किया गया है, जिसमें तंग, बदहाल जीवन की तस्वीर दिखलायी पड़ती है। इस उपन्यास की सबसे बड़ी जो समस्या है, वो है- विवाह व प्रेम की समस्या। निम्न-मध्यवर्गीय युवक-युवतियों की अनमेल विवाह के उपरान्त उत्पन्न हुई समस्याओं को देखा जा सकता है, जहाँ वे किसी तरह जीवन को घसीटते जाते हैं और हर दिन गृह-क्लेश से गुजरते हैं। 'निमिषा' इसी अनमेल विवाह से उत्पन्न गृहक्लेश का यथार्थ चित्र प्रस्तुत करता है। गोविन्द अपने अनमेल विवाह से असन्तुष्ट रहता है और ऐसे अनमेल विवाह संस्कार से वो अपने-आपको स्वतन्त्र करना चाहता है। उसके विचार से जिस वैवाहिक जीवन से सन्तुष्टि प्राप्त न हो उसे छोड़ देना ही बेहतर है, 'मेरे ख्याल से मर्द को यह झूठा बन्धन तोड़कर दूसरी शादी कर लेनी चाहिए और एक खोखले प्यार पर टिकी घरेलू जिन्दगी को जिसमें उसे सदा अपनी भावनाओं का गला घोंटना पड़े, बात-बात पर खीझना-झीखना पड़े लगातार झूठ बोलना पड़े, सदा एक निरीह आत्मा को (समाज की गलती से जो उसके साथ बाँधा दी गयी हो) दुख देना पड़े। दिन-रात की खिट-खिट से अवरुद्ध करने के बदले दूसरी शादी करके, उसे स्वच्छ और उन्मुक्त बहने देना चाहिए।'[23]

निम्न-मध्यवर्गीय परिवारों में वैवाहिक संबंधों के टूटने या अस्वस्थ रहने का प्रमुख कारण होता है- पुराने संस्कारों का अन्धानुकरण, अशिक्षा तथा अत्यधिक रूढ़िवादिता। 'अश्क' ने इन्हीं समस्याओं को निमिषा के माध्यम से पाठकों के समक्ष रखा है। 'जिस समाज में यह होता है कि लड़की पढ़-लिख कर, सुशिक्षित और सुसंस्कृत बनने के बदले, पति की प्रतीक्षा में दस-बारह साल बेकार बैठी रहे। उसकी काम-क्षुधा को कम करने के लिए उसे भूखा रखकर उसकी सूरत बिगाड़ दी जाय, जहाँ भावी पति-पत्नी को शादी से पहले एक-दूसरे को देखने तक न दिया जाय, एक-दूसरे के बारे में व्यक्तिगत रूप से कुछ जानने-समझने न दिया जाय, वहाँ रोज दिल न टूटें तो क्या हो।'[24] इसी कारण गोविन्द जैसे हस्सास व भावुक युवक का वैवाहिक जीवन कुण्ठाग्रस्त हो जाता है।

गोविन्द भूख और अभाव से ग्रस्त परिवार का युवक है जहाँ बीमारियाँ, आर्थिक तंगहाली और न खत्म होने वाला संघर्ष है। भूख-गरीबी एवं अभावों से ग्रस्त निम्न-मध्यवर्गीय परिवार की मार्मिक अभिव्यक्ति भी इसमें दिखाई देती है। यथा- 'कष्टप्रद बचपन, तकलीफ-देह किशोरावस्था, पढ़ाई, जिसमें हर महीने फीस की चिन्ता, कात अटेर कर और अपने गहने गिरवी रखकर माँ का अपने सभी लड़कों का पढ़ाना, फिर स्वयं किसी तरह दुकान जाना और अपने भाइयों की मदद करना। शादियाँ, बीमारियाँ, मौतें, जिन्दगी की जरूरी चीजों का निरन्तर अभाव, अनवरत संघर्ष-उसमें पिसती घायल और हस्सास रूहें.....।'[25] गोविन्द का जीवन इन्हीं विषमताओं से भरा पड़ा है। उपन्यास में निम्न-मध्यवर्ग की 'अनमेल-विवाह की भीतर से तोड़ देने वाली त्रासदी को अच्छी तरह उभारा गया है।'[26] जिसमें गोविन्द का जीवन विषम हो जाता है। यह सिर्फ गोविन्द की कहानी नहीं है, गोविन्द जैसे युवक निम्न-मध्यवर्गीय परिवारों में देखे जा सकते हैं, जिनका जीवन विषम परिस्थितियों से जूझता रहता है। सत्य तो यह है कि गोविन्द जैसे कायर व नपुंसक मानसिकता के युवकों के जीवन में ऐसी परिस्थिति का होना कोई बड़ी बात नहीं है। गोविन्द के सामने जो भी परिस्थितियाँ आती हैं, वो उसके अपने वैक्तित्व के इसी कमजोरी के कारण ही है। गोविन्द न सिर्फ कायर व बोदा होता है अपितु वह अवसरवादी भी है। इसलिए जब उसके सामने उसके विवाह की बात उठती है तब वह थोड़े से इनकार के

बाद यह सोच कर कि शायद इसका विवाह निमिषा से भी सुन्दर युवती से हो जाय, वह मान जाता है। उसके भाई साहब ने उसे वचन दिया कि 'तुम्हारी भाभी कहती है कि वह पतली छरहरी अट्ठारह-बीस वर्ष की लड़की है। पढ़ने-लिखने में बेहद होशियार है। मैट्रिक में फर्स्ट डिविजन में पास हुई है।'[27] जिसे सुनकर गोविन्द कमजोर पड़ जाता है और निमिषा से विवाह का इरादा त्याग देता है, किन्तु जब वह अपनी नवपरिणीता के रूप में एक फूहड़ व बदसूरत युवती को देखता है तो उसे अतिशय दुःख होता है- 'चौड़ा माथा, एकदम तिकोना चेहरा, बीच में काफी लम्बी तीखी नाक, पिचके कल्ले-चेहरे पर बेतहाशा पाउडर, होठों पर गहरी सुर्खी और दोनों ओर गालों पर काफी बड़ी गोल काली झाइयाँ जो उस पाउडर में से उभरकर और भी नुमाइयाँ हो गयी थीं और निहायत बदजेब लगती थी। गोविन्द को अपनी पत्नी की सुन्दरता का पूरा विश्वास था और सुघड़ता और सुरुचि की वह कामना करता था, लेकिन उस क्षणिक झलक में उसे आभास मिल गया था कि सुरुचि का तो खैर वहाँ कोई सवाल ही नहीं था, सुन्दरता भी यकसर नापैद थी। पाउडर और सुर्खी से पुता हुआ वह चेहरा और पाउडर की तह में से और भी ज्यादा झलकती हुई वे काली झाइयाँ उसकी सौन्दर्यप्रियता को कहीं गहरे में घायल कर गयी थीं।'[28] वह उसे छोड़ने का फैसला कर लेता है। गोविन्द के जीवन की यह घटना उसके अवसरवादी होने की चुगली करती है।

इस उपन्यास में निम्न मध्यवर्गीय जीवन का कटु यथार्थ अपने चरम रूप में दिखाई देता है, जिसमें विद्वेष है, आर्थिक तंगी है, संघर्ष है, कुण्ठा है, आपसी वैमनस्य है और अनमेल विवाह के परिणामस्वरूप दाम्पत्य जीवन का संघर्ष है। निम्न-मध्यवर्ग के साथ समाज का निम्नवर्ग भी अश्क जी की पैनी दृष्टि से निकल न सका। उन्होंने निम्न वर्ग के दुख-दर्द, जीवन-संघर्ष को करीब से देखा- विशेषकर कश्मीर के निम्नवर्ग की। उन्होंने सिर्फ देखा ही नहीं बल्कि उसे महसूस भी किया और न सिर्फ महसूस किया बल्कि उस वर्ग के न खत्म होने वाले संघर्ष को अपने उपन्यास 'पत्थर अल पत्थर' के माध्यम से रूपांकित भी किया। इस उपन्यास से अश्क ने एक सर्वथा नया रास्ता पकड़ा और लाहौर तथा जालन्धार के निम्न-मध्यवर्ग के जीवन से निस्सरण कर कश्मीर के निम्नवर्ग

के जीवन की गाथा को अपने उपन्यास में पिरोया। 'पत्थर अल पत्थर' कश्मीर संबंधी अश्क का सुप्रसिद्ध लघु उपन्यास है। उपन्यास का नायक हसनदीन कश्मीर का गरीब किसान है जिसका संघर्षमय जीवन-चक्र सिर्फ उसी की नहीं बल्कि भारत के सम्पूर्ण निम्न वर्ग के संघर्षों की कहानी है। हसनदीन 'अपने सुख और दुःख की जिम्मेदारी खुदा पर डालकर निश्चिन्त हो जाता है, पर कश्मीर के स्वर्ग का सृजन करने वाला वह खुदा उस जिम्मेदारी को कैसे निभाता है- यही व्यंग्य बड़े ढंग से लेखक ने अपने इस लघु-उपन्यास में समो दिया है।'[29] अश्क का यह उपन्यास उनके सम्पूर्ण उपन्यासों में अत्यन्त महत्वपूर्ण है। इसकी विषय-वस्तु, पात्र, इसकी पृष्ठभूमि और कथानक उनके उपन्यासों की मुख्य धारा से भिन्न तो है ही, हिन्दी के अन्य उपन्यासों में भी एक अलग व महत्वपूर्ण स्थान रखता है। इस उपन्यास की कहानी अत्यन्त संक्षिप्त है एवं पात्रों की संख्या भी सीमित है। लेकिन इसके उपरान्त भी अश्क ने इस छोटे से उपन्यास के माध्यम से कश्मीर प्रदेश की सच्चाई को यथार्थ दृष्टि दी और 1947 के बाद के भारतीय समाज की तस्वीर-आर्थिक विषमता, अंध विश्वास, धार्मिक मान्यताओं और वर्ग भेद के साथ प्रस्तुत किया है। अश्क ने उप्पल साहब और खन्ना साहब के माध्यम से मधयवर्ग के दो विपरीत चरित्रों को उद्घाटित किया है। उप्पल साहब जो उदार, निरभिमानी और सरल व्यक्ति हैं और दूसरी तरफ खन्ना साहब जो अन्दर से तो मधयवर्ग का छूद्र व्यक्ति है किन्तु ऊपर से सम्पन्नता और उदारता का ढोंग रचते हैं। मध्यवर्ग के खोखलेपन को उघाड़ कर रख देने में अश्क को कमाल हासिल है, उनकी इस क्षमता का उदाहरण खन्ना साहब हैं। खन्ना साहब के माध्यम से मध्यवर्ग की दोगली जिन्दगी का उन्होंने व्यंग्यात्मक चित्रण किया है। इसके साथ ही अश्क ने कश्मीरी मजदूरों के जीवन-संघर्ष को, उसकी गरीबी और जी-तोड़ परिश्रम एवं उनके अत्यन्त घृणित शोषण का भी चित्रण किया है। उपन्यास के नायक हसनदीन की दिनचर्या और उसके संघर्ष के चित्रण में गहरी संवेदना के दर्शन होते हैं। अभावग्रस्त हसनदीन की मनोवृत्तियों और उसके कार्य-व्यापार के साथ कथा का विकास होता है। वह एक गरीब घोड़वान है, जिसकी गरीबी और निरीहता पर यात्री खन्ना साहब की हर चोट, उसके व्यक्तित्व का कोई नया संवेदनशील

पहलू उपस्थित करते हुए सामाजिक शोषण की प्रक्रिया को प्रत्यक्ष करती है। इन सबके बावजूद हसनदीन को अपने साथ होने वाले अन्याय से कोई शिकायत नहीं होती। हसनदीन का शोषण सहते हुए कठिन श्रम करना और विरोधा न करना निम्नवर्गीय जीवन की वह गाथा है जिससे यह वर्ग निरन्तर पीड़ित है। दो जून की रोटी के लिए संघर्षरत गरीबी में पिसता हुआ आहत मजदूर होने पर भी, इस वर्ग की जीवन में आस्था अकंपितरूप से बनी रहती है। जिसे अश्क ने जीवन्त रूप में प्रस्तुत किया है।

उपन्यासकार अश्क समाज की कुरीतियों को खोलकर रख देने में माहिर हैं, जिसे पढ़कर पाठक तिलमिला उठता है और विद्रोह की भावना उसके अन्तर्मन में भड़क उठती है। 'पत्थर अल पत्थर' के माध्यम से उन्होंने पाठक की इसी भावना को भड़काया है। अश्क पहले ऐसे कथाकार हैं जिन्होंने कश्मीर के जीवन का यथार्थ चित्रित किया है। श्री भैरव प्रसाद गुप्त ने उनके इसी विशेषता को चिन्हित करते हुए कहा है– 'कश्मीर के बाहर के लेखकों में अश्क पहले कथाकार हैं, जिन्होंने कश्मीर को निकट से देखने और समझने का प्रयत्न किया और उसे यथार्थरूप में, यथार्थ की दृष्टि से चित्रित किया।'[30] 'पत्थर अल पत्थर' में अश्क की सूक्ष्म दृष्टि ने केवल कश्मीर के सौन्दर्य को ही नहीं देखा, वहाँ के एक परम आस्थावान, सरल, अबोधा, जुल्म के शिकार गरीब घोड़वान को भी हमारे सामने ला खड़ा किया है– ऐसा कि उसका चरित्रांकन हमारे मन पर एक अमिट छाप छोड़ जाता है।

निष्कर्षतः हम देख सकते हैं कि 'गिरती दीवारें' से लेकर 'पत्थर-अलपत्थर' तक अश्क के सभी उपन्यासों में भारतीय निम्न–मध्यवर्ग तथा निम्न वर्ग ही चित्रित हुआ है, जिसे उन्होंने अनेक कोणों से देखा और अनेक पहलुओं से परखा। चूँकि अश्क आरम्भ में ही यह निश्चित कर चुके थे कि वे अपनी ओर से कुछ नहीं कहेंगे और ना ही अपने नायकों से विद्रोह का बिगुल बजवायेंगे, बल्कि अपने उपन्यासों की रचना इस प्रकार करेंगे कि उन्हें पढ़कर पाठक के हृदय में समाज को बदल डालने की इच्छा सहज रूप से प्रबल हो उठे, इसीलिए उनके उपन्यासों में लम्बी–चौड़ी सैद्धान्तिक बहसों का अभाव है। उनके उपन्यासों में अगर कुछ है तो,

वो है- साधारण घटनाओं से बना जनसाधारण का सामान्य जीवन, जो अपने सम्पूर्ण सजीव वातावरण और परिवेश के साथ प्रतिबिम्बित हुआ है। अश्क निम्न-मध्यवर्गीय परिवेश के होने के कारण अपने वर्ग की तमाम कमजोरियों और कुण्ठाओं को जानते थे एवं उसके संघर्षों से परिचित थे। इसलिए वे इस समाज के परिवर्तन के लिए व्यग्र थे। इसलिए जहाँ कहीं भी कुरीतियों, सामाजिक विषमताओं, ढोंग और पाखण्ड को देखा उस पर तीखा प्रहार किया। अश्क की इस विशेषता की ओर इशारा करते हुए आलोचक महाराज कृष्ण जैन ने लिखा है- 'भारतीय नगरों के मधयवर्ग के इतने विभिन्न प्रकार के पात्र और किसी लेखक ने कदाचित् ही अंकित किये हों। यह कार्य वही लेखक सम्पन्न कर सकता है जो अपने परिवेश और उसके जीवन तथा पात्रों में रस लेता है और उनकी सब दुर्बलताओं और बुराईयों के बावजूद उन्हें प्यार करता हो, जो उनके हाथों प्रवंचनायें झेलकर चाहे आत्मसन्तोष के लिए उन पर फिकरे कसता हो, उनका मजाक उड़ाता है, पर जो भीतर ही भीतर कहीं उनकी मानवीयता को भी पहचानता हो और उससे सहानुभूति रखता हो।'

लेकिन निम्न-मध्यवर्गीय जीवन की महागाथा को उसकी समग्रता में अपने उपन्यासों और कहानियों के माध्यम से प्रस्तुत करते हुए अश्क ने भारतीय समाज के ग्रामीण जीवन पर दृष्टि डालते हुए दलित-शोषित वर्ग की व्यथा को वाणी दी है। उपन्यास 'पत्थर अल पत्थर' उनके ऐसे ही प्रयासों की एक कड़ी है और कहना गलत न होगा कि अपनी इसी विशेषता के कारण यह उपन्यास अश्क के सभी उपन्यासों में अलग स्थान रखता है। इस उपन्यास से उन्होंने समाज के एक ऐसे वर्ग का चित्र इतनी संश्लिष्टता के साथ खींचा है कि अपनी सामाजिक, आर्थिक, राजनीतिक और मानवीय चिन्ताओं में यह उपन्यास व्यापक सन्दर्भों को उद्घाटित करता है। अश्क ने सिर्फ निम्न वर्ग या निम्न-मध्यवर्ग के ही संघर्षों को अपने उपन्यासों में क्यों उद्घाटित किया, इस कारण को स्पष्ट करते हुए उन्होंने लिखा कि 'मेरे उपन्यासों- कहूँ कि मेरे अधिकांश साहित्य की यथार्थता सामान्य यथार्थता है, जिसमें जिन्दा रहने के प्रयास में, हमें जूझना पड़ता है। जिसमें हमें रोज-ब-रोज जीना पड़ता है और उसी यथार्थता का चित्रण करते हुए मैंने जिन्दगी को जीने और उससे जूझने के अवमूल्य सूत्र दिए हैं।'[31]

जिन्दगी में हर व्यक्ति के जीवन में विभिन्न प्रकार के अनुभव संचित होते रहते हैं और ये अनुभव किसी कहानी या उपन्यास को जन्म दे सकते हैं। अश्क ने भी अपने जीवन के अनेक अनुभवों को कहानी और उपन्यास के रंग में ढाल दिया। उनका हर उपन्यास उनकी अनुभूतियों का यथा तथ्य चित्रण है। उन्होंने यह स्वीकार भी किया है– 'मैंने आज तक अपने निम्न–मध्यवर्गीय परिवेश का अत्यन्त बारीक और सार्थकता भरा चित्रण किया है और इस प्रक्रिया में अपने सगे–संबंधियों को, मित्रों, परिचितों, अपने गली–मुहल्ले, बाजार–शहर को नहीं बख्शा– इस उद्देश्य से कि वहाँ जो गर्हित है, सड़ रहा है, उसे बदल दिया जाय– मेरे सारे लेखन का एकमात्र उद्देश्य रहा है कि मैं अपने पाठकों को उनके परिवेश की यथार्थता दिखाऊँ ताकि वे झूठी जिन्दगी ना जिए, झूठे और न पूरे होने वाले सपने न बनायें। यदि वे जिन्दगी की यथार्थता जानकर सपने देखेंगे, आदर्श बनायेंगे तो जरूर ही उन्हें पूरा कर ले जायेंगे।'[32] उनके सभी उपन्यासों में सामाजिक विषमताओं और विकृतियों की चीड़–फाड़ व्यक्ति–सत्य के धरातल पर की गयी है ताकि व्यक्ति कुण्ठाओं से बच सके। अपनी जीवन–दृष्टि को प्रकाशित करने के लिए उन्होंने निम्न–मध्यवर्गीय जीवन को अपने उपन्यासों को पृष्ठभूमि के रूप में स्वीकार कर उसकी कभी न खत्म होने वाले संघर्षों को चित्रित किया है। यही नहीं, इससे आगे बढ़कर उन्होंने व्यक्ति और समाज के द्वन्द्वात्मक संबंधों को भी रेखांकित किया और व्यक्ति से शुरू कर बार–बार परिवार, मुहल्ला, नगर, प्रदेश और पूरे समाज तक पहुँचते हैं और फिर समाज, प्रदेश, मुहल्ला और परिवार से होते हुए व्यक्ति तक वापस आते हैं। उनका वृहद् उपन्यास 'गिरती दीवारें' हो या 'गर्मराख', 'बड़ी–बड़ी आँखें' और 'पत्थर अल पत्थर' जैसी अन्य कथा–कृतियों, में उनके चिन्तन का मूल केन्द्र व्यक्ति और समाज का यही द्वन्द्वात्मक संबंध रहा है। उन्होंने विविध प्रकार के मध्यवर्गीय व्यक्तियों के जीते–जागते यथार्थ चित्र अंकित किये हैं।

संदर्भ

1. उपन्यासकार-अश्क-इन्द्रनाथ मदान, पृ0 27
2. आमने-सामने, अश्क, पृ0 35
3. आमने-सामने-अश्क, पृ0 34
4. बाँधों न नाँव इस ठाँव-अश्क, पृ0 74
5. वही, अश्क, पृ0 76
6. इति नियति-अश्क, पृ0 401
7. बाँधों न नाँव की ठाँव, अश्क, पृ0 65
8. पत्थर अल पत्थर (भूमिका), पृ0 22
9. वही, पृ0 22
10. उपन्यासकार अश्क, ले0 अश्क, पृ0 70-71
11. गर्मराख, अश्क, पृ0 322
12. पत्थर अल पत्थर, ले0 नेमिचन्द्र जैन, पृ0 23
13. उपन्यासकार अश्क, ले0 राजेन्द्र यादव, पृ0 174
14. गर्मराख, अश्क, पृ0 322-23
15. उपन्यसकार-अश्क, ले0 सुरेन्द्र पाल, पृ0 206
16. बड़ी-बड़ी आँखें-अश्क, पृ0 122
17. साक्षात्कार और विचार, अश्क, पृ0 161
18. बड़ी-बड़ी आँखें-अश्क, पृ0 159
19. साक्षात्कार और विचार, अश्क, पृ0 134
20. निमिषा (प्रकाशकीय) अश्क, पृ0 4
21. निमिषा, अश्क, पृ0 259-60
22. निमिषा-अश्क, पृ0 259
23. वही, पृ0 161
24. हिन्दी का गद्य साहित्य रामचन्द्र तिवारी, पृ. 785
25. निमिषा अश्क पृ. 183
26. वही, पृ. 189
27. पत्थर-अल-पत्थर (भूमिका) पृ. 2
28. उपन्यासकार अश्क- भैरव प्रसाद गुप्त, पृ. 249
29. आमने-सामने अश्क पृ. 37
30. विवादों के घेरे में अश्क पृ. 116-17

चतुर्थ अध्याय

निम्न-मध्यवर्गीय जीवन और अश्क के उपन्यास

हिन्दी साहित्य जगत में 'अश्क' जी निम्न मध्यवर्ग के वक्ता के रुप में जाने जाते हैं। उनके उपन्यासों में समाज अपने यथार्थ रूप में दृष्टता होता है, जिसे उन्होंने व्यक्तिवादी जीवन-दृष्टि प्रदान की। अपनी इसी व्यक्तिवादी जीवन दृष्टि को पाठकों के समक्ष रखने के लिए उन्होंने निम्न-मध्यवर्गीय जीवन को पृष्ठभूमि के रूप में लिया और निम्नमध्य वर्ग की कुष्ठा, संघर्ष, और समस्याओं की महागाथा को अपने उपन्यासों के माध्यम से लिख डाला। 'अश्क' के उपन्यासों में निम्न- मध्यवर्गीय व्यक्ति के त्रासदिक जीवन और उसके आन्तरिक संघर्षो का जीवन्त चित्रण हुआ है।

मध्यवर्ग एवं निम्न- मध्यवर्गीय जीवन की समस्याओं को सामाजिक यथार्थवाद के अन्तर्गत रखा जाता है। सामाजिक यथार्थवाद के अन्तर्गत उन मानवीय परिस्थितियों का उद्घाटन होता है जिसके कारण मनुष्य जीवन पर्यन्त संघर्षो का सामना करता है। सामाजिक यथार्थवाद का अर्थ है- समाज की वास्तविक अवस्था का यथार्थ। सामाजिक विषमताओं, भ्रष्टाचारों तथा वैयक्तिक स्वार्थो से आक्रान्त, पीड़ित समाज की दयनीय परिस्थितियों को उसके वास्तविक रूप में समाज के सामने प्रस्तुत करना सामाजिक यथार्थवाद का प्रधान लक्ष्य होता है। सामाजिक यथार्थवाद सामाजिक विषमताओं को उसके यथार्थ रूप में चिन्हित कर उन्हें दूर करने की प्रेरणा देता है, साथ ही उसमें उपेक्षित वर्ग के सामाजिक जीवन की विषम परिस्थितियों का यथार्थ मूल्यांकन भी किया जाता है।

सामाजिक यथार्थवादी उपन्यासों के अन्तर्गत समाज के उत्थान-पतन,

बनावट, अंग-उपांग, कुटुम्ब, व्यक्तियों का अन्तर्सम्बन्ध, परम्परा, संस्कृति आदि को कल्पना एवं अनुभव के योग द्वारा मनोग्राह्य कथानक के रूप में पाठकों के समक्ष प्रस्तुत किया जाता है। अतएव सामाजिक उपन्यास की कथा व्यष्टिगत न होकर समष्टिगत होती है जिसमें किसी समूह, समाज, देश तथा परिवार की समस्याओं का यथार्थ चित्र होंता है तथा इसके पात्र किसी न किसी समुदाय या वर्ग का प्रतिनिधित्व करते हैं। सामाजिक उपन्यास के लक्ष्य व विषय क्षेत्र को स्पष्ट करते हुए डॉ0 त्रिभुवन सिंह ने लिखा है- 'सामाजिक विषमताओं, भ्रष्टाचारों तथा वैयक्तिक स्वार्थों से आक्रान्त, पीड़ित समाज की दयनीय परिस्थितियों को उसके वास्तविक रूप में समाज के सामने प्रस्तुत करना सामाजिक उपन्यास का प्रधान लक्ष्य है। सामाजिक उपन्यास समाज और व्यक्ति के पारस्परिक सम्बन्धों, उसके प्रत्येक आचार-विचारों उसकी राष्ट्रीय, आर्थिक एवं नैतिक अवस्थाओं का मूल्यांकन तत्कालीन परिस्थितियों के आधार पर करता है। समाज का यथातथ्य वर्णन करना ही उपन्यासकार का उद्‌देश्य नहीं है बल्कि उसको इस रूप में प्रस्तुत करता है कि जिससे पाठक युग के सत्य एवं समाज में होने वाले कार्य-व्यापारों के औचित्य तथा अनौचित्य को सरलता से परख सके और उन पर मर्यादाओं का अनुसरण कर सके जिस पर चलकर एक आदर्श समाज की स्थापना हो सके।"[1]

अतः हम कह सकते हैं कि सामाजिक उपन्यास का फलक अत्यन्त विस्तृत होता है, जिसमें यथार्थ व आदर्श मिले रहते हैं। सामाजिक उपन्यास का लक्ष्य मानव-जीवन का विश्लेषण सामाजिक दृष्टि से करना होता है, जिसमें व्यक्तिसत्य के साथ समष्टिसत्य जुड़कर नवीन मूल्यों की समाज के माध्यम से स्थापना करते हैं।

सामाजिक उपन्यासों में समाज की समस्याओं को चित्रित करने के लिए साहित्यकारों ने मध्यवर्गीय जीवन को लिया और उसकी समस्त संघर्षों एवं विषमताओं को यथार्थवादी दृष्टि प्रदान की। 'हम पाते हैं कि धर्म, परम्परा, नारी-पुरुष के संबंधों से संबंधित जीवन मूल्यों के क्षेत्र में जितनी घुटन मध्यवर्ग में है उतनी कहीं नहीं। दहेज समस्या, विवाह समस्या (बाल विवाह, वृद्ध विवाह समस्या) परिवार में नारी की दयनीय स्थिति

की समस्या आदि अनेक समस्याएँ मध्यवर्ग को विशेष रूप से पीड़ित कर रही है। वेश्या जीवन की समस्याओं को भी मध्यवर्ग की ही एक समस्या मान सकते हैं।'[2] समाज की इन समस्याओं को उपेन्द्रनाथ 'अश्क' ने अपने उपन्यासों में बखूबी उठाया और उसका जीवन्त चित्रण किया। अश्क हिन्दी के उन उपन्यासकारों में से एक हैं, जो अपने उपन्यासों की कहानी को वर्ग, समाज और तत्कालीन परिस्थितियों से एकदम काटकर किसी एक स्थान पर सीमित नहीं रखते बल्कि हर क्षण इस बात का अनुभव कराते रहेंगे कि यह ऐसे लोगों की कहानी है, जो इंसानों के बीच में रहते हैं, जिनके कुछ सामाजिक सम्बन्ध एवं संपर्क हैं। सामाजिक जीवन की समस्याओं, विसंगतियों और यथार्थ को प्रस्तुत करने वाले उनके दो प्रमुख उपन्यास हैं– 'गिरती दीवारें' एवं 'शहर में घूमता आईना'। सामाजिक यथार्थ की अभिव्यक्ति की दृष्टि से अश्क ने इन दो उपन्यासों का क्रमशः विवेचन इन उपन्यासों की अन्तर्वस्तु को स्पष्ट करता है।

गिरती दीवारें :

आकार–प्रकार की दृष्टि से 'गिरती दीवारें' अश्क का वृहद् उपन्यास है जिसे हिन्दी यथार्थवादी उपन्यासों की परम्परा में सर्वश्रेष्ठ यथार्थवादी उपन्यास के रूप में माना जाता है। इस उपन्यास की सर्जना कर अश्क हिन्दी साहित्य संसार में श्रेष्ठ यथार्थवादी उपन्यासकारों की श्रेणी में गिने जाने लगे, साथ ही पाठकों के बीच अत्यन्त लोकप्रिय भी हुए।

यह उपन्यास पंजाब के जालन्धार शहर की निम्न–मधयवर्गीय जीवन की सुख–दुःख, आशा–निराशा, आकांक्षा–व्यथा की गाथा है, जिसमें निम्न– मध्यवर्गीय जीवन की कुण्ठा, प्रेम की समस्या, विवाह की समस्या, अहं की समस्या, सेक्स एवं सामाजिक कुरीतियों की समस्याओं का यथार्थ चित्रण हुआ है। लेखक द्वारा निम्न–मध्यवर्ग को व्यक्तिगत दृष्टिकोण से देखने के कारण उपन्यास में तीक्ष्णता अत्यधिक बढ़ गयी है तथा व्यक्ति के संदर्भ में तोड़ देने वाली यन्त्रणा भी सशक्त व्यंजना पा सकी है।

अश्क का यह उपन्यास जीवन की तरह निरन्तर चलने व बढ़ने वाला, सात खण्डों में लिखा गया बृहद् उपन्यास है जिसका प्रथम भाग 'गिरती दीवारें' नायक (चेतन) की उम्र के उस हिस्से को लेकर लिखा

गया है जबकि वह नहीं समझ पाता कि अन्ततोगत्वा जीवन में उसे क्या करना है कि उसकी प्रतिभा जीवन में किस मार्ग को पकड़कर विकसित होगी? वह कभी इस मार्ग को पकड़ता है, कभी उसको कभी एक ओर सरपट भागता है, कभी दूसरी ओर- वह कथाकार, कवि, उपन्यासकार, संगीतज्ञ, चित्रकार, अभिनेता सभी कुछ बनना चाहता है।....उम्र के इसी भाग के जोश, बलवलों, आशाओं, निराशाओं, कल्पना के पारस को छूकर एक क्षण में बन उठने वाले और यथार्थ की ठोकर से दूसरे क्षण ढह जाने वाले बुदबुद–से सपनों और निम्न–मध्यवर्गीय युवक के अन्तर और वाह्य के द्वन्द्वों को उपन्यास का यह भाग दर्शाता है।"[3]

इस उपन्यास के माध्यम से अश्क ने यह दर्शाने का प्रयत्न किया है कि एक निम्न–मध्यवर्गीय युवक के मन में अपने भावी जिन्दगी को लेकर क्या-क्या सपने होते हैं। उसके जीवन की परिस्थितियाँ कैसी हैं, किन परिस्थितियों में उसका विवाह होता है, कौन से संघर्ष उसे झेलने पड़ते हैं और वे संघर्ष उसे किस ओर ले जाते हैं तथा ये संस्कार उसके हृदय पर कैसे प्रभाव डालते हैं।

'गिरती दीवारें' में सामाजिक जीवन की समस्याओं को भी बड़ी ही संवेदना के साथ चित्रांकित किया है। यह उपन्यास निम्न–मध्यवर्गीय समाज से संबंधित है जिसमें जालन्धर शहर के जीवन पट पर अनेक छोटे–छोटे सन्दर्भों के माध्यम से मध्यवर्गीय समाज के कूड़े–करकट, धुएँ–धुंध, गर्द–गुबार, कीचड़ और दलदल का चित्रण हुआ है। साथ ही निम्न मध्यवर्ग के वैवाहिक जीवन, आर्थिक व सामाजिक समस्याओं, इच्छाओं, आकांक्षाओं, महत्वाकांक्षाओं, कुण्ठाओं, विडम्बनाओं, सद्वृत्तियों, कुवृत्तियों का यथातथ्य रूप प्रस्तुत हुआ है।

निम्न–मध्यवर्गीय जीवन व उसकी समस्याओं को अपने उपन्यासों में जीवन्तरूप में प्रस्तुत करने में अश्क को सफलता इसलिए प्राप्त हुई है क्योंकि यही वह वर्ग है जिसे उन्होंने समीप से देखा और भोगा है। 'गिरती दीवारें' में उन्होंने अपने इन अनुभवों को पूर्ण यथार्थता के साथ चित्रित किया है। इस उपन्यास का समर्पण ही उन्होंने उस जिन्दगी के नाम किया है जो अपने सारे सुख–दुःख के बावजूद दिलचस्प है।

'मध्यवर्ग का पाठक इस उपन्यास में अपने वर्ग के एक परिवार का नमूना इतनी नजदीक से देख लेता है, उस परिवार का अन्दर-बाहर उसके पीछे और आगे को भरा-पूरा 'क्लोज-अप' चित्र इतनी तरफों से लिया हुआ उसकी आँखों के सामने आता है कि इसका जोड़ उसे हिन्दी के किसी एक नाविल में कम- और शायद ही कहीं मिलेगा।'[4] अतः इस उपन्यास में वर्णित सामाजिक समस्याओं पर एक दृष्टि डालना आवश्यक है।

निम्न-मध्यवर्गीय जीवन का यथार्थ चित्रंकन :

भारतीय सन्दर्भ में निम्न मध्य वर्ग जटिल सामाजिक व्यवस्था का प्रतिनिधित्व करता है। यह समाज व्यवस्था विशुद्ध रूप से न आर्थिक होती है, न जातिगत वर्ग लेकिन जातीय परम्परायें, जन-विश्वास, धार्मिक आस्थाएँ, मूल्य के प्रति निष्ठा तथा आर्थिक दशा से मिल-जुलकर मध्यवर्गीय मानस निर्मित होता है। मध्यवर्ग तथा निम्न-मध्यवर्ग की मूल्य रूढ़ि किसी भी वर्ग के पक्षधर रचनाकार को मध्यवर्गीय नैतिकता की ओर लक्ष्य करने के लिए बाध्य करती है।

भारतीय सामाजिक व्यवस्था में परिवर्तन के साथ ही साथ मध्यवर्ग तथा निम्न-मध्यवर्ग के आर्थिक व सामाजिक स्थिति में भी परिवर्तन हुआ, जिसके परिणामस्वरूप प्राचीन मान्यताओं की आलोचना व नवीन विचारों की स्थापना होने लगी, इस निम्न-मध्यवर्ग तथा मध्यवर्ग की विकसित नयी पीढ़ी में पुराने रीति-रिवाजों के प्रति अनास्था उत्पन्न हुई और विद्रोह की प्रवृत्ति का जन्म हुआ।

निम्न-मध्यवर्ग का व्यक्ति अभावग्रस्त जीवन जीने के कारण उसके हृदय में हर वो सुख-सुविधा पाने की तमन्ना विद्यमान होती है जिसे वह अपने से ऊँचे वर्ग में देखता है। इस वर्ग का व्यक्ति महत्वाकांक्षी होने के नाते आत्मकेन्द्रित और कल्पनाप्रिय भी होता है। वह जीवन की यथार्थता को छिपाने का प्रयत्न करता है। इस वर्ग में प्रायः दो प्रकार के व्यक्ति देखे जा सकते हैं। पहले प्रकार के वे व्यक्ति हैं जो प्राचीन मान्यताओं और परम्परा आदि का विरोध न करके उसे उसी रूप में निभाये चले जाते हैं, दूसरी प्रकार के वे व्यक्ति होते हैं जो प्राचीन परम्पराओं व रूढ़ियों का विरोधा करते हैं तथा नये विचारों व रीति-रिवाजों की स्थापना करते हैं।

'गिरती दीवारें' में इन दोनों प्रकार के पात्रों की स्थापना हुई है। पहले प्रकार के पात्रों में चेतन की माँ लाजवन्ती देवी हैं तो दूसरे प्रकार के पात्रों में उपन्यास का नायक चेतन है।

'अश्क' ने मध्यवर्गीय समाज को अपनी आँखों से देखा था। उसके जीवन व क्रिया-कलापों का स्वयं अनुभव किया था, अतः उनके उपन्यास 'गिरती दीवारें' में निम्न-मध्यवर्गीय समाज की विघटनशील नैतिक मान्यताओं एवं समाज के बगुला भगतों की वास्तविक स्थिति देखी जा सकती है। निम्न- मध्यवर्गीय परिवेश का यथार्थ चित्र प्रस्तुत करने में भी उन्होंने बड़ी ही गहरी दृष्टि का प्रयोग किया है, जिसमें निम्न-मध्यवर्गीय जीवन के रहन-सहन की दयनीय स्थिति का यथार्थ चित्र द्रष्टव्य होता है, यथा- 'सील-भरा अंधेरा कमरा। दीवारों पर पलस्तर, लगता था कि गिरना ही चाहता है। खिड़की अथवा रोशनदान एक भी न था। बस एक दरवाजा उस अंधेरे-से आँगन में खुलता था। इस दरवाजे को चेतन प्रायः बन्द ही रखता था और बन्द सील-भरे कमरों से जैसी बू-सी आने लगती है, वैसी ही दम घोंटने वाली बू कमरे से आ रही थी। कमरे में आलमारी कोई न थी।....छत काली स्याह थी, जिससे मालूम होता था कि पहला किरायेदार वहाँ रहने के अलावा रसोई भी बनाता रहा होगा।.....फर्नीचर के नाम पर कोने में एक स्याह मेज पड़ी थी। उसके पास बिना बाजुओं की एक काली गद्देदार कुर्सी थी। रोशनी के लिए दीवार में कील गाड़कर बिजली का एक बल्ब टकराया गया था।'[5] निम्न- मध्यवर्गीय परिवेश व उनका रहन-सहन किस स्तर का हो सकता है उपर्युक्त पंक्तियों में स्पष्ट परिलक्षित होता है।

अनमेल विवाह की समस्या :

'गिरती दीवारें' की समस्या पुराने ढंग के अनमेल विवाह से उत्पन्न जीवन के दुर्निवार असामंजस्य की समस्या है, जिसके चित्रांकन में उपन्यासकार की गहरी व यथार्थ दृष्टि का अवलोकन होता है।

निम्न-मध्यवर्गीय परिवार में जन्मा चेतन आर्थिक कठिनाईयों का सामना करते हुए किसी तरह स्नातक तक की शिक्षा प्राप्त करता है। अपने भावी जीवन के लिए मन ही मन वह अनेक कल्पनायें करता रहता है। वह पड़ोस के मुहल्ले में रहने वाली कुन्ती से प्रेम करता है और उससे विवाह

की इच्छा भी रखता है। किन्तु माता–पिता की इच्छा के आगे उसकी एक नहीं चलती और विवश होकर उसे उस लड़की से विवाह करना पड़ता है, जो उसे पसन्द नहीं। वह परिवार के दबाव में आकर विवाह तो कर लेता है पर उसके अन्तर्मन में एक खालीपन हमेशा के लिए विद्यमान हो जाती है। अपने अंदर के इस खालीपन को भरने के लिए वह धीरे–धीरे अपनी साली नीला के प्रति आकर्षित होता चला जाता है। चेतन नीला को पहली ही नजर में पसंद कर लेता है और गलतफहमी का शिकार हो उसे ही अपनी भावी पत्नी समझ बैठता है, पर अपने विवाह के अवसर पर उसे ज्ञात होता है कि नीला उसकी माली है तो यह जानकर उसके हृदय में आग सी धधक उठती है– 'नीला से उसकी शादी क्यों न हुई। उसे पहले ही क्यों न पता चल गया कि वह लड़की....उसकी भावी पत्नी के ताऊ की मँझली लड़की है।....बाद में भी किसी तरह मालूम हो जाता अगर.....तो जीवन के दुख–भरे सागर में सुख की उद्दाम तरंगें आतीं। उनके सहारे वह कहाँ–कहाँ न पहुँच जाता।''[6] किन्तु अब उसका विवाह एक ऐसी लड़की से हो रहा है जो उसके अनुकूल नहीं है। 'दूसरी ओर, कुन्ती और नीला जैसी सुन्दर युवतियों का विवाह आयु, स्वभाव, स्वास्थ्य, सौन्दर्य की दृष्टि से विपरीत पुरुषों से हो जाता है। कुन्ती का विवाह 'मोटे थुलथुल–पिलपिल पण्डित' से होता है जो असमय मर जाता है और नीला से विवाह के लिए एक मिलिट्री अकाउण्टेण्ट जीवन में तीसरी बार दुल्हा बनकर आता है। उसकी गंजी होती हुई चाँद पर जवानी की यादगार के रूप में चन्द बाल, आँखों के नीचे बढ़ते हुए गढ़े, उभरे हुए जबड़े, पिचके हुए कल्ले....कृत्रिम दाँत और पैंतीस से चालीस को पहुँचती हुई उम्र है। नीला के पिता ने भतीजी चन्दा के लिए चेतन जैसा वर खोजा था और स्वयं अपनी प्यारी सुन्दरी बेटी के लिए ऐसा अनमेल वर ढूँढ़ सका।''[7]

चेतन की पत्नी चन्दा कम पढ़ी–लिखी एवं अत्यन्त साधारण रंग–रूप की युवती है, इसलिए चेतन हमेशा अन्यमनस्क सा रहता है। उसके वैवाहिक जीवन की यही मूल समस्या है जिसके कारण वह कभी नीला तो कभी प्रकाशो, कभी केसर और कभी मन्नी की तरफ आकर्षित होता रहता है।

अनमेल विवाह की यह समस्या सिर्फ चेतन की ही नहीं है बल्कि निम्न–मध्यवर्ग के उन तमाम युवक-युवतियों की है जो इस समस्या से दो–चार होते हैं। निम्न–मधयवर्ग में अनमेल विवाह की यह समस्या आँखों के समक्ष और भी मूर्त होकर उभरती है- जहाँ नीला का विवाह दूर–पार वर्मा में रहने वाले एक अधेड़ से हो रही होती है और चेतन इस अनमेल विवाह को देखकर मन–ही–मन इस समस्या पर गौर करते हुए सोचता है- कौन लड़की ऐसी होगी जिसे अच्छे वर की इच्छा न हो, लेकिन चाँद सा वर क्या सभी को सुलभ है? आये दिन कान्त–कामिनी युवतियाँ मोटे-भद्दे, कुरूप एवं फूहड़ किन्तु अमीर युवकों, अधेड़ों अथवा विधुरों के संग बांध दी जाती है। सुन्दर तीखे नैन–नक्श, बड़ी–बड़ी आँखों वाली कुन्ती का विवाह उससे दुगुने उम्र के पुरुष के संग हो जाती है, जिसका परिणाम उसे अपने वैधव्य से चुकाना पड़ता है।

अनमेल विवाह की समस्या यहीं समाप्त नहीं होती है। चेतन के माता–पिता भी अनमेल विवाह की समस्या से जूझते हुए दिखाई पड़ते हैं, किन्तु इस विवाह में अगर किसी की दयनीय स्थिति होती है तो सिर्फ चेतन की माँ की। चेतन के पिता शराबी–कबाबी एवं सभी तरह के बुरे-कर्म (विलासिता) किये हुए व्यक्ति हैं, जिनकी नजर में स्त्री सिर्फ भोग व प्रताड़ना की वस्तु है इसी कारण चेतन की माँ लाजवन्ती देवी आजीवन उनके द्वारा प्रताड़ित होती रहीं। चेतन की माँ 'उन पतिव्रता औरतों में से थीं जिनके दिल–दिमाग, धर्म–शास्त्रों, पण्डितों और पुरोहितों ने बुरी तरह जकड़ रखे हैं। स्वर्ग पाने के लिए ही वे पति को परमेश्वर समझती हों, यह बात नहीं। बचपन से ही उन्हें सिखाया जाता है कि पति अंधा, काला, लूला, लंगड़ा, निर्धन, शराबी, जुआरी कैसा भी क्यों न हो, पत्नी के लिए वह परमेश्वर है।[8] अपनी इसी रूढ़िवादी सोच के कारण वे सदा अपने जालिम पति का दुर्व्यवहार सहती रहीं, किन्तु कभी शिकायत नहीं किया। इन दो विपरीत व्यक्तित्व व मानसिकता के इन्सानों का वैवाहिक जीवन किस प्रकार का हो सकता है, इसकी स्वतः कल्पना की जा सकती है।

वहीं चेतन अपने वैवाहिक जीवन से नाखुश होकर भी पति–धर्म को निभाता हुआ भी अपने जीवन में (वैवाहिक जीवन) सूनापन महसूस करता

है। पत्नी के समीप रहते हुए भी उससे अपने को कोसों दूर पाता है। चेतन के इस मनोभाव से अनमेल विवाह की त्रासदी देखी जा सकती है। अनमेल विवाह के कारण ही दम्पति 'भावनाहीन मशीन के पुर्जों की तरह वासना की करेंट से प्रचारित संबंध को निभाये जाते हैं। एक समय आता है कि उन्हें अपने-आपसे अथवा एक-दूसरे से घृणा हो जाती है। पत्नी बच्चों में जी बहलाती है और पति घर के बाहर सुख ढूँढ़ने का विफल प्रयास करता है।'[9] अनमेल विवाह की इस त्रासदीपूर्ण स्थिति का यथार्थ चित्रांकन 'गिरती दीवारें' में द्रष्टव्य होता है।

आर्थिक विषमता एवं सेक्स संबंधी कुण्ठा का चित्रण :

'गिरती दीवारें' निम्न-मध्यवर्ग का व्यापक चित्र प्रस्तुत करता है, जिसमें निम्न-मध्यवर्ग के आर्थिक व सेक्स संबंधी कुण्ठाओं का यथार्थ चित्रण भी शामिल है।

मध्यवर्गीय एवं रूढ़िग्रस्त परिवार में उत्पन्न व्यक्ति आज के शोषण तथा वैषम्य के युग में किस प्रकार शोषित होता है- इन परिस्थितियों को उपन्यासकार ने उपन्यास के नायक चेतन के माध्यम से प्रस्तुत करने का सफल प्रयास किया है। 'अश्क ने चेतन के चरित्रांकन के द्वारा दो मूल समस्याओं को उठाया है- आर्थिक विषमता और सेक्स संबंधी कुण्ठा जिनसे एक निम्न-मध्यवर्ग का व्यक्ति जूझता है और अपने अस्तित्व को सुरक्षित रखने के लिए संघर्ष करता है।'[10] इन समस्याओं से चेतन ही नहीं बल्कि उसके आस-पास के सभी निम्न-मधयवर्गीय परिवार विषम परिस्थितियों से दो-चार होता है। आर्थिक कठिनाई की वजह से चेतन अपनी शिक्षा पूरी नहीं कर पाता। अपनी विषम आर्थिक समस्याओं को दूर करने के लिए उसे कभी विद्यालय में शिक्षण का कार्य करना पड़ता है तो कभी किसी समाचार पत्र में पत्रकार या सह-सम्पादक के रूप में काम करना पड़ता है।

आर्थिक तंगी से बदहाल जीवन सिर्फ चेतन ही नहीं जीता बल्कि उसका 'कल्लोवानी' मुहल्ला भी जीता है, जहाँ हर परिवार भूख और गरीबी से लड़ता हुआ किसी तरह अपना पेट भरता है। सारा-का-सारा मुहल्ला अपनी तमाम गरीबी, गन्दगी, रोग-शोक, दुश्चरित्रता, अपढ़ता,

मूर्खता, संकीर्णता से बदहाल है। 'जो मैट्रिक पास कर लेता, वह बाहर नौकरी पर चला जाता। शिक्षित होने के साथ जो लोग सम्पन्न और सुसंस्कृत भी हो जाते, वे बाहर कोठियों में जा बसते। शेष मुहल्ला अपनी उसी अशिक्षा, गरीबी और गन्दगी में पड़ा किलबिलाया करता।'[11] चेतन का परिवार भी इसी आर्थिक तंगी से गुजरता हुआ सिले हुए मकान के जर्जर दीवारों और टूटे हुए दरवाजों में किसी तरह अपना जीवन घसीटता है। चेतन के पिता पं0 शादीराम 'स्टेशन मास्टर' थे किन्तु उनके शराब पीने और अन्य व्यसनों में ही सारा रुपया खर्च हो जाता, जिसके कारण घर की आर्थिक स्थिति दयनीय रहती। चेतन की माँ ने अपना सारा जीवन अभावों में बिताया, किसी तरह उन्होंने अपने पाँचों बेटों की परवरिश की और थोड़ा-बहुत शिक्षा प्राप्त करने में अपना सहयोग भी दिया। किन्तु चेतन के अतिरिक्त उनके किसी भी बेटे में ज्यादा शिक्षा ग्रहण करने की अनुकांक्षा न थी, किन्तु चेतन अपनी प्रबल ईच्छा के कारण कठिन परिस्थितियों में भी उच्च शिक्षा प्राप्त करने में सफल होता है।

जालन्धर के साथ ही लाहौर शहर के निम्न-मधयवर्गीय परिवेश का यथार्थ चित्रण अश्क ने इस उपन्यास में किया है। किन परिस्थितियों में निम्न-वर्ग के परिवार अपनी बदहाल आर्थिक स्थिति को ठीक करने के लिए और दो जून की रोटी के लिए अपने घर की लड़कियों को बेच देते हैं, इसका उल्लेख भी उपन्यास में हुआ है-'केसर' नामक युवती को उसके माता-पिता द्वारा तीन मजदूरों के हाथों बेच दिया जाना, ऐसा ही एक प्रसंग है।

आर्थिक तंगी व रोज के जीवन संघर्ष से जूझता हुआ लाहौर के अनारकली मुहल्ले के ज्यादातर निम्न-मध्यवर्गीय निवासी यह जान भी न पाते कि कब शाम का सूरज अस्त हुआ और कब रात हो गयी।

'गिरती दीवारें' में आर्थिक विषमता और उससे उत्पन्न कुण्ठा के मार्मिक चित्रण के साथ ही निम्न-मध्यवर्गीय लोगों के रहन-सहन का बड़ी ही कलात्मक अभिव्यक्ति हुई है। इसमें निम्न-मध्यवर्ग के वातावरण के जीवन्त चित्रण पर प्रसिद्ध आलोचक 'शमशेर बहादुर सिंह' ने लिखा है- 'गिरती दीवारें हर उस घटना, दुर्घटना, आशा, आकांक्षा,

सफलता–असफलता, प्यार और चोट का, उनकी ऊहापोह का उपन्यास है, जो निचले मध्यवर्गीय जीवन का ताना–बाना कसते और ढीला करते हैं–या बुनते हैं। हर गली–कूचे और मकान–ड्योढ़ी के परिचय और घर–बाहर के अपने–पराये के संबंधा से एक सस्ते ओछेपन की बू आती है, जिन्दगी के हर मोड़ पर सीलन की–सी ठहरी हुई गलीज बेशर्म! बू और हर चीज, हर बात के अन्दर एक हाय–हाय भरी बेकार–सी जी–तोड़ और जान–मार कोशिश....जिसका नतीजा आखिर में एक दीन, विपन्न, दयनीय रूप से मुस्कराती हुई हार, लाचारी और समझौता है।'[12]

आर्थिक तंगी से बदहाल निम्न–मध्यवर्गीय मुहल्लों के जमीनी एवं सामाजिक भूगोल के चित्रण में अश्क के अद्‌भुत कौशल का परिचय मिलता है। टूटे–फूटे, बोसिदा खण्डहरों जैसे मकानों की गन्दगी और सड़ांध, तंग गलियों की नालियों से उठने वाली दुर्गन्ध, भैंसों की पूँछों से उछलती हुई कीचड़, धूल–धक्कड़ का जीवन्त चित्र उन्होंने 'गिरती दीवारें' में प्रस्तुत किया है। मुहल्ले के निवासियों की गरीबी, अपढ़ता, संकीर्णता, रोग–शोक से ग्रस्त उनके जीवन की चींटी जैसी मन्थर गति के निरूपण के साथ–साथ उसकी भाग्यवादी, अन्धविश्वासी, आत्मकेन्द्रित, असामाजिक मनोवृत्ति को भी उपन्यास में बखूबी उघाड़ा गया है। जहाँ के निवासिों के अर्न्तसंबंधों के परिणाम स्वरूप हर दूसरे व्यक्ति का किसी न किसी मैथुन संबंधी संक्रामक या अन्य किसी गुप्त रोग से पीड़ित रहना आम बात है।

निम्न–मध्यवर्गीय जीवन में काम–भावना की मनोस्थिति का चित्रण भी इस उपन्यास हुआ है, चेतन एवं उसका मित्र अनंत इसके सबसे बड़े उदाहरण हैं। जहाँ अनन्त की दृष्टि में स्त्री सिर्फ एक 'विशेष काम' के लिए बनी है तो चेतन की दृष्टि भी अनन्त से कुछ ज्यादा भिन्न नहीं है। दोनों में अन्तर सिर्फ इतना ही है कि चेतन स्वभाव से कायर है, इसलिए वह अपने अन्दर छुपी काम–कुण्ठा से सदा व्यथित ही रहता है। चेतन स्वयं यह स्वीकार करता है- '...मैं डरपोक हूँ। मेरी हालत उस आदमी जैसी है, जो एक खूँखार जानवर से डरकर दूसरी ओर भागता है तो उसके सामने दूसरा जंगली जानवर आ जाता है, दूसरे से भयभीत होकर तीसरी ओर मुड़ता है तो तीसरे का सामान करना पड़ता है।'

मैं डर रहा था कि मैं गिर रहा हूँ। अपने चरित्र से गिर रहा हूँ और मैंने सोचा कि दूसरों की क्यारियों में मुँह मारने की इजाजत देने के बदले मन के इस मुँहजोर घोड़े के लिए उसकी अपनी क्यारी बना दूँ। पर शायद मन के इस जानवर को दूसरे की खेतियों में मुँह मारना ज्यादा पसन्द है। यह वासना है, गुनाह की लज्जत है, देखे जाने का भय है, यह क्या है, जो अभिसार में मिलन से अधिक सुख भर देता है।"[13]

आर्थिक विपन्नता के बीच मध्यवर्गीय युवक–युवतियों के बीच उपजे काम–कुण्ठा की यथार्थ अभिव्यक्ति निम्न पंक्तियों में देखी जा सकती है। 'मधयवर्गीय यौन नैतिकता की जकड़नों के कारण इस वर्ग के युवक–युवतियों के लिए अपने जीवन में रोमांस की उपलब्धि ही नहीं, सेक्स की स्वाभाविक इच्छा तक की पूर्ति भी प्रायः असम्भव ही होती है। चेतन के सन्दर्भ में हम देखते हैं कि वह कुन्ती और नीला से अपने दिवास्वप्नी प्रेम और प्रकाशों, केसर आदि से कामेच्छा की तुष्टि में असफल होकर जब वह अपनी पत्नी के साथ ही क्षतिपूरक रोमांस करने की चेष्टा करता है तब भी उसे सफलता नहीं मिलती और वह पाता है कि पत्नी के साथ घर, परिवार, सास–ससुर, जेठ–जेठानी तथा नमक–तेल, लकड़ी जुड़ी हुई है। इस स्थिति में, इस वर्ग में युवक–युवतियों के कुण्ठाग्रस्त हो जाने की सच्चाई से कैसे इनकार किया जा सकता है।"[14] चेतन को माध्यम बनाकर मध्यवर्गीय युवक–युवतियों के इसी काम–कुण्ठा का जीवन्त चित्र इस उपन्यास में उपस्थित हुआ है। चेतन जो अपनी अकेली हस्ती को बहुत बड़ी चीज समझता है, वासना को गुनाह मानता है और अपने पिता एवं उनके मित्रा देवराज के चरित्र से घृणा करता है और जो अपने पिता से इसलिए नफरत करता है क्योंकि उसके पिता, उसकी माँ के समक्ष अन्य स्त्रियों को घर में लाकर अश्लील हरकतें करते हैं- कहीं न कहीं वह खुद इसी काम–कुण्ठा से ग्रस्त है। कभी प्रकाशो तो कभी केसर के यौवन के प्रति आकर्षित रहना, अपने विवाह के उपरान्त भी केसर के साथ अश्लील हरकतें करना उसकी काम–कुण्ठा का ही प्रतीक है। चेतन के अन्दर काम–भावना इतने अन्दर तक दबी पड़ी रहती है कि जब भी कोई युवती उसके सम्पर्क में आती है वह अपने ऊपर नियन्त्रण नहीं रख पाता और किसी न किसी प्रयोजन से उसके शरीर को छूने का प्रयत्न करता रहता है।

शिमला जाते समय ट्रेन में वेश्याओं के साथ ही आये कुछ व्यक्ति उनके साथ अश्लील, भोण्डे मजाक करते हैं जिसे सुनकर चेतन को बुरा लगता और वह मन ही मन उन पुरुषों को अपशब्द कहता है, किन्तु स्वयं मन्नी के गोरे अंगों को देखकर उसके हृदय में वासना का तूफान उठ बैठता है।

चेतन जिसे दूसरों की क्यारियों में मुँह मारने के बदले अपनी क्यारी बनाना ज्यादा पसन्द था, वह अन्त में स्वीकार कर लेता है कि पुरुषों को दूसरों के खेतियों में मुँह मारना ज्यादा पसन्द है। यही वजह है कि चेतन कभी अपने प्रथम व किशोरवय प्रेम कुन्ती की याद में जलता है तो कभी अपनी साली नीला के उन्माद यौवन को देखकर रात–दिन सुलगता रहता है और कभी प्रकाशो और केसर के साथ यौन–संबंधों को प्राप्त करने की असफल कोशिशें करता है। 'दमित भावनाओं ने उसके अन्दर एक ऐसी दुर्बलता पैदा कर दी है कि इन आदर्शों की टेक वाह्य परिस्थिति की पहली ठोकर पर ही छिन्न–भिन्न हो जाती है और वह बिन पेंदी के लोटे की तरह लुढ़क पड़ता है। चाहे प्रकाशो हो चाहे मन्नी हो, चाहे नीला हो, चाहे वह नेपाली लड़की हो– सब जगह उसकी वासना प्रबल हो उठती है।'[15] इस काम–कुण्ठा का ही परिणाम होता है कि चेतन को प्रकाशो के साथ किया गया अपना कुकृत्य भयावह रूप धर कर सके सामने आने लगता है। 'गिरती दीवारें' में काम–कुण्ठा के साथ सेक्स संबंधी अज्ञानता की समस्या को भी देखा जा सकता है। निम्न–मध्यवर्गीय परिवारों की यह आम समस्या होती है, जहाँ सेक्स–संबंधी जानकारी होना पाप समझा जाता है। यह समस्या सिर्फ निम्न–मध्यवर्गीय परिवारों की ही नहीं अपितु हमारे पूरे भारतीय समाज की है, इसीलिए जब युवक–युवतियाँ किशोरावस्था पार करते हैं तो उनमें काम–वासना का अस्वस्थ रूप ही देखने को मिलता है। अश्क जी ने 'गिरती दीवारें' में चेतन के माध्यम से सेक्स संबंधी अज्ञानता का चित्रण बड़े ही यथार्थ तरीके से किया है, 'हमारी इस निम्न–मधयवर्गीय संस्कृति में जब यौन–संबंधी किसी बात का ज्ञान युवा लड़की–लड़के के कानों के पास तक ले जाना पाप समझा जाता है तो अपने सहज ज्ञान द्वारा केलिरत पशु–पक्षियों को देख अपने ही तरह के अपने से ज्ञानी मित्रों या झूठे बाजारी वैद्य–हकीमों से सुन–सुना कर या फिर छिपे–छिपे कोकशास्त्र

की तरह के ग्रन्थ पढ़-पढ़ाकर उन युवकों की वासना समय से पहले चाहे जग जाती हो, पर सेक्स का उचित ज्ञान उन्हें प्राप्त नहीं होता।[16] अपने सेक्स संबंधी अल्प ज्ञान की वजह से चेतन भी उन स्थितियों से दो-चार होता है जिससे आम निम्न-मध्यवर्गीय युवक होते हैं।

आम विस्मृति एवं शोषण :

'गिरती दीवारें' में दो प्रकार के पात्रों का चित्रण हुआ है, पहले तो उन निम्न-मध्यवर्गीय युवकों का जो अपने जीवन व भविष्य से उदासीन व विरक्त होकर खुद में खोये रहते हैं और ताश के पत्तों तथा अन्य खेलों में सारा का सारा दिन यूं ही व्यर्थ बिता देते हैं और दूसरे उच्च वर्ग के उन लोगों का चित्रण हुआ है जो अपने स्वार्थ सिद्धि के लिए किसी भी स्तर पर गिरकर आम लोगों का शोषण करते हैं। चेतन अपने जीवन में इन दोनों प्रकार के पात्रों को अपने आस-पास पाता है। चेतन का पारिवारिक जीवन अवसादमय रहा है, उसका अपना बड़ा भाई रामानन्द व उसके मित्र पहले प्रकार के व्यक्तियों में है जो अपने उद्देश्यहीन जीवन को ताश व शतरंज जैसे खेलों में यूं ही बिताते जाते हैं। अपने आस-पास के जीवन से उदासीन, अपनी सारी जिम्मेदारियों से मुक्त वो यूं ही कभी किसी दुकान पर तो कभी किसी कुएँ पर इन खेलों को अपना जीवन समर्पित किये बैठे रहते हैं। चेतन उन्हें ऐसे निरर्थक खेलों में दिन का दिन नष्ट करते देख, जो सोचता है, वह उसके समीप आत्म-विस्मृत निम्न-मध्यवर्गीय समाज पर ठीक ही घटता है- 'ये लोग कैसे इस फिजूल के खेल में समय नष्ट कर सकते हैं। कोई काम नहीं, काज नहीं, आशा नहीं, आकांक्षा नहीं। बस किसी तरह वक्त को जिबह किये जाते हैं।'[17] वहीं दूसरी तरफ ऐसे लोग भी थे जो अपने कार्यसिद्धि के लिए किसी भी तरह के छल-कपट को पाप न समझते थे। ऐसे लोगों में शायर हुनर साहब और कविराज-रामदास जैसे लोग थे। 'चेतन इन धूर्तों के सम्पर्क में आकर, इनसे ठगा जाकर भी स्वयं धूर्त और मक्कार नहीं बन पाया है। उसका पीड़ित हृदय दुनिया के इस रंग-ढंग को देखकर रो उठा है, उसका कष्ट और भी बढ़ गया है।[18] हुनर साहब जो दूसरे शायरों की गजलों को अपने नाम से सुनाकर दूसरों की श्रद्धा हासिल करते रहे और लाहौर जाने के लिए किराये के रूप में पाँच

रुपये भी ठग लिए चेतन लाहौर पहुँच कर, रहने की व्यवस्था न हो पाने पर जब उन्हीं हुनर साहब के यहाँ कुछ दिन रहने गया तो वे महाशय उससे रहने के नाम पर मकान के किराये के रूप में आठ रुपये वसूल लिए। दूसरे व्यक्ति के रूप में चेतन की मुलाकात कविराज रामदास से होती है, जिनसे पहली मुलाकात में चेतन का हृदय उनके प्रति श्रद्धा से आप्लावित हो गया। जिनकी सहृदयता, उदारता और महानता के आगे वह नतमस्तक हो उठा। किन्तु शिमला पहुँचकर उसे रामदास की वास्तविकता का पता चलता है। वहाँ उसे धीरे–धीरे इस बात का भान हो जाता है कि कविराज रामदास उसके साथ छल और कपट कर रहे हैं। कविराज चेतन को सेहत बनाने के लिए अपने साथ शिमला ले जाते हैं, किन्तु उनका वास्तविक मकसद चेतन से स्वास्थ्य संबंधी एक पुस्तक अपने नाम से लिखवाकर प्रकाशित करने का रहता है। चेतन को जल्द ही अपनी स्थिति का एहसास हो जाता है कि कविराज जो प्रत्यक्ष रूप में दिखायी पड़ते हैं, वास्तव में वैसे हैं नहीं बल्कि खुदगर्ज, मक्कार, शोषक व अत्यन्त व्यवहारिक व्यक्ति हैं, जो सिर्फ दूसरों का शोषण करना ही जानते है, जिसके मीठे शब्दों के जाल में वह फंस चुका है और जिसका उपयोग वे अपने स्वार्थ सिद्धि के लिए बड़ी ही कुशलता से कर रहे हैं। 'उसने महसूस किया कि वह जयदेव, यादराम सब घोड़े ही तो हैं। कविराज की ख्याति की गाड़ी में जुते हुए हैं। यह अनुभूति जैसे एक तीर की तरह उसके हृदय को भेदती हुई चली गयी।"[19] उसकी आँखों के सामने से कल्पना का परदा हट जाता है और फिर वह सारे संसार को उसके यथार्थ रूप में अपने समक्ष पाता है। उसने पाया कि उसके इर्द–गिर्द जो संसार है, उसमें दो–वर्ग हैं- एक में अत्याचारी हैं, शोषक हैं, दूसरे में पीड़ित हैं, शोषित हैं। इसमें चेतन की स्थिति उन शोषितों में से होती है जो अपनी आवश्यकताओं की पूर्ति व रोजी–रोटी के लिए कविराज जैसे शोषकों के हाथों के खिलौने बन जाते हैं। अश्क ने गिरती दीवारें में इन परिस्थितियों का बड़ा ही यथार्थ चित्र प्रस्तुत किया है।

प्रेम की समस्या :

मध्यवर्गीय जीवन में प्रेम की परिणति कभी सुखद नहीं होती, वह सदा ही कुण्ठित रूप में दिखायी देती है। मध्यवर्गीय समाज में प्रेम

की यह समस्या जीवन की मूल समस्याओं में से एक है। इस वर्ग के युवक–युवतियाँ प्रेम तो कर लेते हैं किन्तु उनका प्रेम स्वच्छन्द रूप से फल–फूल नहीं पाता और सदैव उनके हृदय में सुप्तावस्था में ही पड़ा रहता है। चेतन भी प्रेम के इसी ज्वाला में जलता रहता है। वह कुन्ती से प्रेम करता है किन्तु पिता के आतंक से उसके प्रेम की आकांक्षा भस्म हो जाती है। वह कुन्ती से विवाह करना चाहता है किन्तु अपने पिता के भय के कारण वह अपनी इच्छाओं को उनके समक्ष रख नहीं पाता और न चाहते हुए भी उसे उस लड़की से विवाह के लिए सहमत होना पड़ता है जिसे वह पहले ही नापसन्द कर चुका रहता है। विवाह के पश्चात् एक बार फिर उसकी साली नीला, प्यार बनकर उसकी जिन्दगी में आती है। किन्तु वहाँ भी चेतन सामाजिक बंधानों में बंधा अपनी प्रेयसी को चोर नजरों से देखने को विवश है। चेतन दो बार सच्चे प्रेम की अनुभूति करता है किन्तु दोनों ही बार उसे अपने प्रेम में सफलता प्राप्त नहीं होती और उसका प्रेम कुणि ठत हो दम तोड़ देता है।

धीरे–धीरे चेतन अपनी पत्नी चन्दा में अपने अधूरे प्रेम को पूर्ण करना चाहता है किन्तु चन्दा उसके प्रेम के बदले में वह प्रतिदान नहीं दे पाती, जिसकी आवश्यकता चेतन को रहती है। 'चन्दा उससे प्रेम न करती हो, यह बात नहीं, लेकिन उसका प्यार धरती से फूट उठने वाले झरने की तरह न था, जो अपने वेग दबा नहीं सकता, मुखर होकर निकल पड़ता है, बल्कि किसी शान्त सरोवर की तरह था, जो घने पेड़ों को शीतल छाया में मौन, मूक अपने किनारों में संयत रहकर निकट आने वाले की अशान्ति और शान्ति हर लेता है। लेकिन चेतन की चंचल प्रकृति कल–कल नाद करते हुए बन्धन तोड़कर निकलने वाले चंचल, चपल झरने को पसन्द करती थी।'[20] यही कारण है कि चेतन अपने दूसरे और सबसे गहरे प्रेम नीला को भूल नहीं पाता। इन सबके बावजूद वह चन्दा को अपना सम्पूर्ण प्रेम समर्पित करना चाहता है और इसका प्रयास भी वह करता है, किन्तु इन सबके बावजूद वह नीला को भूल नहीं पाता, वह महसूस करता है– 'वह नीला को चाहता है। इस डेढ़ वर्षों के वैवाहिक जीवन के बावजूद चाहता है। उसकी उदास मुस्कान, उसकी उन्मन दृष्टि, उसके पीले मुख, उसके शरीर पर एक–एक अंग को उसी शिद्दत से चाहता है, जिस शिद्दत से

उसने उसे उस दिन चाहा था जब वह अपनी भावी पत्नी को देखने बस्ती गजाँ आया था और उसने नीला की चंचल सूरत देखी थी।'[21] प्रेम के इन एकांगी रूपों का चित्रण उपन्यास में हुआ है। 'यानी जब दोनों में से एक पक्ष दूसरे को भावनात्मक स्तर पर अथवा शारीरिक स्तर पर बहुत चाहता है। लेकिन दूसरा (किन्हीं कारणों से भी) प्रतिदान नहीं दे सकता।'[22] चेतन व नीला के बीच उत्पन्न प्रेम इसी कोटि का प्रेम है। सामाजिक बंधनों के कारण चेतन व नीला एक–दूसरे को अपने प्रेम का प्रतिदान नहीं दे पाते।

प्रेम के एकांगी रूप के साथ अश्क ने उपन्यास में प्रेम के उस रूप को भी उभारा है, जिसमें प्रेम पहले घृणा का रूप लिए रहती है किन्तु साथी (जीवन साथी) के गुणों के कारण वह घृणा शीघ्र ही प्रेम में तब्दील हो जाता है। प्रेम के इस रूप के चित्रण पर अश्क का कहना था- 'प्यार पहले नहीं होता बल्कि नफरत ही होती है। मगर संगी के कुछ ऐसे गुण होते हैं कि वे दूसरे को छा लेते हैं और उस नफरत को प्यार के एक ऐसे स्थायी भाव में बदल देते हैं जो हड्डियों में रच जाता है और जिन्दगी के साथ ही जाता है। मैं 'गिरती दीवारें' में प्यार की इसी स्थिति का चित्रण विशेष रूप में करना चाहता था।'[23] चेतन व चन्दा के बीच प्रेम का जो रूप उपन्यास में द्रष्टव्य होता है, वह इसी श्रेणी का प्रेम है।

सामाजिक कुरीतियाँ, रूढ़ियाँ व विधवा समस्या :

हमारे समाज में विशेष रूप से निम्न–मध्यवर्गीय समाज में जो विषमतायें परिलक्षित होती हैं उनमें समाज की खोखली रूढ़ियाँ, कुरीतियाँ भी हैं। 'गिरती दीवारें' में सामाजिक कुरीतियों एवं रूढ़ियों तथा समाज में विधावा की वास्तविक स्थिति का यथार्थ चित्रांकन हुआ है। सामाजिक कुरीतियों के अन्तर्गत दुश्चरित्रता मुख्य समस्या है जिसका परिणाम समाज को भोगना पड़ता है। दुश्चरित्रता के फलस्वरूप उपदंश और प्रमेह आदि रोगों को बढ़ने व फलने–फूलने का अवसर प्राप्त होता है 'जो पीढ़ियों तक असर करते हैं और जो बच्चे मरे हुए अथवा लूले–लँगड़े, कोढ़ी पैदा होते हैं उनमें से अधिकांश अपने माता–पिता के किसी–न–किसी व्यसन के फलस्वरूप वैसे पैदा होते हैं। उपदंश और प्रमेह ऐसे रोग हैं जो देश की आगामी नस्लों को घुन की तरह खोखला किये जा रहे हैं।'[24] इन

समस्याओं को 'अश्क' ने उपन्यास में बड़ी ही सूक्ष्म दृष्टि से अंकित किया है। सामाजिक कुरीति का सबसे बड़ा उदाहरण उपन्यास में देशराज के रूप में दिखायी देता है जो अपनी ही पुत्री के प्रति बुरी नजर रखता है जिसका परिणाम होता है कि उसकी पुत्री उसी के बच्चे की माँ बन जाती है।

सामाजिक कुरीतियों के साथ सामाजिक रूढ़ियों का भी चित्रण उपन्यास में हुआ है। सामाजिक रूढ़ियों से उपन्यास के सभी पात्र जकड़े हुए हैं जिसका जीवन्त उदाहरण चेतन का मुहल्ला कल्लोवानी है जहाँ के 'तमाम लोग शिक्षा के विरोधी, मजारों, कब्रों और समाधियों को पूजने वाले(कुँओं की जगतों और मन्दिरों के चबूतरों को सुबह–शाम नियमित रूप से धोने वाले(गीता, रामायण, महाभारत तथा भागवत का पाठ (बिना उनके अर्थों को समझे) प्रतिदिन करने वाले और इस जन्म के तमाम कष्टों को पिछले जन्म के कुकर्मों का फल मानकर अगला जन्म सुधारने के लिए इस जन्म में पाने वाले थे। इन्हीं लोगों और उनकी अशिक्षित सन्तान ही के कारण यह सम्भव था कि मुंशी गिरिजाशंकर और कविराज जी जैसे सैकड़ों वैद्य, हकीम और डॉक्टर अपने- आपको पुरुष और स्त्रियों के गुप्त रोगों का विशेषज्ञ बताकर उन्हें और उनके साथ ही आगामी नस्लों को तबाह किये जा रहे थे।'[25]

सामाजिक रूढ़ियों व कुरीतियों से तत्कालीन समाज की विधवायें भी प्रभावित थी जिसका बिल्कुल यथार्थ रूप उपन्यास में उल्लेखित किया गया है। विधवाओं का सामाजिक जीवन अत्यन्त कष्टमय रहा है, तत्कालीन समय में उनकी स्थिति और भी विषम थी। उस समय विधवाओं को कोई अधिाकार प्राप्त न था, ससुराल में किसी देवर, जेठ या ऐसे ही किसी रिश्तेदार के आश्रय में रहना पड़ता था। अथवा देवर या जेठ को पति मानकर उसके बच्चों की माँ बनना पड़ता था। अश्क ने विधवाओं के जीवन की तमाम समस्याओं को इस उपन्यास में उभारा है।

नारी की सामाजिक स्थिति :

परिवार हो या समाज सबसे अधिक दुर्दशा नारी की ही होती है। नारी की मार्मिक त्रासदी की निरन्ध गाथा को उजागर करने की दृष्टि से 'गिरती दीवारें' उल्लेखनीय है। नारी की दयनीय व त्रासदीपूर्ण स्थिति की

दृष्टि से 'लाजवन्ती शादीराम' प्रसंग सबसे महत्वपूर्ण है। वास्तव में नारी के प्रति सामन्ती–अमानवीय क्रूरता का परिचय मद्यप, जुएबाज, वेश्यागामी शादीराम ही नहीं, उसके दोनों पुत्र रामानन्द, चेतन तथा अन्य औपन्यासिक पात्र भी देते हैं।

चेतन का भाई रामानन्द निर्मम और नितान्त बेपरवाह रहने वाला व्यक्ति है। उसे अपनी पत्नी की जरा भी परवाह नहीं रहती। वहीं चेतन के पिता एक अत्याचारी पति के ही प्रतिबिम्ब दिखायी पड़ते हैं। अपनी विलासी मानसिकता के कारण उन्हें किसी भी नारी पर विश्वास नहीं था। '....उन लोगों में जो स्वयं उतने शुद्ध–चरित्र नहीं होते, दूसरों के चरित्र के प्रति एक तरह का जो सन्देह–सा होता है, वह पण्डित शादीराम के मन में भी था।.. ..साहित्य के नाम पर भी (अपने समय के अधिकांश नौजवानों की तरह) उन्होंने 'अलिफ लैला', 'किस्सा तूती–मैना', 'इसरारे दरबारे हरामपुर' के ढंग के उपन्यास पढ़े थे, जिनमें तिरिया–चरित्र के विशद् वर्णन और काम को उद्दीप्त करने वाले किस्सों के सिवा कुछ न था। इसलिए नारी के प्रति उनका सन्देह और भी गहरा था।'[26] अपनी इस छुद्र मानसिकता के कारण जब वे बाहर जाते तो अपनी पत्नी को अपने खण्डहर से मकान में बन्द करके जाते हैं। किन्तु लाजवन्ती देवी उस खण्डहर से मकान में किसी भी प्रकार की उद्विग्नता से विरत दिन–भर घर के सारे कामों को निबटाती रहती। 'अपने पति के इस क्रूर–व्यवहार के प्रति भी उसके मन में किसी प्रकार का असन्तोष न था। अपने कर्मफल को (क्योंकि वह इस जन्म के दुखों तथा कष्टों को पूर्व–जन्म के कर्मों का फल ही समझती थी) उसने सन्तोष के साथ भोगना बहुत पहले सीख लिया था।'[27] निम्न–मध्यवर्गीय जीवन में नारी की वास्तविक स्थिति की जीती–जागती तस्वीर है लाजवन्ती देवी। इस वर्ग की स्त्रियाँ कितने अत्याचार सहती हुई भी अपने फर्जों को निभाती चली जाती है, इसका चित्रण लाजवन्ती देवी के माध्यम से अश्क ने बड़ी ही यथार्थता के साथ किया है, यथा– 'इन लम्बे तीस वर्षों में पहले परदादी गंगादेई और फिर चेतन के पिता के हाथों चेतन की माँ ने अगणि ात यातनाएँ सहीं। इच्छा न होने पर भी वह अपनी ददिया सास के समस्त पूजा–पाठ्य, वृत–नियम, पीर–फकीर, रस्म–रिवाज मानती रहीं, उनकी डाँट–फटकार सुनती रहीं, मानसिक और शारीरिक यातनाएँ सहती रहीं और

यह सिलसिला तब तक जारी रहा जब तक इस क्रूर ददिया सास की मौत ने चेतन की माँ को इन सब यातनाओं से मुक्त न कर दिया।'[28]

उपन्यास का मुख्य पात्र चेतन की मानसिकता अपने पिता से कुछ ज्यादा भिन्न न थी। वह एक रोशन दिमाग व्यक्ति है किन्तु उसे भी स्त्रियों पर ज्यादा भरोसा न था। अपने पिता की भाँति वह क्रूर व शोषक प्रवृत्ति का न था किन्तु उसके लिए भी सहचरी-सखी और प्राण तो क्या उचित सम्मान और विश्वास की अधिकारिणी मानवी भी नहीं है। 'वह सुन्दर, चंचल, चपल, सुघड़, सलीके वाली पत्नी चाहता रहा है तो इसलिए कि उसके आ जाने पर उसे पायजामे या सलवार में इजारबन्द नहीं डालना पड़ेगा या कमीज के बटन नहीं टांकना पड़ेगा अथवा अपनी कामेच्छा की तृप्ति के लिए इधर-उधर मुँह नहीं मारना पड़ेगा।'[29]

इस तरह 'गिरती दीवारें' निम्न-मध्यवर्ग के उन अनेक परिवेशों का चित्र उपस्थित करता है जिनकी रूढ़ियों, वैषम्य और शोषण के कारण इस वर्ग को अपने आदर्शों, आशा और आकांक्षाओं तथा सफनहले सपनों को दफना देना पड़ता है। वह अपनी लाचारी और विवशता में सिसकता हुआ सारी सामाजिक व्यवस्था को अच्छिन्न करने का संकेत करता है, केवल संकेत करता है, क्योंकि स्वयं अपनी मनोवृत्ति में बंधे रहने के कारण उसे बदलने में सक्रिय 'योग नहीं दे सकता।'[30]

पाखण्ड का चित्रण :

अश्क जी ने इस उपन्यास में धार्मिक आस्था के नाम पर पाखण्ड करने वालों का बड़ा ही मनोवैज्ञानिक चित्र खींचा है। चेतन की परदादी और कविराज रामदास के पाखण्ड के माध्यम से मध्यवर्गीय व निम्न मध्यवर्गियों के धार्मिक पाखण्ड का ब्योरा इसमें उल्लेखनीय है। चेतन की दादी निहायत ही क्रूर स्वभाव की महिला थीं और अपनी बहु से अमानवीय व्यवहार करती थीं किन्तु अपना लोक बनाने और अपने अनजाने पापों से मुक्ति के लिए हजारों देवी-देवताओं और पीर-फकीरों के चक्कर लगाती रहती थी- का यथार्थ चित्रण अश्क जी ने बड़ी ही बारीकी से किया है-

'परदादी गंगादेई निहायत पुराने और दकियानूसी विचारों की, हजारों

देवी–देवताओं, पीरों–फकीरों में विश्वास रखने वाली और पुरोहिताई को प्रत्येक ब्राह्मण का धर्म समझने वाली, सख्त लड़ाकी, कर्कशा ब्राह्मणी थी। उसके समय का अधिकांश अपनी पुरोहिताई और धर्म को बनाये रखने में लग जाता था, जो बचता था उसमें कुछ लड़ाई–झगड़े और शेष पीरों–फकीरों की भेंट हो जाता।'[21] '....कोई त्योहार हो, परदादी गंगादेई के लिए उसमें योग देना अनिवार्य था। ठण्डड़ी, बाजड़े बाबा सोडल, दीवाली, विजय दशमी, ईद, मुहर्रम, बैसाखी, गुरुपर्व, होला–मुहल्ला– हिन्दू, मुसलमान, सिक्ख, किसी भी जाति का कोई त्योहार हो– वह उसमें अवश्य योग देती। मुहर्रम के दिनों में ताजियों के नीचे से गुजर कर उन पर कौड़ियाँ चढ़ाती, मेंहदी और घोड़ी पर शक्कर के शर्बत की सबील लगाती और गुरुपर्व पर गुरुद्वारों में जाकर प्रसाद लेना अपना परम कर्तव्य समझती। आसाढ़ के एक बृहस्पतिवार को मीरासियों को बुलाकर दलिया खिलाती भादों में गुग्गे नवमी के दिन कथा सुनती वर्ष में एक बार पण्डोरी जाकर बाबा मल्ल को नजर–न्याज देती एक बार 'पद्दी पोसी' के झण्डे वाले पीर को झण्डा और 'धोबड़ी' के घड़े अवश्य चढ़ाती। इसके अतिरिक्त नित्य चली आने वाली पूर्णिमाएँ–अमावस्याएँ, एकादशियाँ, द्वाद्वशियाँ, तीजें, चौथें, सप्तमियाँ, अष्टमियाँ, साल के सब दिन कोई न कोई त्योहार लगा ही रहता और फिर चिन्तपुरनी, ज्वाला जी, चण्डिका देवी और न जाने किस–किस देवी–देवता, पीर–फकीरों के दर्शन करने जाती।'[32]

परदादी गंगादेई के साथ ही कविराज रामदास जैसे व्यक्तियों के धार्मिक पाखण्डों का भी अश्क जी ने उल्लेख किया है। कविराज एक वैद्य हैं, किन्तु छल–कपट उनके स्वभाव का एक अंग है। छल–कपट को वे सुखी जीवन–जीने के लिए जरूरी साधन मानते। दिन–रात झूठ बोलना और ठगी करना उनकी आदत थी। धर्म के नाम पर भी छल ही करते थे। इतना छल–कपट करने के बावजूद वे अपना परलोक सुधारने की चिन्ता में लगे रहते। 'आर्य समाज के प्रसिद्ध उपदेशक स्वामी शुद्धदेव उनके घर नियमित रूप से वर्ष में एक बार गीता की कथा करते थे। हर महीने हवन–यज्ञ होता था। इसके साथ ही वे कई सभा–सोसाइटियों को दान देते थे और कई धर्मार्थ संस्थाओं के संचालन का बोझ अपने 'कमजोर' कन्धों पर उठाये हुए थे और समझते थे कि इहलोक के साथ वे अपना परलोक भी

सुधार रहे हैं।....चाहे प्रकट रूप से ये सब कार्य वे परमार्थ के हेतु ही करते हों, लेकिन अर्द्ध–चेतन में उनका कारोबारी रूप अपने समस्त परोपकार का हिसाब–किताब रखता था। कथा कराते समय अथवा चन्दा देते समय वे सदा इस बात का ध्यान रखते थे कि बदले में उन्हें क्या मिलता है।'[33]

इसके अतिरिक्त धार्मिक पाखण्ड का सहारा लेकर साधु–सन्तों के साथ रात बिताने वाली विधवाओं, सधवाओं का भी चित्रण उपन्यास में हुआ है। अश्क जी ने निम्न–मध्यवर्ग के धार्मिक पाखण्डों का जो चित्र खींचा है, वह उल्लेखनीय है– 'चेतन के घर के सामने, मुहल्ले के चौक की दूसरी ओर जो घर था, उसमें माई जीवाँ रहती थीं। बड़ी धर्मात्मा और नेक–बख्त! प्रातः चार बजे उठकर कुएँ को धोती(सर्दी हो या गर्मी, वहीं नहातीं और फिर वहीं बैठकर बड़ी देर तक पूजा–पाठ में निरत रहती। सत्संग उसके यहाँ सदा लगता। 'गुरु बिना (क्योंकि) गति नहीं' इसलिए युवावस्था ही से एक महात्मा को उसने गुरु बना रखा था। (मुहल्ले में जितनी विधवाएँ अथवा सधवाएँ थीं, उनमें अधिकांश के कोई न कोई गुरु थे) इसके अलावा हमेशा उसके यहाँ कोई–न–कोई साधु–सन्त आया रहता।'[34]

शराब-जुआ आदि व्यसनों का चित्रण :

निम्न–मध्यवर्गीय परिवारों में शराब पीना और जुआ खेलना आदि आम समस्या है। जिसका परिणाम अत्यन्त दयनीय होता है। नशा और जुआ आदि व्यसनों के कारण उनकी आय का ज्यादा हिस्सा, तो कभी–कभी पूरी आय ही शराब पीने या जुआ खेलने में चली जाती है। घर कैसे चलेगा, इसकी चिन्ता उन्हें छू भी नहीं पाती। फिर भी शराब पीकर अपना स्वास्थ्य बिगाड़ना और गाली–गलौज और मारपीट करना उनकी आदत हो जाती है।

अश्क ने अपने जीवन में इन सभी समस्याओं को देखा और भोगा था। अतः इन सबके चित्रण में उनकी अपनी ही अनुभूतियाँ उभर कर सामने आयी हैं। 'गिरती दीवारें' में चेतन के पिता पं0 शादीराम तथा उनके मित्र देशराज के चित्रण के द्वारा अश्क जी ने इन्हीं बुराइयों का बड़ा ही यथार्थ चित्रण किया है। पं0 शादीराम स्टेशन मास्टर थे किन्तु उनके बुरे व्यसनों के कारण उनके परिवार की दशा अत्यन्त सोचनीय थी। वे शराब

पीते, जुआ खेलते, सट्टे लगाते और अनेक औरतों को घर में लाकर रखते। उनके इन हरकतों से उनके घर में आये दिन कलह का वातावरण व्याप्त रहता।

पारिवारिक कलह का चित्रण :

इस उपन्यास में गृह–क्लेश का भी चित्रण दिखायी पड़ता है। पं0 शादीराम जब शराब पीकर घर आते तो लड़ाई–झगड़ा, गाली–गलौज जरूर करते, जिसके कारण चेतन के परिवार में प्रायः गृहक्लेश का वातावरण बना रहता है। गृह–क्लेश के कारण उत्पन्न अशान्ति के वातावरण का चित्र तो अश्क ने उपन्यास में जीवन्त कर दिया है– 'शराब वे रोज पीते, दीवाली के दिनों में जुआ खेलते (और शराब पीकर खेलने के कारण सदैव हारते) सट्टा वे लगाते और दूसरे बीसियों तरीकों से रुपया लुटाते। फिर ऐसे अवसरों की कमी न थी जब वे दूसरी स्त्रियों को घर ले आये और उनके सामने (उनके कहने पर अथवा उन्हें प्रसन्न करने की खातिर) उन्होंने चेतन की माँ को बेदर्दी से पीटा।'[35] इसी तरह के अनेक प्रसंग इस उपन्यास में देखे जा सकते हैं जो निम्न–मध्यवर्गीय परिवारों में होने वाले कलह का यथार्थ चित्र प्रस्तुत करते हैं। मध्यवर्गीय समाज में प्रायः यह देखने को मिलता है कि जो सम्पन्न हो जाता है उसे अपने ऊपर गर्व हो जाता है और जो विपन्न होते हैं उनमें आत्म–सम्मान की भावना प्रबल होती है। जब यह स्थिति परिवार में आ जाती है तब भाई–भाई की ही आपस में नहीं निभती और परिवार में निरन्तर कलह का वातावरण व्याप्त रहता है। 'गिरती दीवारें' में इस स्थिति का भी चित्रण हुआ है। पं0 मुंशीराम के परिवार के माध्यम से निम्न–मध्यवर्गीय परिवारों की इसी स्थिति का चित्रांकन यहाँ हुआ है– 'पं0 मुंशीराम और उनके भाई में भी कभी नहीं बनी। एक को अपनी सम्पन्नता का गर्व था, दूसरे को अपनी विपन्नता का अभिमान। पं0 गिरधारी लाल की पत्नी मर गयी थी, इसलिए उनके लड़के–लड़कियों ने लड़ना–झगड़ना और अपने अहंकार में रत रहना खूब सीख लिया था।'[36] ऐसे परिवार की लड़की थीं चेतन की भाभी 'चम्पावती'। जब इनका विवाह चेतन के बड़े भाई से हुआ तो उसके परिवार के गृह–क्लेश में और भी वृद्धि हो जाती है। जिसका चित्रण अश्क जी ने बड़ा ही स्वाभाविक किया

है- 'इन्हीं पं0 गिरधारी लाल की बड़ी लड़की चम्पावती से चेतन के बड़े भाई रामानन्द का विवाह हुआ तो उनके घर की कलह श्रीमती चम्पावती द्वारा इस घर में भी चली आयी। चम्पावती ने अपने घर में माँ और चाची में, माँ और बड़ी भावज में नित झगड़ा होते देखा था और जब दोनों भाई अलग हो गये और माँ भी परलोक सिधार गयीं तो उसके पद-चिन्हों पर चलने को अपना परम कर्तव्य मानकर श्रीमती चम्पावती ने अपनी बड़ी भावज को सास की अनुपस्थिति एक दिन के लिए भी खटकने नहीं दी थी। यह सब होते हुए यह कैसे सम्भव था कि वह अपनी ससुराल में शान्ति का अखण्ड राज्य रहने देती।'[37] निष्कर्षतः कहा जाय तो अश्क ने इस उपन्यास के माध्यम से निम्न-मध्यवर्गीय परिवेश का यथार्थ चित्र प्रस्तुत किया है जिसमें पारिवारिक कलह की समस्या, अनमेल विवाह की समस्या, नारी की दयनीय स्थिति की समस्या, शोषण की समस्या, भूख व गरीबी की समस्या, सामाजिक कुरीतियों आदि की समस्या का जीवन्त चित्रण हुआ है। 'अश्क' में समाज के ऊपरी सतह के 'फोटोग्रैफिक' वर्णन की अद्‌भुत क्षमता है। उन्होंने समाज की बुराइयों को अत्यन्त निकट से देखा है। निम्न-मध्यवर्गीय जीवन की परेशानियों, उलझनों, कुंठाओं आदि का विशेष अनुभव प्राप्त किया है। इसलिए उन्होंने अपने उपन्यासों में इन सभी समस्याओं को बड़ी ही यथार्थता से चित्रित किया है। 'गिरती दीवारें' इसका सशक्त उदाहरण है।

शहर में घूमता आईना :

'गिरती दीवारें' का अगला खण्ड होने के कारण इस उपन्यास में उन तमाम सामाजिक समस्याओं का चित्रण द्रष्टव्य होता है, जिसे अश्क ने पहले खण्ड में चित्रित किया है। इस खण्ड में नायक चेतन को एक आईने के प्रतीक के रूप में रखकर सम्पूर्ण जालन्धर को चेतन के दृष्टि से देखा गया है। वहाँ का रहन-सहन, भूख-गरीबी, रीति-रिवाज, संस्कार आदि सभी चेतन के दृष्टिकोण से चित्रित हुआ है। अश्क ने सिर्फ चेतन को ही नहीं बल्कि उस शहर को भी आईने के रूप में रखा है जिसमें चेतन का जीवन व्यतीत होता है। अगर चेतन पूरे शहर को देखता है तो वह शहर जालन्धर भी चेतन को और उसके विचारों को सामने लाने

में सहायक सिद्ध होता है। यह उपन्यास तत्कालीन जालन्धर शहर का लेखा–जोखा है। जिसमें कोई मुख्य कथा नहीं है, कथानक के अभाव में भी अश्क ने इतना वृहद् उपन्यास किस प्रयोजन से लिखा? इस सन्दर्भ में उपन्यास की महत्ता को सिद्ध करते हुए उन्होंने लिखा है– 'शहर में घूमता आईना' लिखने का (और बिना उसे लिखे आगे न बढ़ पाने का) एकमात्र कारण और उद्देश्य यह था कि मैं उपन्यास के आगामी खण्डों में उपन्यास के नायक का जो व्यक्तित्व चित्रित करना चाहता था– कई–कई खण्डों में बँटा हुआ– उसकी पृष्ठभूमि प्रस्तुत कर दूँ ताकि चेतन के तमाम विरोधाभासों (कण्ट्राडिक्शन्ज), नैतिकता और अनैतिकता, सत्य और असत्य, चुगदियत और चतुराई, वीतरागता और महत्वाकांक्षा– उन तमाम परस्पर विरोधी वृत्तियों के बीच उसका आलोड़न यथार्थ और सम्भव लगे क्योंकि अन्ततः चेतन जो है, अपने उस परिवार और मुहल्ले और शहर की ही उपज है। इसलिए उसके परिवार और मुहल्ले और शहर का विशद् चित्रण मुझे जरूरी लगा और बिना अपने मन के अनुरूप उसका चित्रण किये मैं आगे नहीं बढ़ सका।'[38] जालन्धर शहर के सुख–दुख, आशा–निराशा, गन्दगी–गलाजत के यथार्थ चित्रण के लिए 'अश्क' ने चेतन के व्यक्तित्व का सहारा लिया और उसकी दृष्टि से सारे शहर का मूल्यांकन किया है।

चेतन की साली नीला का विवाह वर्मा के एक अधेड़, कुरूप, मिलिट्रीमैन से हो जाती है। चेतन को यह जानकर दुख होता है क्योंकि वह नीला से प्रेम करता है और उसे लगता है कि उसी की गलती के कारण नीला के साथ ऐसी नाइन्साफी हुई है। नीला के अनमेल विवाह का जिम्मेदार स्वयं को मानते हुए वह अपराधबोध से ग्रस्त रहता है। उसकी आत्मा उसे धिक्कारती है, जिससे वह बेचैन हो उठता है और अपनी इसी बेचैनी को कम करने के प्रयास में वह अपने चिरपरिचित शहर जालन्धर में घूमने निकल पड़ता है। लोगों को देखते और उनके विषय में विचार करते हुए वह अतीत की सुखद अनुभूतियों में कभी गोता मारना चाहता है तो उसके अभाव की अनुभूति उसे वेदना सिंधु में तत्काल डुबोने लग जाती है। उसे जालन्धर के सड़कों पर टहलते हुए जितने भी लोग मिलते हैं वह सभी अभावग्रस्त, दुःखी, प्रवंचित और पीड़ित ही मिले, जिससे उसके हृदय

की व्यथा उसे और भी बेचैन कर देती है।

इस उपन्यास में सिर्फ एक दिन की कथा वर्णित है। सुबह के वक्त जब चेतन अपने गंतव्य स्थान से निकलता है तो जगह–जगह वह अलग–अलग लोगों से मिलता है, तदुपरान्त उन्हीं के विषय में वह निरन्तर सोचता चला जाता है और इस प्रकार पूरा उपन्यास ऐसा प्रतीत होता है मानों वह चित्रों की प्रदर्शनी हो। जितनी भी घटनाओं के रंग उपन्यास में आये हैं उनका अपना अलग व स्वतन्त्र अस्तित्व है, जिनका संबंध केवल चेतन से है। अतः उपन्यास के विकास में ये घटनायें नगण्य भले हो किन्तु वे सभी घटनायें उपन्यास के अंग हैं। चेतन इस उपन्यास में उस आईने के सदृश है जो निष्पक्ष भाव से बिना किसी प्रकार के परिवर्तन या परिवर्द्धन के अपने समक्ष पड़ने वाले चित्रों को प्रतिबिम्बित कर देता है, जिसे सभी देख सकते हैं। अश्क ने तटस्थ भाव से सामने पड़ने वाले सामाजिक चित्रों को यथार्थ रूप में चित्रित करने की कोशिश की है। जिस प्रकार आईने की अपनी सीमा होती है, वह उतना ही ग्रहण कर सकता है, जितना उसके प्रतिबिम्ब परिधि में आता है, उसी प्रकार लेखक की भी अपनी सीमा है वह उतना ही व्यक्त कर पाया है, जितना कि उसने अपनी एक विशेष मनःस्थिति में देखा है।

शिल्प की दृष्टि से अश्क जी का यह उपन्यास एक नया प्रयोग कहा जा सकता है। उन्होंने बारह घण्टे की समय–सीमा में ही चेतन के चिन्तन–मनन में उसके पूर्व जीवन की विविध घटनाओं को ऐसे चित्रित किया है जैसे हम चित्रपट पर एक के बाद एक सजीव चित्र देखते जाते हैं। ये चित्र हिन्दू–मुस्लिम संघर्ष जैसी समस्या, नारी का वैधव्य, वृद्ध विवाह, वर्तमान समाज में पाये जाने वाले विविध प्रकार के लोगों का जीवन तथा वैयक्तिक अन्तर्द्वन्द्व आदि का अत्यन्त सजीव एवं यथार्थरूप प्रस्तुत करता है। शिल्प के क्षेत्र में अश्क यहाँ एक नए क्षितिज का उद्घाटन करते हैं। यह उपन्यास चेतन के एक दिन की (अपने ही शहर) भटकन की कहानी है। चेतन अपनी साली नीला जिसे वह प्राण–मन से चाहता है के विवाह के उपरान्त अपने घर वापस आ जाता है किन्तु वहाँ उसे शान्ति नहीं मिलती, रात–भर वह करवटें लेते हुए ही व्यतीत करता है। विवाह के दुःख भरे

दृश्य रातभर उसकी आँखों के समक्ष आते रहे। सुबह चेतन जब उठता है तो पाता है कि रात की मनःस्थिति से वह बाहर नहीं निकल पाया है। मन की उलझनों से परेशान चेतन अपने घर से निकलकर पूरे शहर में यूं ही भटकता रहता है और अपने दु:खों को कम करने की कोशिश करता रहता है।

चेतन के इसी एक दिन की भटकन के माध्यम से लेखक ने जालन्धर शहर और उसके सामाजिक जीवन का यथार्थ चित्र प्रस्तुत किया है। इसमें जालन्धर के निम्न–मध्यवर्गीय पात्रों- हलवाईयों, विक्षिप्तों, असफल हकीमों, स्थानीय कवियों, दुकानदारों तथा तथाकथित योगियों, गाँधीजी की नकल करने वाले स्थानीय नेताओं आदि का बड़ा ही यथार्थ चित्रांकन हुआ है। साथ ही निम्न–मध्यवर्गीय मुहल्ले, वहाँ के रहन–सहन, दिन–रात की लिज–लिज आदि का विशद् चित्रण द्रष्टव्य होता है। अपने दूसरे खण्ड में किसी स्थान या शहर के इतने विशद् चित्रण पर अश्क जी ने अपना विचार प्रकट करते हुए कहा है- 'जिस प्रकार मेरे मन में उपन्यास के नायक का परिवार महत्व रखता था, वैसे ही उसका शहर। मैंने जिस तरह 'गिरती दीवारें' में चेतन के परिवार का विस्तार से चित्रण किया था, उसी तरह मैं दूसरे खण्ड में उसके शहर का अथवा शहर के उस खण्ड का, जिसके साथ उसका संबंध रहा है, विशद चित्रण करना चाहता था और प्रसंगवश उसमें वे नन्हीं–नन्हीं घटनायें और चरित्र बुन देना चाहता था, जिनका नायक के चरित्र निर्माण के साथ गहरा संबंध है।'[39] इसी विशेष प्रयोजन के लिए उन्होंने किसी शहर विशेष का इतना वृहद् एवं उसके दुख–सुख, रोग–शोक, गन्दगी–गलाजत का संवेदनशील व यथार्थ चित्रांकन किया। इस उपन्यास की अवधि मात्र एक दिन की है किन्तु एक दिन की अवधि में ही अश्क ने निम्न–मध्यवर्ग के जीवन की तमाम समस्याओं को बड़ी ही गहराई के साथ समेटा है, जिसमें असफल काम के फलक पर अर्थ और पेट की क्षुधा का यथार्थ चित्रण ही लेखक का मुख्य उद्देश्य रहा है। 'इसमें एक ओर चेतन का परिवेश चित्रित है तो दूसरी ओर उसके मन की इच्छायें, आकांक्षायें, कुण्ठायें और महत्वाकांक्षाएँ।'[40]

यह उपन्यास निम्न–मध्यवर्गीय समाज के दुख–सुख की मार्मिक अभिव्यक्ति अवश्य है, किन्तु लेखक की मुख्य जीवन–दृष्टि व्यक्तिवादी

है। तमाम सामाजिक समस्याओं को चेतन के व्यक्तिवादी सोच के द्वारा ही चित्रित किया गया है। जिसमें निम्न–मध्यवर्गियों की आर्थिक तंगी, बदहाल जीवन, अशिक्षा का वातावरण, नारियों की दयनीय स्थिति, उनका रहन–सहन, गंदगी–ग़लाज़त, भूख–गरीबी, विधवाओं की सामाजिक स्थिति, विवाह की समस्या, बेरोजगारी आदि समस्याओं को उठाया गया है। जिसकी विवेचना यहाँ आवश्यक है–

भूख एवं गरीबी का चित्रण :

चेतन जिस मुहल्ले में रहता है वहाँ अत्यन्त गरीबी, भूखमरी का माहौल है, जहाँ खाने को न हो वहाँ किसी व्यक्ति के शिक्षित होने की कितनी गुंजाइश हो सकती है। अश्क ने इसी भूख और गरीबी से उभरे तमाम समस्याओं को पाठकों के समक्ष रखा है। चूँकि अश्क ने स्वयं उस निम्न–मध्यवर्गीय जीवन को भोगा था, इसलिए उनके परिवेश और रहन–सहन को इतनी मार्मिक व यथार्थ अभिव्यक्ति वे दे पाये हैं। चेतन के उस अभावग्रस्त मुहल्ले, वहाँ के निवासियों–जुआरियों, शराबियों, कुँवारों और रंडुवों के जीवन को चित्रित करते हुए उन्होंने लिखा है– 'इस अभावग्रस्त मुहल्ले में, जहाँ अशिक्षा, असंस्कृति, भूख और प्यास का राज्य था, जहाँ कई घरों में उमर भर के भूखे–प्यासे कुँवारे पड़े थे अनाचारी, जुआरी, व्यभिचारी और पागल न हो तो और क्या हो क्यों बीमारियाँ पीढ़ी–दर–पीढ़ी यहाँ घर न करे और नस्लों को खोखली न बनाती चली जायँ? कई बार जब कोई कुँवारा काफी उमर गुजर जाने पर शादी करता था तो वह पहले ही यौन–व्याधियों का शिकार हो चुका होता और कई बार जब किसी युवा रँडुवे की दोबारा शादी न होती तो वह बाद में उन रोगों का ग्रास बन जाता या विक्षिप्त होकर गली–गली मारा–मारा फिरता....।'[41] इसी प्रसंग से ही यह द्रष्टव्य हो जाता है कि उस कल्लोवानी मुहल्ले में कितनी गन्दगी–गलाजत जड़ जमा चुकी है। निम्न–मध्यवर्गीय परिवारों में घोर संघर्ष तथा अर्थाभाव के कारण सूखी रोटी और प्याज पर भी कभी–कभी बिताना पड़ता है। इन कठिन परिस्थितियों एवं जीवन के दुख–दर्द में ही सारी उम्र बिता देना एवं उस गम में भी सन्तुष्ट रहना निम्न–मध्यवर्गीय जीवन की घोर त्रासदी है, जिसे अश्क जी ने देखा और भोगा है। इसी

कारण इस वर्ग की इन विषम परिस्थितियों को इतनी यथार्थ अभिव्यक्ति उपन्यास में वे दे पाये हैं। उन्होंने चेतन के माध्यम से निम्न-मध्यवर्ग की इन समस्याओं को उपन्यास में देखा है। अपने प्रेम के असफल हो जाने से व्याकुल चेतन अपने घर से निकलकर बाहर जाता है कि- शायद उसे कुछ शान्ति प्राप्त हो, किन्तु वह जब अपने मुहल्ले के लोगों की समस्याओं से दो–चार होता है तो उसके मन की अशान्ति और भी बढ़ जाती है। जब वह देखता है कि निम्न–मध्यवर्ग का व्यक्ति 'दुख को अनिवार्य जान, वे इसके आगे हथियार डालकर अपनी नियति को निर्विकार रूप से स्वीकार कर लेना ही श्रेयस्कर समझते हैं'।[42] उनके इस तरह बिना किसी आकांक्षा के जीये जाने पर चेतन के हृदय में क्रोध की एक ज्वाला भड़क उठती है, विद्रोह का एक गोला–सा उसके अन्तर में उठने लगता है। वह सोचता है कि 'क्या जरूरी है कि दुनिया सराय–सी रहे? इसमें सिवा गम के कुछ हाथ न आये! दुख देने वाली परिस्थितियों को आदमी न बदले, रस्मों को, जो उसी ने बनायी है, न तोड़े, सुख की सृष्टि न करे.....दुनिया सराय है, दुख लाजिमी है, सो लोग सब्र–सन्तोष से गम पियेंगे और जियेंगे।'[43] चेतन के इस सोच के साथ अश्क जी ने निम्न–मध्यवर्ग के परिवेश का चित्रण तो किया है, साथ ही उन्होंने मध्यवर्गीय युवकों को उस वातावरण से उबते और जागरूक होकर आगे बढ़ने की लालसा का भी चित्रण किया है।

आत्मविस्मृति एवं प्रबल आकांक्षा का चित्रण :

इस उपन्यास में जहाँ एक ओर निम्न–मध्यवर्गीय युवकों की आत्म–विस्मृति में सारा दिन यूँ ही व्यर्थ बिता देने का चित्रण है तो कुछ युवकों का अपने उस माहौल से बाहर निकलने के लिए रात–दिन संघर्ष कर आगे बढ़ते जाने का भी उल्लेख देखने को मिलता है। चेतन इन दोनों प्रकार के लोगों से मिलता है। वह देखता है कि कुछ लोग चौपड़ जैसे खेल में यूँ ही सारा दिन निकाल देते हैं, जिन्हें किसी तरह की चिन्ता न थी, जिम्मेदारी की भावना न थी, आकांक्षा न थीं और जिनका जीवन उद्‌देश्यहीन था। ऐसे उद्‌देश्यहीन पात्रों में बद्‌दा, चिराग और मोघड़ जैसे पात्रों को देखा जा सकता है। बद्‌दा जो चेतन से भी उम्र में दो–चार साल बड़ा था, किन्तु उसे अपने भविष्य की कोई चिन्ता न रहती, उसका पढ़ाई

में भी मन न लगता, अपनी माँ की सहेलियों में बैठकर 'मुहल्ला–राजनीति' करना उसे अच्छा लगता और वह दिन–भर सिर्फ अपना यही प्रिय काम करना पसन्द करता। 'नौकरी वह कोई करता न था और उसका मुख्य काम वही अपनी माँ की सहेलियों में बैठकर मुहल्ला–राजनीति पर अपने अमूल्य विचार प्रकट करना और विभिन्न विषयों पर गली की स्त्रियों का ज्ञान बढ़ाना और उनके छोटे–मोटे काम करना था। गली में वह 'धीयाँ वरगापुत्त' (बेटियों जैसा बेटा) और 'अन्दाँ के चौक में रन्ना विच्च धन्ना' (मेहरियों में मेहरा) प्रसिद्ध था, पर इन दोनों उपाधियों की ओर से बेपरवाह वह अपने में मस्त रहता था। इधर उसने ताश और चौपड़ में भी महारत हासिल कर ली थी और प्रायः लालू बनिये के घर, पण्डित बनारसीदास की दुकान पर, बाजार पापड़ियाँ की चौक में अथवा धर्मशाला में शिवजी के मन्दिर के आगे खुले–पक्के चबूतरे पर ताश या चौपड़ की महफिलों में वह शामिल हुआ करता।'[44] बद्दा की तरह चिराग और मोघड़ थे, जो अपनी सारी जिम्मेदारियों से मुक्त यूं ही सारा वक्त बिता देते थे। किन्तु वहीं अमीचन्द, दीनानाथ और हमीद जैसे युवक भी थे जो उस लिजलिजे वातावरण से बाहर आने के लिए कठिन परिश्रम करते हैं और सफल भी होते हैं–

'दीनानाथ, जो हकीम की उपाधि प्राप्त करने से पहले गली–मुहल्ले में केवल 'दीना' अथवा 'ढल्लू जड़िये दा पुत्तर' के नाम से याद किया जाता था, जिसके मन में अपने स्तर से ऊँचा उठने की प्रबल इच्छा थी। अपनी प्रबल इच्छाशक्ति से वह हकीम बन गया था और अपने परिवार की स्थिति को बेहतर बना सका।[45] दीनानाथ के अतिरिक्त कल्लोवानी मुहल्ले के अमीचन्द का चित्रण भी 'अश्क' ने ऐसे ही महत्वाकांक्षी पात्र के रूप में किया है। अमीचन्द जो एक दब्बू स्वभाव का लड़का था, अपनी महत्वाकांक्षा के चलते और कठिन परिश्रम के बल पर वह डिप्टी कलेक्टर बन जाता है और लोगों के बीच वह 'अमिया' से 'अमीचन्द' बन जाता है।

समाज में ऐसे लोगों की कोई कमी नहीं जो शायर, कवि, लेखक बनने की तमन्ना रखते हैं और अवसर पाकर दूसरों की रचनाओं को अपने नाम से प्रकाशित कराकर अपनी तमन्ना को पूरी करते हैं। उपन्यास में ऐसे

लोगों की खूब धज्जियाँ बखूबी उड़ायी गयी है। ऐसे ही लोगों में 'निश्तर' का चित्रण हुआ है। 'निश्तर' जिसे सदा से ही शायर बनने की तमन्ना होती है। मौका पाकर चेतन की नज्म अपने नाम से छपवा लेता है।

उपन्यास में ऐसे लोगों का भी चित्र प्रस्तुत किया गया है जो गाँधीजी की नकल उतार उन्हीं की भाँति प्रसिद्धि पाने की चाह रखते थे। 'वास्तव में उन दिनों हर प्रान्त में कुछ लोग ऐसे थे, जो महात्मा गाँधी का अनुसरण करते थे। दिमाग तो वे लोग महात्मा गाँधी का कहाँ से लाते, उनके पास न महात्मा गाँधी की करुणा थी, न सहानुभूति, न जन–मानस की परख, न देश और समाज की समझ–उनका सारा जोर सिर मुँड़ाने, अधनंगे रहने, मौन व्रत रखने, प्राकृतिक चिकित्सा करने, उबले सिंघाड़े या आलू या दही खाने, तकली चलाने अथवा अगले टूटे दाँत दिखाने आदि में लगता था।[46] ऐसे ही लोगों में एक थे 'लाला बांशीराम'। जो गाँधी जी की नकल करते थे। उन्हीं की भाँति वे रहते थे और वैसे ही आचार–व्यवहार करते थे। 'महात्मा गाँधी की बुद्धि का कितना प्रतिशत उनके भेजे में था, यह भी उसे नहीं मालूम, पर शक्ल–सूरत और आचार–व्यवहार से उन्होंने महात्मा गाँधी बनने में कोई कसर न उठा रखी थी- पतले–दुबले तो वे महात्मा गाँधी की तरह ही थे, पर कद उनका किंचित लम्बा था, इसलिए अपनी सेक्रेट्री–बहन सरस्वती देवी के कन्धों पर हाथ रखकर जब वे चलते थे तो शरीर को थोड़ा झुका लेते थे, शरीर पर वे महात्मा गाँधी की तरह ही घुटनों से ऊँची धोती बाँधते थे। उनके अगले दो दाँत टूटे हुए थे और महात्मा गाँधी के अनुकरण में नकली दाँत लगवाना उन्होंने अधर्म समझा था। बहुत धीरे बोलते थे। महात्मा गाँधी की तरह 'मैं' का उच्चारण 'में' करते थे और बात करते–करते, कभी सोचते, तो गाँधी जी की तरह होंठों पर ऊँगली रख लेते।'[47] अश्क ने लाला बांशीराम का चित्रण उपन्यास में कर उनके माध्यम से ऐसे ही नेताओं के ढोंग पर से पर्दा हटाया है जो सिर्फ गाँधी जी की नकल कर प्रसिद्धि पाना चाहते हैं, किन्तु जिनके अन्दर गाँधी जी का कोई गुण नहीं होता। लाला बांशीराम ऐसे ही लोगों के प्रतीक हैं जो महात्मा गाँधी की नकल करते रहते, पर उनमें न तो स्वतन्त्रता सेनानियों जैसा जज्बा था और ना ही वैसी निष्ठा। किन्तु दिखाने के लिए वे 'विधवा सहायक' केन्द्र चलाते जिसमें नाम मात्र की दो–तीन विधवायें ही कार्य करती थीं।

नारी की वास्तविक स्थिति का चित्रण :

निम्न-मध्यवर्गीय परिवारों में स्त्री की जो स्थिति होती है, उसका यथार्थ अंकन यहाँ दिखलाई पड़ता है। 'गिरती दीवारें' के ज्यादातर स्त्री पात्र इस उपन्यास में भी उपस्थित हैं और उनकी स्थिति भी वैसी ही है जैसी कि उपन्यास के पिछले खण्ड में है। यहाँ भी नारी को समाज में कोई ऊँचा दर्जा नहीं प्राप्त है बल्कि वह पशुवत और दासी की ही जिन्दगी जीती है। जहाँ चेतन के पिता की दृष्टि में स्त्री का सिर्फ एक ही उपयोग था, तो वहीं उसके मित्र अनन्त का दृष्टिकोण भी उसके पिता से भिन्न न था- वह चेतन से कहता है- 'उसका एक ही काम है और जो पुरुष उनसे वह काम नहीं लेता, वह पुरुष कहलाने के योग्य नहीं।'[48] अपने इन्हीं निम्नस्तरीय विचारों के कारण वह अपनी दो महरियों को भी नहीं छोड़ता और अपना वह 'एक काम' उनसे भी निकाल लेता है। पंडित शादीराम और अनन्त के विचारों से समझा जा सकता है कि मध्यवर्गीय परिवेश में नारियों की क्या स्थिति होगी। इसमें नारियों की मार्मिक अभिव्यक्ति हुई है, वे सदा पुरुषों की बांदी के रूप में उपस्थित हुई हैं। जहाँ उनके साथ पुरुष पशुवत व्यवहार करता है। चेतन की माँ भी इसी स्थिति की शिकार महिला है जो अपने पति के अत्याचारों की मारी हुई बेबस जिन्दगी जीती है। चेतन यह सब देखता है किन्तु कुछ कर नहीं पाता। वह नीला, कुन्ती जैसी युवतियों की बदहाल जिन्दगी को देखता है और उनकी दयनीय स्थिति के बारे में सोचता है, क्योंकि कहीं न कहीं वह स्वयं भी इसी मानसिकता की उपज है। कह सकते हैं कि वह सम्पूर्ण निम्न-मध्यवर्गीय लड़कियों के बारे में विचार करता है- इन निम्न-मध्यवर्गीय लड़कियों का भाग्य कब बदलेगा? और उन्हें कब वास्तविक आजादी मिलेगी 'जब वे सचमुच आजाद होंगी और भेड़-बकरियों की अपेक्षा उनकी स्थिति भिन्न होगी। एक झटका-एक पुरजोर झटका और निम्न-मध्यवर्ग को इस तंग घेरे में बाँधे रखने वाली दीवारें ढह जायेंगी।'[49] पर यह उसकी सिर्फ सोच होती है, क्योंकि वह स्वयं कुछ कर नहीं पाता और उदार विचारों का होकर भी कहीं-न-कहीं वह निम्न-मध्यवर्गीय पुरुषों की सोच से अलग नहीं हो पाता। यही कारण है कि अपने विवाह के उपरान्त भी अपनी पत्नी को वह स्थान नहीं दे पाता, जो स्थान उसके हृदय में नीला और कुन्ती ने ले रखा है।

विवाह की समस्या :

निम्न–मध्यवर्ग में स्त्रियों की समस्या के साथ विवाह की समस्या को भी देखा जा सकता है। अश्क ने इस समस्या पर बड़ी ही पैनी दृष्टि डाली है। मध्य–वर्गीय जीवन में विवाह होने में कितनी बाधायें उत्पन्न होती हैं या उस परिवेश के लोग ईर्ष्यावश तय–विवाह को तोड़ने की कितनी कोशिशें करते हैं– इसका चित्रण करने में अश्क ने बड़ी ही यथार्थ दृष्टि डाली है। रामदित्ते के प्रसंग के द्वारा उन्होंने इसी समस्या को उठाया है। रामदित्ते का विवाह तय हो जाता है, विवाह पूर्व उसके ससुराल वाले पण्डित गुरुदास राम से सिर्फ इसलिए मिलने जाते हैं कि वह रामदित्ते के पड़ोसी ही नहीं रिश्तेदार भी होते हैं। किन्तु पण्डित गुरुरामदास को रामदित्ते के विवाह तय हो जाने की जरा भी खुशी नहीं होती। वे अपने मीठी–मीठी बातों से उसके ससफराल वालों को ऐसा बहलाते हैं कि वे फिर पलट कर नहीं आते। 'जालन्धर के उस कल्लोवानी मुहल्ले में रहने वालों की गति उस व्यक्ति की सी थी, जो पड़ोसी का अपशकुन करने के लिए अपनी एक आँख फोड़ लेता है। वे सब–के–सब उसी गन्दगी और गलाजत में पड़े थे और किसी को उसमें से उठते या पनपते न देख सकते थे। वहाँ यदि जोड़ने वाले दो थे तो तोड़ने वाले चार। ब्राह्मणों में ही नहीं, खत्रियों में भी यदि कोई रिश्ता आता तो भाई–बन्धु इस बात का पूरा ख्याल रखते कि वह सिरे न चढ़े। सबके सामने तो वे खीसें निकोसते हुए लड़के की प्रशंसा ही करते, लेकिन बातों–बातों में एक–दो जुमले कस देते कि रिश्ता लेकर आने वाले के मन में लड़के की बुद्धि अथवा चरित्र उसकी माँ के बुरे स्वभाव अथवा पिता की आर्थिक स्थिति के संबंध में सन्देह पैदा हो जाता।'[50]

रूढ़िवादिता एवं अंधविश्वास का चित्रण :

निम्न–मध्यवर्गीय परिवेश में फैले रूढ़िवादिता और अन्धविश्वास का भी उल्लेख अश्क जी ने यहाँ किया है। रूढ़िवादी सोच की प्रतिनिधि पात्र लाजवती देवी के माध्यम से अश्क ने निम्न मध्यवर्गीय रूढ़िवादिता की समस्या को उठाया है। जब चेतन की चाची को कार्तिक महीने में बच्चा पैदा होता है जिसके कारण उसकी माँ (चेतन की) अपने परिवार के पतन का कारण उस बच्चे को ठहराती है। अपनी रूढ़िवादी सोच के कारण उसे

लगता है कि उसके घर के पतन का कारण (आर्थिक दयनीयता और पति का व्यभिचार) उस मनहूस बच्चे के कार्तिक मास में उनके घर में पैदा होने के कारण ही हुआ है, इसीलिए उसकी 'माँ चाची को क्षमा न कर पायी थी- विशेषकर कार्तिक के महीने में उनके यहाँ आ डेरा जमाने के लिए। घर में जो भी नयी विपत्ति टूटती- पण्डित जी ज्यादा शराब पीते या जुए में हार जाते या बाजार शेखाँ में रुपया उड़ा आते, उसे माँ उस कार्तिक में होने वाले बच्चे के सिर मढ़ देती।....और चेतन की समझ में न आता कि कार्तिक में ही सही, उनके घर उसके बच्चा होने का उनके दुर्भाग्य से क्या सम्बन्ध है? उसके पिता तो पहले भी पीते थे, जुआ खेलते थे और बाजार शेखाँ भी जाते थे।'[51] उपन्यास में इस चित्रण से निम्न–मध्यवर्गीय रूढ़िवादी सोच के दर्शन होते हैं।

पाखण्डियों एवं ढोंगियों का चित्रण :

मध्यवर्गीय जीवन की इन समस्याओं के साथ साधु–सन्तों का चित्रण भी उपन्यास में हुआ है। जो तरह–तरह के पाखण्ड को धरे रहते हैं। चेतन को ऐसे साधु–सन्तों में किसी भी प्रकार की आस्था नहीं रहती है, उसे साधु–सन्तों में ही नहीं बल्कि ईश्वर में भी विश्वास न था। जब उसके दादा या उसकी माँ ईश्वर की महिमा का गुणगान उसके समक्ष करते तो वह तर्क के बल पर उन्हें गलत सिद्ध करने का प्रयास करता। चूँकि चेतन का पारिवारिक वातावरण अत्यन्त कलुषित था। बचपन से ही वह संघर्ष करते आया था और अपने आस–पास के निम्न–मध्यवर्गीय लोगों को दाने–दाने के लिए लड़ते–झगड़ते देखा था। उन्हें देखकर वह सोचता कि अगर ईश्वर सर्वव्यापी, सर्वशक्तिमान है तो वह सभी का कष्ट दूर क्यों नहीं कर देता और उसे भगवान के अस्तित्व पर ही संदेह होने लगता- 'भगवान कहीं छलिया था, कहीं कपटी, कहीं अत्याचारी, गरीबों का था, पर उन्हें अपार कष्ट देता था, भक्तों का था, पर उन्हें दुःख देकर उनकी परीक्षा लेता था, सर्वशक्तिमान, सर्वव्यापक था, पर संसार को ठीक तरह चला नहीं सकता था....।'[52] चेतन के इसी सोच के साथ निम्न–मध्यवर्ग के संघर्ष और न खत्म होने वाले जद्दो–जेहद की यथार्थ अभिव्यक्ति अश्क यहाँ करते हैं। जिसे ईश्वर में विश्वास न हो उसे इन ढोंगी साधु–सन्तों

में क्यों होने लगा। इसीलिए जब वह घूमते हुए हुनर साहब के साथ एक साधु लाला जालन्धरीमल जी 'योगी' के पास जाता है तो वह उनका मजाक उड़ाने में कतई पीछे नहीं हटता और जो कुछ भी वो उन योगी बाबा से कहता है वो उन जैसे ढोंगी योगियों का वास्तविक रूप सामने लाने के लिए पर्याप्त है, 'तत्व ज्ञान तो हर–एक के बस का नहीं, भगवान को कोई विरला ही पाता है, पर इस प्रयास में लोग जो इस जीवन को सपना और माया और मिथ्या समझकर भगवान- भरोसे छोड़ रहे हैं, उसी का यह परिणाम है कि हम सदियों से गुलाम रहे हैं। हमारे यहाँ अकाल–मृत्यु संसार के सब देशों से ज्यादा है- अशिक्षा, गरीबी, भूखमरी का दौर–दौरा है और लोग परमार्थ की चिन्ता में लीन हैं- परलोक बनाने की फिक्र में इहलोक को भूले बैठे हैं। परलोक में उन्हें न जाने सुख मिलता है कि नहीं, पर इस लोक में दुख जरूर मिलेगा और हमारे ज्ञानी उधर ध्यान देने के बदले ब्रह्म की चिन्ता में निमग्न हैं।'[53] चेतन के इस कथन के साथ अश्क ने सामाजिक समस्याओं- भूख, गरीबी, गुलामी आदि को उठाकर समाज पर तीखा प्रहार किया और साथ में उन्होंने जीवन से पलायन करने वालों पर भी दृष्टि डालकर इस वर्ग की दयनीय स्थिति के कारणों को भी उजागर कर देते हैं।

निम्न-मध्यवर्गीय कुण्ठा का चित्रण :

उपन्यास में मध्यवर्गीय युवकों की कुण्ठा का भी चित्रण किया गया है, जिसमें चेतन उन निम्न-मध्यवर्गीय युवकों में उत्पन्न कुण्ठा का प्रतिनिधि पात्र बनकर उभरता है। चेतन एक महत्वाकांक्षी और परिश्रमी युवक है, जो अपने निम्न–मध्यवर्गीय वातावरण से बाहर आना चाहता है किन्तु जब वह शहर में घूमता हुआ- हमीद, अमीचन्द, दीनानाथ से मिलता है तो उसके अन्दर की कुण्ठा बाहर आ जाती है। उसे उनका यूं आगे बढ़ जाना जहाँ प्रेरित करता है वहीं उसके हृदय को कुण्ठा से भी भर देता है। चेतन अपने सहपाठी और मित्र हमीद एवं अमीचन्द से मिलता है, उन्हें बधाई देता है किन्तु पहले अमीचन्द की उपेक्षा–भरी दृष्टि या अदृष्टि उसे अपनी हीनता का एहसास दिलाती है, वहीं हमीद का यूँ औचारिक होकर मिलना और अपने आप पर गर्वित होना उसके उस एहसास को गई गुना बढ़ा देती है। वह अपनी असफलता, हीनता और पीड़ता से उत्पन्न कुण्ठा

को छिपाने का असफल प्रयास करता है। अश्क ने चेतन के माध्यम से निम्न–मध्यवर्गीय युवकों की कुण्ठा के कारणों को यथार्थ अभिव्यक्ति प्रदान की है।

सेक्स की समस्या का चित्रण :

निम्न–मध्यवर्गीय युवकों की एक और समस्या इसमें देखी जा सकती है और वह है- सेक्स की समस्या। अपर सेक्स के साथ इस उपन्यास में समलिंगी सेक्स का भी चित्रण हुआ है। चेतन का हमीद के प्रति आकर्षण कुछ इसी प्रकार का आकर्षण है। वह (चेतन) 'जब अपर–सेक्स से अनभिज्ञ था, तो उसे अपने समवयस्क अथवा किंचित कम उमर के सुन्दर लड़के बड़े अच्छे लगते थे। उनके पास जाना, उनसे बातचीत करना, उनसे मैत्री करना यह सब सम्भव न हो तो उन्हें दूर से देखभर लेना, उसे पुलकित कर देता था।'[54] इसी कारण जब चेतन हमीद को पहली बार देखता है तो उसके सुन्दर रूप को देखकर आकर्षित हो जाता है। समलिंगी सेक्स की यह भावना सिर्फ चेतन में ही हो ऐसी बात न थी, इस समस्या से उसके सम–वयस्क लड़के भी ग्रसित थे। 'इसीलिए हमीद को वे भी पसन्द करते और उसे छू भर लेने के लिए लालायित रहते और उसके इर्द–गिर्द मंडराते रहते।[55] चेतन का यह आकर्षण सिर्फ हमीद के प्रति ही रहा हो, यह बात न थी। वह जब नवीं–दसवीं में पढ़ता था, तब वह प्रायः उन लड़कों के प्रति आकर्षित हो जाता था जो- गोरे–चिट्ठे और सुन्दर हों। चेतन यहाँ भी ऐसे युवकों और किशोरों का प्रतीक बन कर उभरा है जिनको अतृप्त भावनाएं उनमें सेक्स के कुण्ठित रूप को ही जन्म देती हैं।

विक्षिप्तों का चित्रण :

अश्क जी ने अपने उपन्यासों विशेषकर 'गिरती दीवारें' और 'शहर में घूमता आईना' में मानसिक तौर पर विक्षिप्त व्यक्ति का भी चित्रण किया है। इसमें (शहर में घूमता आईना) उन्होंने चेतन के चाचा, दादा और उसके श्वसुर के माध्यम से विक्षिप्तों के जीवन को और उनके मनोवृत्तियों को पूर्ण रूप से दर्शाया है। उन्होंने अपने उपन्यासों में समाज के विक्षिप्त व्यक्तियों के चित्रण को क्यों महत्व दिया जबकि इनका महत्व उपन्यास में नगण्य

है। इस सन्दर्भ में अश्क कहते हैं- 'बचपन से आज तक मैं ऐसे विक्षिप्त लोगों के सम्पर्क में रहा हूँ। आज भी मेरे एक निकट सम्बन्धी रहते हैं, जो छः वर्ष पागलखाने में काटकर आये हैं और जिनके रोग को डॉक्टर ने असाध्य घोषित कर दिया था, यद्यपि रहते तो वे आज भी पागलों की तरह हैं, लेकिन अपने अत्यधिक क्रियाशील मस्तिष्क के कारण हजार डेढ़ हजार रुपया महीना कमाते हैं....चाचा चुन्नीलाल, फल्गूराम अथवा चेतन के ससुर ऐसे ही पागलों में हैं। किसी तकनीकी युक्ति के रूप में नहीं, वरन् जिन्दगी को उसकी सम्पूर्णता में चित्रित करने के मेरे आग्रह के कारण-रक्त में उपदंश के कीटाणु लिए हुए वे उपन्यास में चित्रित हुए हैं- विक्षिप्त लेकिन अनपढ़ समाज में सिद्ध।'[56] चूँकि अश्क के सभी उपन्यास समाज का यथार्थ रूप चित्रित करता है और पागल भी समाज के ही अंग हैं और स्वयं अश्क के अपने जीवन में विक्षिप्तों का साथ रहा है अतः यह कैसे सम्भव होता कि वे उन्हें नजर-अंदाज कर देते। इसलिए जीवन के यथार्थ की पूर्ण अभिव्यक्ति के लिए इनका चित्रण 'अश्क' को आवश्यक लगा।

स्वतन्त्रता आन्दोलनों का चित्रण :

सामाजिक जीवन के चित्रण में 'अश्क' ने उस समय के स्वतन्त्रता आन्दोलनों का भी चित्रण किया है किन्तु इस चित्रण में 'अश्क' की दृष्टि राष्ट्र-भक्ति की नहीं, बल्कि गरीबी और भूखमरी की है, क्योंकि जब विदेशी कपड़ों को जलाने का चित्र प्रस्तुत किया गया है, तब 'अश्क' की दृष्टि में स्वदेश प्रेम की भावना नहीं होती बल्कि उस निम्नवर्गीय अभावों की झाँकी होती है, जहाँ जलाने के लिए रेशमी वस्त्र नहीं बल्कि खानापूर्ति के लिए कटे-फटे उपयोग में न आने वाले वस्त्र ही होते हैं। अश्क जी इस चित्र के माध्यम से यह दिखाने का प्रयास किया है कि जिनके पास तन ढँकने के लिए ही पर्याप्त वस्त्र नहीं है वे रेशमी विदेशी वस्त्रों की होली कैसे जला सकते हैं।

निष्कर्षतः कहा जा सकता है कि 'शहर में घूमता आईना' चेतन के एक विशेष मनोस्थिति में घूमते रहने की ही नहीं, बल्कि पूरे जालन्धर शहर के निम्न-मध्यवर्गीय परिवेश, वहाँ के रहन-सहन आदि का चित्रण है। इसमें उन समस्याओं का भी विशद् चित्रण है जिससे आम निम्न-मध्यवर्गीय लोग

अपने जीवन में दो–चार होते हैं। 'शहर में घूमता आईना' में केवल एक विशेष मन:स्थिति में नायक की भटकन और उसके माध्यम से एक शहर के निम्न–मध्यवर्ग और उसकी विभिन्न समस्याओं का चित्रण है।'[57] और साथ ही चेतन के अन्दर–बाहर की भावप्रवणता और महत्वाकांक्षाओं का भी चित्रण हुआ है। इसी को स्पष्ट करते हुए अश्क ने लिखा है– 'चेतन ही शहर अथवा उसके समाज का दर्पण नहीं, वह शहर अथवा समाज भी चेतन का दर्पण है। उसी के आईने में हम व्यक्ति चेतन के अन्दर–बाहर उसके सुख–दु:ख, भाव–प्रवणता, ग्रंथियों और महत्वाकांक्षाओं को देखते हैं।'[58]

इस प्रकार केवल चेतन ही जालन्धर शहर के निम्न–मध्यवर्गीय जीवन के अन्दर–बाहर का चित्र उपस्थित नहीं करता, बल्कि वह शहर भी चेतन के व्यक्तित्व के अन्दर व बाहर के पहलुओं को सामने लाने में अहम भूमिका निभाता है। 'शहर में घूमता आईना' अश्क जी के उपन्यासों का वह वृहद् कैनवास है, जिसमें निम्न–मध्यवर्ग अपनी सम्पूर्ण यथार्थता को चित्रित हुआ है और जिसमें उस समय का परिवेश अपने युग–कालीन परिस्थितियों के साथ जीवन्त हो उठा है।

अश्क जी ने निम्न–वर्ग तथा निम्न–मध्यवर्ग की आवाज अपनी लेखनी के द्वारा उठायी और आजीवन प्राण–प्रण से उसके सुख–दुख, आशा–निराशा, संघर्ष, अपमान, वैमनस्य को चित्रित करते रहे। अश्क ने निम्न–मध्यवर्ग के विसंगतियों, विद्रूपताओं व पग–पग पर प्रतिकूल परिस्थितियों से टूटते–बिखरते मानव जीवन को ही अपना रचना–क्षेत्र बनाया व उसी के प्रति अपनी सच्ची संवेदना भी ज्ञापित की। 'उपलब्ध यथार्थ के स्वरूप को प्रभावित करने वाली इन दुर्बलताओं के बावजूद, यह मानने में हमें संकोच नहीं है कि जालन्धर के कल्लोवानी और लाहौर के चंगड़ मुहल्ले और शिमला के रुल्दू–भटे को आधार बनाकर निम्न–मध्यवर्गीय जिन्दगी की कटु वास्तविकता उपन्यासों में काफी प्रभावशाली ढ़ग से व्यक्त हुई है।'[59]

संदर्भ

1. हिन्दी उपन्यास : शिल्प और प्रयोग-डॉ0 त्रिभुवन सिंह, पृ0 106
2. हिन्दी साहित्य का वृहद् इतिहास, ले0 रामदरश मिश्र, पृ0 37
3. गिरती दीवारें (भूमिक), अश्क, पृ0 14
4. हिन्दी उपन्यास : पहचान और परख, ले0 शमशेर बहादुर सिंह, पृ0 164
5. गिरती दीवारें, अश्क, पृ0 90
6. वही, पृ0 129
7. हिन्दी उपन्यासों की प्रवृत्तियाँ, पृ0 73
8. गिरती दीवारें, अश्क, पृ0 69
9. वही, पृ0 372
10. उपन्यासकार अश्क-डॉ0 इन्द्रनाथ मदान, पृ0 38
11. गिरती दीवारें-उपेन्द्रनाथ अश्क, पृ0 270
12. हिन्दी उपन्यास : पहचान और परख-शमशेर बहादुर सिंह, पृ0 163
13. गिरती दीवारें, पृ0 163
14. प्रतिनिधि हिन्दी उपन्यास, पृ0 101
15. उपन्यासकार-अश्क, ले0- डॉ0 देवराज उपाध्याय, पृ0 145
16. गिरती दीवारें-अश्क पृ0 207
17. वही, पृ0 49
18. हिन्दी उपन्यास की प्रवृत्तियाँ-पृ0 71
19. गिरती दीवारें-अश्क, पृ0 227
20. वही, पृ0 370
21. वही, पृ0 390
22. वही, दृष्टि-प्रतिदृष्टि-अश्क, पृ0 99
23. उपन्यासकार-अश्क, पृ0 63
24. वही, पृ0 270
25. वही, पृ0 272
26. वही, पृ0 73
27. वही, पृ0 74
28. वही, पृ0 78
29. प्रतिनिधिा हिन्दी उपन्यास, पृ0 99-100
30. आलोचना, ले0- बच्चन सिंह, पृ0 136
31. गिरती दीवारें, अश्क-पृ0 65
32. वही, पृ0 65
33. वही, पृ0 275
34. वही, पृ0 270-71
35. वही, पृ0 50
36. वही, पृ0 51

37. वही, पृ0 51
38. गिरती दीवारें : दृष्टि-प्रतिदृष्टि-अश्क, पृ0 159
39. आमने-सामने-अश्क, पृ0 13-14
40. वही, पृ0 24
41. शहर में घूमता आईना-अश्क, पृ0 105
42. वही, पृ0 110
43. वही, पृ0 110
44. वही, पृ0 39
45. वही, पृ0 71
46. वही, पृ0 236
47. वही, पृ0 234
48. वही, पृ0 105
49. वही, पृ0 112
50. वही, पृ0 48
51. वही, पृ0 255
52. वही, पृ0 279
53. वही, पृ0 290
54. वही, पृ0 136
55. वही, पृ0 136
56. गिरती दीवारें-दृष्टि-प्रतिदृष्टि-अश्क, पृ0 70-71
57. आमने-सामने-अश्क, पृ0 16
58. गिरती दीवारें-दृष्टि-प्रतिदृष्टि-अश्क, पृ0 97
59. प्रतिनिधि हिन्दी उपन्यास, पृ0 97

पंचम अध्याय

अश्क के उपन्यासों में चरित्र-सर्जना

अश्क के सभी उपन्यासों में चरित्र-सर्जना अत्यन्त सजीव रूप में प्राप्त होता है। उन्होंने अपने उपन्यासों में सामाजिक जीवन का वृहद् चित्र खींचा है, जिसमें समाज के निम्न-मध्यवर्ग तथा निम्नवर्ग के अगणि ात पात्र अपने वास्तविक एवं जीवन्त रूप में परिलक्षित होते हैं। पात्रों के संयोजन में अश्क की दृष्टि प्रायः बहिर्मुखी, व्यापक एवं बहुग्राहिणी रही है। उन्होंने अपने उपन्यासों के चरित्र-चित्रण के लिए प्रायः दो रीतियों का सहारा लिया है- (1) विश्लेषणात्मक रीति और (2) कार्य कारण सापेक्ष या नाटकीय रीति।

विश्लेषणात्मक रीति के अन्तर्गत पात्रों के तटस्थ चित्रण के साथ उनके भावों, विचारों, प्रवृत्तियों आदि का विश्लेषण होता है। इस रीति के माध्यम से उपन्यासकार अपने विचारों को सीधे व्यक्त कर सकता है और कभी-कभी समस्याओं का समाधान भी प्रस्तुत करते चलता है। इस दृष्टि से अश्क जी के उपन्यासों में 'एक रात का नरक', 'सितारों के खेल', 'बड़ी-बड़ी आँखें' और 'पत्थर अल पत्थर' जैसे छोटे उपन्यासों के पात्र विश्लेषणात्मक रीति से चित्रित हुए हैं।

कार्य-कारण सापेक्ष या नाटकीय रीति में उपन्यासकार अपने पात्रों को विशेष परिस्थितियों में डालकर दूर हो जाते हैं। पात्रों की मन:स्थितियाँ उसी परिस्थिति विशेष में फलते-फूलते और बनते-बिगड़ते हैं। अश्क जी के बड़े उपन्यासों में यह रीति देखने को मिलती है। इस रीति में 'गिरती दीवारें', 'शहर में घूमता आईना', 'एक नन्हीं किंदील', 'गर्मराख', 'पलटती धारा' एवं 'इति नियति' के पात्रों को रखा जा सकता है।

अश्क के उपन्यासों के पात्रों को दो वर्गों में विभाजित किया जा सकता है-

(1) पुरुष पात्र

(2) नारी पात्र

इन्हें भी दो श्रेणियों में रखा जा सकता है–

(1) मुख्य पात्र

(2) गौण पात्र

पुरुष पात्रों का चित्रण :

मुख्य पात्र :

अश्क जी के उपन्यासों के मुख्य पात्रों में उपन्यास के नायकों को लिया जा सकता है। उनके नायक आम जीवन से उठाये गये सामान्य पात्र ही होते हैं। अश्क यथार्थवादी उपन्यासकार हैं, इसलिए उनके पात्र भी यथार्थ के धारातल पर ही मिलते हैं। चूंकि 'यथार्थवादी लेखक चरित्रों को पाठकों के सामने उनके यथार्थ नग्नरूप में रख देता है। उसे इससे कुछ मतलब नहीं होता कि सचरित्रता का परिणाम बुरा होता है या कुचरित्रता का परिणाम अच्छा– उसके चरित्र अपनी कमजोरियाँ या खूबियाँ दिखाते हुए अपनी जीवन–लीला समाप्त करते हैं। संसार में सदैव नेकी का फल नेकी और बदी का फल बदी नहीं होता, बल्कि इसके विपरीत हुआ करता है– यथार्थवादी अनुभव की बेड़ियों में जकड़ा होता है और चूँकि संसार में बुरे चरित्रों की ही प्रधानता है– यहाँ तक कि उज्ज्वल से उज्ज्वल चरित्र में भी कुछ न कुछ दाग, धाब्बे रहते हैं, इसलिए यथार्थवाद हमारी दुर्बलताओं, हमारी विषमताओं और हमारी क्रूरताओं का नग्न चित्र होता है।'[8] इसलिए अश्क जी के नायकों में हर प्रकार के अभाव, कुण्ठा भूख, गरीबी के दर्शन होते हैं और वह उन तमाम कमजोरियों से जकड़ा होता है, जो आम मनुष्यों में होती है। उनके नायकों और अन्य पात्रों की सबसे बड़ी विशेषता उसका निम्न–मध्यवर्गीय समाज का होना है। निम्न–मधयवर्गीय पात्रों के विकृत मनोवृत्तियों के अंकन में उन्हें पूर्ण सफलता मिली है। उनके प्रथम उपन्यास 'सितारों के खेल' का नायक 'बंसीलाल' हो या 'एक रात का नरक' के 'मास्टर जी', 'गिरती दीवारें', का चेतन हो या 'गर्भराख' का नायक जगमोहन, 'बड़ी–बड़ी आँखें' का संगीत सिंह हो या फिर 'पत्थर

अल पत्थर' का निम्न वर्ग का पात्र हसनदीन- सभी निम्न- मध्यवर्गीय रूढ़ियों में जकड़े और आन्तरिक कुण्ठाओं से घिरे हुए पात्र हैं।

'सितारों के खेल' का नायक बंसीलाल निम्न–मध्यवर्गीय जीवन का पात्र हैं और इसी कारण वह अपने प्रेम (लता) को पाने में असफल हो जाता है। यहीं से उसके अन्दर एक अशांति समा जाती है। चूंकि वह जल्द ही दुर्घटनावश संज्ञाविहीन हो जाता है, इसलिए वह उन तमाम कुण्ठाओं और संघर्षों से बच जाता है जिससे प्रायः निम्न–मध्यवर्गीय व्यक्ति दो–चार होता है। किन्तु कुण्ठित प्रेम का स्वरूप उसके अन्दर भी द्रष्टव्य होता है। चूँकि यह उपन्यास घटना–प्रधान है इसलिए इसमें चरित्रों का विकास पूर्णरूप से नहीं हो पाया है और ना ही उन्हें पूर्ण रूप से उभरने का मौका ही मिला है।

किन्तु इसके बाद के सभी उपन्यासों में उनके पात्रों के चरित्रों को उभरने का पूर्ण मौका मिला। 'एक रात का नरक' के साथ 'मास्टर जी' एक नवयुवक वय है, जिनमें जवानी का जोश है। वे अपने आपको बहुत बड़ी हस्ती समझते हैं किन्तु उनके चरित्र की विशेषता ये होती है कि वे सीधे–सादे और दुनियादारी के जाल–फरेब से अनभिज्ञ व्यक्ति हैं इसलिए अपने–आपको एक बड़ी मुसीबत में फंसा लेते हैं। अश्क ने प्रायः सभी पात्रों की चारित्रिक विशेषता को उभारने का प्रयास किया है किन्तु अगर किसी पात्र विशेष पर उनकी कृपा–दृष्टि ज़्यादा रही तो वो है 'गिरती दीवारें' का चेतन। इस पात्र की सृष्टि के साथ ही अश्क जी यथार्थ की भूमि पर उतर आये। 'इसी समय स्वयं अश्क के जीवन ने भी कुछ ऐसा मोड़ लिया कि उनके इस दृष्टिकोण को पुष्टि मिली। अब सोने से बने देवता का निर्माण लेखक को अभीष्ट नहीं रहा और वह भूख, गरीबी, रोग, शोक, गंदगी, उलझन, निराशाओं से परिपूर्ण अष्टधातुओं से निर्मित व्यक्ति के चरित्रांकन की ओर उन्मुख हुआ। अतएव 'गिरती दीवारें', 'अश्क' के अडिग विश्वास और गहन अनुभूति का परिणाम है।'[9] चेतन एक शराबी और क्रोधी पिता एवं धर्मभीरु माता की गोद में पला एक निम्न–मध्यवर्गीय बुद्धिजीवी युवक है। चेतन के चरित्र में निम्न–मध्यवर्ग की आर्थिक और यौन संबंधी जटिल समस्यायें देखने को मिलती हैं। वह

भविष्य के सुनहरे सपने बुनता है किन्तु वास्तविकता की प्रतीति होने पर उसे मिलती है असफलता, निराशा, असंतोष, कटुता और अतृप्ति। फलतः उसे अपने जीवन से संघर्ष करना पड़ता है। माता-पिता के विरोधी संस्कार उसमें भरपूर हैं। अश्क जी ने चेतन के चरित्र की विशेषताओं को बताते हुए कहा है- 'वह इम्पसिव (आवेगशील) युवक है। जीवनचर्या में परिस्थिति अथवा अपने अहंवश वह डायरी में लिखा सब भूल जाता है। वरना जब वह डायरी में लिखता है कि उसे सर्वाधिक सुख साहित्य-सृजन में मिलता है तो वह अपने उस लिखे को भूलकर सब-जज बनने पर कैसे तुल जाता है।....लेकिन अपरिपक्व युवक सदा ऐसा करते हैं और आगे भी ऐसा करते रहेंगे।'[10] चेतन एक विकासशील चरित्र है और चूँकि अश्क जी ने सात खण्डों में चेतन के चरित्र की सर्जना की है इसलिए उसके चरित्र में निरन्तर परिवर्तन के साथ विकास भी द्रष्टव्य होता है। 'वह तीक्ष्ण बुद्धि का, अत्यन्त भाव-प्रवण और ग्रहणशील युवक है।'[11] इसलिए जो चेतन 'गिरती दीवारें' में सरल, भोला, रोमानी और भावुक है वही 'एक नन्हीं किंदील' तक आते-आते वैसा ही नहीं रहता, बल्कि परिस्थितियाँ उसे इतना कुछ सिखाती हैं कि अपने तमाम भोलेपन के बावजूद वह काफी चण्ट हो जाता है। उसके चरित्र में यह परिवर्तन अनायास ही नहीं होता, बल्कि कविराज का वो साथ होता है जो चेतन उनके साथ शिमले में बिताता है। शिमला में उसे कविराज के व्यवहार की वास्तविकता का पता चलता है और तीन महीने उनके साथ वक्त बिताने में चेतन जो कुछ भी देखता है और सहता है, उससे उसके भावुकता भरे हृदय में परिवर्तन आता है। अश्क ने भी चेतन के व्यक्तित्व में आये परिवर्तन के कारण को बताते हुए कहा है-

'गिरती दीवारें' के बाद 'शहर में घूमता आईना' और फिर 'एक नन्हीं किंदील' में चेतन के चरित्र में जो प्रकट परिवर्तन आया है, वह शिमला प्रवास और कविराज के साहचर्य का फल है।'[12] 'गिरती दीवारें' से 'एक नन्हीं किंदील' तक की समयावधि केवल तीन महीने की है, किन्तु इन्हीं तीन महीनों में भोला, भाव-प्रवण और दुनिया के दाँव-पेंचों से अनभिज्ञ चेतन किस प्रकार इतना चण्ठ हो सकता है, इस पर अश्क जी तर्क देते हुए कहते हैं- 'प्रौढ़ता के लिए समय का अन्तराल उतना जरूरी नहीं, जितना आदमी की भावप्रवणता, संवेदनशीलता, समझने, सोचने और

तोलने–परखने की शक्ति। और जब शिमला के स्कैण्डल पॉयण्ट पर अपने सहपाठी द्वारा हल्का–सा अपमान चेतन को झकझोर देता है और उसी कारण उस मित्र की सगाई उसके अहं पर ऐसी ठेस लगाती है कि उसकी जिन्दगी की धारा मोड़ देती है, तो कविराज जैसे ठग के साथ बिताये गये तीन महीने कैसे उसकी सरलता को भंग कर किंचित प्रौढ़ बनाये हुए उसे बेहतर सोच–समझ की शक्ति नहीं दे सकते?'[13] यह सत्य भी है कि जीवन से कुछ सिखने के लिए एक पल ही काफी होता है। जिन्दगी के प्रति जागरूक और महत्वाकांक्षी व्यक्ति हर पल कुछ न कुछ सिखता है और हर पल में कुछ नया देखने और भोगने के कारण मानव–स्वभाव का बदलना स्वाभाविक ही है। फिर चेतन तो अत्यन्त भाव–प्रवण युवक है जिसे छोटी–छोटी बातें भी हृदय में लग जाती हैं, फिर कविराज के उस दुर्व्यवहार से वह कैसे न बदलता।

चेतन वह विशाल फलक है जिस पर अश्क ने निम्न–मध्यवर्ग के जीवन को इंगित किया है। इसी कारण चेतन के चरित्र में वे सारे गुण–अवगुण, संस्कार मौजूद हैं जो निम्न–मध्यवर्ग के लोगों में होता है। अभावों और कटुतापूर्ण वातावरण में पैदा हुआ चेतन का व्यक्तित्व आर्थिक शोषण और सेक्स संबंधी कुण्ठाओं से ग्रस्त है। फिर भी 'वह अपने व्यक्तित्व को एक बड़ी चीज मानता है किन्तु वास्तविक जीवन में आचरण इसके विपरीत करता है। वह निम्न–मध्यवर्गीय समाज के असहाय व्यक्ति का प्रतीक है जो घुट–घुटकर मरना जानता है। वह अपनी विवशता में सिसकता हुआ सारी सामाजिक व्यवस्था को ध्वस्त करने का संकेत अवश्य करता है, परन्तु अपने संस्कारों में जकड़े रहने के कारण उसे बदलने में सक्रिय योग नहीं दे सकता।'[14]

चेतन में यौन–संबंधी समस्यायें भी देखने को मिलती हैं। निम्न–मध्यवर्गीय समाज के बंधन और संस्कार के कारण युवक–हृदय की नैसर्गिक भावनायें कुण्ठित हो जाती हैं। 'रस्म–रिवाजों की बेड़ियों, जाति–पाँति के झमेलों, चरित्र–निर्माण के कठोर नियमों, बिरादरी और समाज के प्रतिबंधों में ग्रस्त और मानव के रूप में एक–दूसरे को निगल जाने के लिए तत्पर दानवों में घिरा हुआ व्यक्ति किस तरह प्रेम का नाम ले सकता

है। अपने निरीह भोले अरमान को भी कोई इससे अधिक क्या पूरा कर सकता है, कि घुट–घुटकर मर जाय।'[15] इसी कारण चेतन की सेक्स भावना कुण्ठित हो जाती है। उसे सुन्दर पत्नी की आकांक्षा होती है जो चंचल व सुशिक्षित हो, किन्तु उसका विवाह एक अत्यन्त साधारण, ढीली–ढाली, बेडौल लड़की चन्दा से हो जाता है। इसका परिणाम ये होता है कि चेतन अन्य लड़कियों के प्रति आकर्षित होने लगता है। उसका आकर्षण कभी केसर तो मन्नी की ओर होता है और परिस्थिति विशेष पर वह उनके अत्यन्त करीब भी हो जाता है। किन्तु उसका गहरा लगाव सबसे ज्यादा अपनी साली नीला के प्रति होता है, नीला चेतन के अनुकूल सुन्दर, चंचल और सुशिक्षित युवती है, उसे भी अपने जीजा से अत्यन्त प्रेम है किन्तु उनका प्रेम उन्मुक्त हो समाज की मर्यादाओं को तोड़ नहीं पाता, जिसके कारण चेतन को तृप्ति नहीं मिल पाती। फलतः चेतन अपने शैशव में जहाँ परम सन्तोषी बना रहता है वहीं यौवनकाल में पहुँच कर सेक्स के प्रति उत्कट असंतोषी बन जाता है।

इसी प्रकार 'गर्मराख' का जगमोहन भी उन तमाम गुणों–अवगुणों से भरा हुआ है, जो निम्न–मध्यवर्गीय युवकों में पाया जाता है। संघर्ष ही जिसकी नियति होती है। जगमोहन भी उन्हीं निम्न–मध्यवर्गीय युवकों में से एक है, जिन्हें न बचपन में बचपन नसीब होता है और ना ही युवावस्था में जवानी- वे रह जाते हैं तो केवल प्रौढ़। जगमोहन मध्यवर्गीय कुण्ठाओं से घिरा हुआ व्यक्ति है। जो अपनी भावनाओं को दबा–दबाकर रखना ही श्रेयस्कर समझता है। वह उन युवकों में एक है जो एक कदम आगे रखते हैं तो दो बार सोचते हैं, फिर पीछे रख लेते हैं और कई बार इसी आगे–पीछे में जिन्दगी के दिन पूरे कर देते हैं। जिनके बचपन में खिलन्दरापन नहीं होता, न जवानी में अल्हड़ता। बचपन में सब कुछ भूलकर खेलना और जवानी में सब कुछ भूलकर प्रेम करना जो नहीं जान पाते।'[16] उसके अन्दर निम्न–मध्यवर्गीय संस्कार कूट–कूट कर भरे हुए हैं। वह मन ही मन सत्या जी को चाहता है और सत्या जी भी उसे पसन्द करती हैं, किन्तु वह अपने हृदय की बात सत्या जी से कहता उससे पूर्व ही सत्या जी अपना प्रेम–निवेदन जगमोहन से कर देती हैं। यहीं जगमोहन का रूढ़िवादी संस्कार उस पर हावी हो जाता है, उसे सत्या जी का यूं बिना संकोच प्रेम–निवेदन

करना पसन्द नहीं आता और वह उनसे दूरी बनाने लगता है और धीरे-धीरे सत्या जी की बहन दुरो की ओर आकर्षित हो जाता है। सत्य तो यह है कि वह एक कायर, निर्बल व कहीं न कहीं धूर्त भी है, वह खुलकर समाज का सामना नहीं कर सकता। इसीलिए न वह सत्या जी का साथ दे पाता है और ना ही दुरो से अपने प्रेम का निवेदन कर पाता है।

जगमोहन की ही भाँति गोविन्द (निमिषा) भी बोदा, ढुलमुल, कायर और अपने परिवार से बंधा कमजोर निम्न-मध्यवर्गीय युवक है। उसके जीवन में अनेक ट्रेजिडी आती है। पहले उसकी पहली पत्नी की मृत्यु दुखद परिस्थितियों में हो जाती है, उसके पश्चात् उसकी जिन्दगी में निमिषा नामक युवती का प्रवेश होता है किन्तु अपनी कायरता के कारण वह अपने परिवार के दबाव में आकर माला नामक युवती से विवाह कर लेता है किन्तु यहाँ भी उसका संघर्ष समाप्त नहीं होता और वह अपने त्रासदीपूर्ण जीवन से भयभीत हो सब-कुछ छोड़कर कहीं भाग जाना चाहता है। किन्तु अश्क जी गोविन्द की इन कमियों को सकारात्मक रूप देते हुए लिखते हैं- 'गोविन्द महज बोदा और ढुलमुल नहीं, एक भावप्रवण, हठात् दूसरों के दुख से दुखी हो जाने वाला, भावुक, आवेगी, अव्यवहारिक, भला और अपने परिवार से बँधा कमजोर निम्न- मध्यवर्गीय युवक है। उसकी ट्रेजिडी यह है कि वह अपने बड़े भाई और अपने समाज के अन्य तमाम निर्मम, स्वार्थी, केल्क्यूलेटिव (गणनाप्रिय) और परम्परा से जकड़े, प्रतिनिधियों जैसा कठोर नहीं है। वह संवेदनशील कवि-कलाकार है और निमिषा के अन्दर छिपी माँ उसमें एक भोले शिशु को देखती है और उसकी तमाम त्रुटियों के बावजूद उससे प्यार करती है।"[17]

इन सबसे अलग 'बड़ी-बड़ी आँखें' का नायक 'संगीत सिंह' निम्न-मध्यवर्गीय होते हुए भी आदर्शवादी युवक है। जो अपने आदर्शों की रक्षा के लिए अपने प्रेम को भी त्यागने से पीछे नहीं हटता। अपनी पत्नी की मृत्यु के उपरान्त संगीत मन की शान्ति के लिए देवनगर आता है किन्तु कुछ दिनों के पश्चात ही उसे इस बात का भान हो जाता है कि देवनगर जिन आदर्शों की दुहाई देता है, वास्तविकता उससे बिल्कुल उलट है। अत: संगीत इस विरोधाभास से व्याकुल हो जाता है। उसकी आदर्शवादी सोच

इन सबसे समझौता नहीं कर पाता और अन्ततः वह सब कुछ छोड़ कर चला जाता है। संगीत देवनगर के संस्थापक देवा जी की पुत्री वाणी से प्रेम करता है, किन्तु उसके प्रेम में वासना नहीं है, उसका प्रेम उसे गिराता नहीं बल्कि उठाता है। वाणी का प्रेम उसके मन को वे आँखें दे देती हैं, जो अनजाने भेद जान लेती हैं और शरीर को वह ऐसी शक्ति प्रदान करता है कि वह अनजानी मुसीबतों से जूझ जाता है। संगीत के वासनारहित प्रेम पर अश्क जी ने लिखा है- 'बड़ी-बड़ी आँखें' उस नायक की कथा कहता है, जिसे प्रेम ने अन्तर की वे आँखें प्रदान कर दी हैं, जिसकी रूह अभी मरी नहीं, जिसे प्रेम ऊपर उठा देता है, जो समझौता नहीं करता। वह कोई महान आदर्श नायक नहीं। निम्न-मध्यवर्ग का कमजोर इन्सान है, पर वही कमजोर इन्सान वह सब देखने लगता है, वह सब सोचने लगता है और उसी के माध्यम से 'देवनगर' का वास्तविक रूप सामने आ जाता है।'[18] संगीत के चरित्र को ठोस आधार देने वाला उसका वह पवित्र प्रेम ही होता है जो उसे वाणी से प्राप्त होती है। उसी प्रेम के कारण उसके हृदय में दूसरों के लिए करुणा एवं सहानुभूति की प्रेरणा उत्पन्न होती है। इन्हीं प्रेरणाओं के फलस्वरूप संगीत को आस-पास की गरीबी, दुख-दर्द विह्वल करने लगा और विरोधों के बावजूद उसने नबी के लिए इतना कुछ किया।'[19]

अश्क को जितनी सफलता निम्न-मध्यवर्गीय पात्रों के चरित्रों को चित्रित करने में मिली है उतनी ही सफलता से उन्होंने निम्नवर्ग के पात्रों के चरित्रों को भी उकेरा है। कश्मीर के निम्नवर्ग का चित्रण जितनी यथार्थता के साथ अश्क जी ने किया है, उतनी गहरी दृष्टि न उनके पहले के लेखकों ने और ना ही बाद के लेखकों ने कश्मीर पर डाली। 'पत्थर अल पत्थर' के सभी पात्र सजीव व स्वाभाविक हैं, कहीं भी कृत्रिमता का आभास नहीं होता। नायक 'हसनदीन' तो निम्नवर्ग का प्रतिरूप ही जान पड़ता है। 'हसनदीन' निम्नवर्ग का अभावग्रस्त कश्मीरी घोड़वान है। जो पर्यटकों को अपने घोड़े द्वारा घूमाता-फिराता है साथ ही गाइड का भी काम करता है। किन्तु उसके स्वभाव में सरलता व सहजता कूट-कूटकर भरा हुआ है। धार्मिक व अन्धविश्वासी होने के कारण अपने ऊपर होने वाले शोषण को भी वह अपने जीवन की नियति ही स्वीकार करता है। इन सब के बावजूद 'हसनदीन में एक कृषक सुलभ चतुराई भी है जो प्रतिदिन

भिन्न-भिन्न प्रकार के पर्यटकों के सम्पर्क में आकर और तेज हो गयी है। वह अपनी आजीविका कमाने के लिए खुशामद करने या झूठ बोलने से भी नहीं कतराता, लेकिन उसका बुनियादी भोलापन रह-रहकर उभरता है और इसीलिए वह धोखा भी खाता है।'[20] अश्क के औपन्यासिक नायकों में 'हसनदीन' ही एक मात्र ऐसा नायक है, जो सेक्स, प्रेम और अहं की भावनाओं से परे रोटी के लिए परेशान व संघर्षरत है। हसनदीन निम्नवर्ग का प्रतिनिधि पात्र कहा जा सकता है जो सफेदपोश एवं आतताइयों के हाथों पिस रहा है। जिसका न समाज में मान है, न अधिकार है- बस दिन-रात घोड़ों में जुते रहना जिसका काम है।

अश्क जी के प्रायः सभी नायक भाव-प्रवण व हस्सास किस्म के युवक हैं जो जीवन से पूरी तरह समझौता नहीं कर पाते, अश्क ने स्वयं कहा है- 'चूँकि वे सत्य का सामना करने का और व्यवस्था को नीचे से बदलने का साहस नहीं रखते, इसलिए उनके सारे आदर्श धरे के धरे रह जाते हैं, मेरे उपन्यासों के नायक वे फलक हैं, जिन पर मैं अपने सामाजिक जीवन को चित्रित करता हूँ। इसलिए वे भावप्रवण हैं और पूरी तरह समझौता नहीं करते........यदि चेतन, जगमोहन या संगीत की जगह जिन्दगी से समझौता करने वाले पात्र होते तो उनकी निगाहों में कहीं कोई समस्या दिखायी ही नहीं देती। यथार्थता की कटुता को दिखाने के लिए नायक का भाव-प्रवण होना आवश्यक है।'[21]

गौण पात्र :

अश्क जी के उपन्यासों के गौण पात्र भी पूरी सजीवता व वास्तविकता के साथ उपन्यास में अपने महत्व को बनाये हुए हैं। उनके उपन्यासों के गौण पात्र सिर्फ नाम के लिए ही गौण है किन्तु वास्तव में ये इतने महत्वपूर्ण पात्र हैं कि उनको अलग कर देने पर उपन्यासों में नायक का सारा नायकत्व ही लोप हो जायेगा। अश्क ने अपने उपन्यासों में निम्न-मध्यवर्ग के सारे पात्रों को ही उठा लिया है। अश्क के गौण पात्रों में निम्न-मध्यवर्ग के साथ उच्चवर्ग के पात्र भी मौजूद हैं। डॉ0 अमृतराय (सितारों के खेल) विदेशी शिक्षा पाये आधुनिक युग के नवयुवकों की लोलुप प्रवृत्ति के प्रतीक हैं तो इन्सानियत पर लात-मार लड़कियों की जिन्दगी के साथ खिलवाड़ करने

वाला-जगत भी है। जगत एक बड़े परिवार का लड़का है जो कॉलेज की युवतियों के साथ प्रेम-प्रपंच में रत रहता है। अपने रसिक प्रवृत्ति के कारण ही वह लता को भी अपने झूठे प्यार में फाँसता है। वहीं डॉ0 अमृतराय को लता से सच्ची हमदर्दी है। वो उसके रूप एवं गुणों को देख उस पर मोहित हो जाते हैं। लेकिन उनके चरित्र में भी विरोधाभास मिलता है। लता के पिता खुले विचारों के व्यक्ति थे, जिनकी नजर में लड़की और लड़के में कोई फर्क नहीं था। इसी कारण उन्होंने लता को ऊँची शिक्षा दिलायी और उसका विवाह उसी के पसन्द के लड़के से करना स्वीकार कर लिया।

अश्क के सारे पात्र आम जीवन से लिये गये हैं, चाहे वो चेतन के पिता पं0 शादीराम या उसका बड़ा भाई रामानन्द हो, वे सभी हमारे समाज में देखे जा सकते हैं। चेतन के पिता पं0 शादीराम एक नम्बर के शराबी, कबाबी व चरित्र से गिरे हुए व्यक्ति का चरित्र है। जिसे अपने परिवार की आर्थिक परेशानियों से कोई सरोकार न था। किन्तु स्वभाव से क्रूर, कठोर और अत्याचारी होते हुए भी, उनके हृदय में कहीं न कहीं उदारता और मानवीयता-जन्य कोमलता भी काफी मात्रा में थी। इसी कोमलता के कारण वे अपने शत्रु को माफ़ कर देते थे और इसी कोमलता के कारण जब किसी मित्र अथवा निकट संबंधी का विश्वासघात उनके मर्म-स्थल पर चोट पहुँचाता था तो वे बच्चों की तरह फूट-फूट कर रो पड़ते थे।'[22] वहीं उसके बड़े भाई रामानन्द हर प्रकार की भावनाओं से शून्य एक ठस व्यक्ति था। जिसे न परिवार की चिन्ता थी और न बीवी-बच्चों की। वे एक शुष्क व्यक्ति हैं जिस किसी मार या बात का कोई प्रभाव न पड़ता था जिसके कारण उसे उसकी नानी और माँ उसे नाम दे रखी थीं- बुढ़ऊ और डहूस। वहीं हुनर साहब एक नम्बर के शातिर और अवसरवादी व्यक्ति हैं। दूसरों में अपना मान-सम्मान बढ़ाने के लिए वो दूसरों की शेरो-शायरी अपने नाम से सुना कर अत्यन्त प्रसन्न होते। इसके अतिरिक्त चाटुकार, धोखेबाज और हर प्रकार के बुरे कर्मों को किये देशराज जैसे पात्र हैं तो कविराज रामदास जैसे पात्रों की भी अश्क के उपन्यासों में कोई कमी नहीं है। जो अपना काम निकालने के लिए किसी का भी शोषण करने से पीछे नहीं हटते थे। 'छल-कपट' (जिसे वे जीवन को सुख से बिताने का एक निहायत जरूरी साधान मानते थे) उनकी प्रकृति का एक अंग बन चुका था। अपने नौकरों

से, ग्राहकों से, मित्रों से, बीवी से यहाँ तक कि वे अपने-आपसे छल करते थे। दिन–रात झूठ बोलते हुए, जनता को ठगते हुए, वे साथ-साथ अपने परलोक सुधारने की भी चिन्ता में निरत रहते थे।'[23] किन्तु चेतन को कविराज जी के इस ढंग, उनकी इस व्यवहार-कुशलता से सख्त नफरत थी। वह स्पष्टवादी है और साफ बात पसन्द करता है। इस घुमाव–फिराव में उसे छल की गन्ध आती थी।

अश्क के उपन्यासों में पात्रों की भरमार है। इसका कारण ये है कि अश्क जी कथानक से ज्यादा पात्रों के चरित्रांकन को महत्व देते हैं। इस बारे में उनका वक्तव्य है- 'उपन्यास में मुझे कथानक के बदले पात्रों का चरित्र-चित्रण, उसके मन में क्षण-क्षण उठते-बदलते विचार, दैनन्दिन घटनाओं का घात-प्रतिघात और जिन्दगी के असंख्य छोटे-छोटे ब्योरों का चित्रण भाता है।[24] इसलिए अश्क जी के उपन्यासों में पात्रों का सूक्ष्मातिसूक्ष्म वर्णन हुआ है। उन्होंने सारे पात्रों- चाहे वो मुख्य हो अथवा गौण सभी के चरित्रांकन में अतिसूक्ष्म दृष्टि का प्रयोग किया है। इसीलिए उनके जीवन एवं उनसे संबंधित घटनाओं का उन्होंने पूर्ण ब्योरा दिया है। चरित्र-प्रिय कथाकार होने के कारण अश्क जी के उपन्यासों में पात्रों की संख्या ज्यादा अवश्य है किन्तु वे कहीं भी नीरस दिखायी नहीं पड़ते, बल्कि उनमें सजीवता ही ज्यादा परिलक्षित होता है। इसीलिए रणबीर, रामनारायण, अनन्त, राजकुमार, यादराम, दुर्गादास, बद्दा, रामदित्ते, दालचन्द, दीनानाथ, अमीचन्द जैसे अनेक छोटे-छोटे पात्र अपने अस्तित्व के साथ इनके उपन्यासों में स्थान पा सके हैं। जो अत्यन्त साधारण व्यक्तित्व के, अत्यन्त साधारण जीवन जीते हुए भी चेतन के व्यक्तित्व में परिवर्तन के बहुत बड़े कारण बनते हैं।

'शहर में घूमता आईना', 'एक नन्हीं किंदील', 'पलटती धारा', 'बांध ों न नाँव इस ठाँव' एवं 'इतिनियति', 'गिरती दीवारें' के अगले खण्ड हैं जिसके कारण कुछ पात्रों को छोड़कर बाकी सभी पात्र प्राय' सभी उपन्यासों में हैं जो 'गिरती दीवारें' में पहले से मौजूद हैं। हाँ अगले खण्डों में उनके चरित्रों में विकास अवश्य देखा जा सकता है। जैसे अमीचन्द का दब्बू और किताबी-किड़ा अमिया से डिप्टी अमीचन्द बन जाना, हुनर

साहब के व्यक्तित्व के अन्य पहलुओं का सामने आना आदि। नये पात्रों में निश्तर, दीनानाथ, पं0 गुरदासराम, हरलाल पंसारी आदि पात्र हैं। निश्तर निम्न–मध्यवर्ग का ही युवक है, जिसमें नाम पाने की आकांक्षा प्रबल थी इसीलिए दूसरों की नज्मों को वो प्रायः अपने नाम से छपवाता है। वहीं दीनानाथ जो बचपन में चेतन के साथ पढ़ा करता था, हकीम दीनानाथ बनकर ज्यादा से ज्यादा दूसरों को ठगने में लगा रहता है। पं0 गुरदास राम जिन्हें दूसरों का घर बिगाड़ने में ही मजा आता है। प्रायः हर जगह अपनी स्वार्थ–सिद्धि में लगे रहने वाले पात्र हैं। रामदित्ते मूर्ख किन्तु ईमानदार पात्र हैं जो दूध और लस्सी की दुकान चलाता है। उसके ईमानदारी पर अगर कोई कुछ कह देता था तो वह आग–बबूला हो उसे दौड़ा लेता है। वहीं हरलाल पंसारी हमेशा रामदित्ते का दिल से भला चाहने वाला व्यक्ति है। अश्क जी के उपन्यासों में ऐसे पात्रों का भी चित्रण मिलता है जो अपना मानसिक सन्तुलन खो चुके हैं, ऐसे ही पात्रों में चेतन के पिता के चाचा चुन्नी पागल और उनका बेटा फल्गूराम है। जो अपनी–अपनी सनकों के कारण पागल हो जाते हैं, इन्हीं दोनों के कारण चेतन का परिवार 'पागलों का कुनबा' कहलाता था।

इसके अतिरिक्त 'गर्मराख' में कवि चातक, 'भूचाल' पत्र के सम्पादक जीवनलाल, पण्डित रत्न जैसे पात्र भी दिखाई पड़ते हैं। कवि चातक अपनी पत्नी की कुरूपता और बच्चों से उदासीन पर–स्त्रियों पर आकृष्ट, काल्पनिक संसार बसाने वाले कवि–व्यक्ति हैं। जिनकी कविताओं की प्रेरणा हमेशा कोई न कोई उनकी मुँह बोली बहन होती थीं। सम्पादक जीवनलाल 'कविराज रामदास' की ही भाँति एक शोषक व्यक्ति है जो अपने नीचे के कर्मचारियों का भरपूर शोषण करते हैं, वहीं कविरत्न का चरित्र एक भले व्यक्ति का है। अन्य पात्रों में हरीश और वसंत प्रमुख हैं जो उपन्यास को एक दिशा देते हैं। हरीश का चरित्र तो इतना प्रभावशाली है कि वो जगमोहन पर भारी पड़ते हुए उपन्यास का नायक ही प्रतीत होता है। हरीश एक आदर्शवादी युवक है जो अपने पिता के कुकर्मों के फलस्वरूप जनसेवा में लग जाता है। बसंत प्रगतिशील विचारों का युवक है जो हरीश के साथ समाजसेवा में लीन रहता है। इनके अतिरिक्त पत्रकार शुक्ला जी, धर्म जी, नीरव जी, अवसाद जी आदि अन्य पात्र भी अपना

महत्वपूर्ण स्थान रखते हैं।

अश्क जी के छोटे उपन्यासों 'एक रात का नरक', 'बड़ी-बड़ी आँखें', 'पत्थर अल पत्थर' में भी ऐसे पात्रों की रचना हुई है जो सामान्य जीवन से काफी जुड़े हुए से लगते हैं। जीवन के हर क्षेत्र से उठाये हुए उनके पात्र बड़े ही जीवन्त हैं, एक तरफ रियासती ठाठ–बाट वाले (एक रात का नरक) राणा साहब, टिका खाँ हैं तो मनमौजी स्वभाव वाले भोलानाथ, रामलाल व पण्डित तेजभान हैं। पं0 तेजभान अपनी टोली के जान थे। 'उनमें मजाक करने और दूसरों के मजाक को सहने की शक्ति पराकाष्ठा को पहुँची हुई थी।'[25] 'पत्थर अल पत्थर' के खन्ना साहब मध्यवर्गीय चरित्र का प्रतिनिधित्व करते हैं, जो हसनदीन की दुखभरी कथा में खलनायक की भूमिका भी अदा करते हैं। जो 'गिरती दीवारें' के कविराज रामदास से कतई कम नहीं है। दूसरों का शोषण करने में वे वैसे ही कुशल हैं, जिस प्रकार कविराज कुशल हैं। 'यों ऊपरी तौर पर खन्ना साहब सम्पन्न ही नजर आते हैं.....मगर इन परतों को हटाकर जैसे ही उनके चरित्र की असलियत दिखने लगती है।.....हालाँकि वे पग–पग पर उदारता से पैसे खर्च करने की डींग हाँकते हैं, लेकिन मोल–भाव करने और मान–अपमान की परवाह किये बिना पैसे बचाने के लिए सदा तत्पर रहते हैं।'[26] वे निहायती धूर्त आदमी हैं, उनके मन में मजदूर और निम्नवर्ग के लिए किसी प्रकार की कोई सहानुभूति नहीं है। इसलिए वे उनका शोषण करने में कोई संकोच नहीं करते। अन्य पुरुष पात्रों में उप्पल साहब, हरनाम सिंह का नाम लिया जा सकता है, जो कथा को प्रवाहमान बनाये रखते हैं। उप्पल साहब मध्यवर्ग के एक सुसंस्कृत व्यक्ति हैं। पेशे से अध्यापक होने के कारण उनके व्यवहार में खन्ना साहब की तरह टुच्चापन नहीं है। शिक्षित होने के कारण उनमें उदारता विद्यमान है। किन्तु उनके चरित्र का एक दूसरा पक्ष भी है, वो है 'किसी के ऊपर होते अत्याचारों को देखकर भी नजरअन्दाज करना।' अपने स्वभाव के इसी पक्ष के कारण वे हसऩदीन पर हो रहे अत्याचारों को देखकर भी नजर–अन्दाज कर देते हैं। दूसरा पात्र हरनाम सिंह यद्यपि बड़े ही थोड़े समय के लिए कथा में उपस्थित होता है तथापि उसका प्रभाव बहुत ज्यादा पड़ता है। 'हरनाम सिंह' पुलिस का सिपाही है जिसका 'चरित्र' शोषक- उत्पीड़क सत्ता के एक पुर्जे का–सा

है।'[27] जो हसनदीन जैसे कमरतोड़ मेहनत करने वालों को खन्ना साहब जैसे लोगों से बचाने के बदले शोषण ही करता है। 'बड़ी–बड़ी आँखें' के पात्र भी अत्यन्त सजीवता के साथ चित्रित हुए हैं। देवा जी के सपने बड़े हैं, तीरथराम और हरमोहन कलुषित मानसिकता के चाटुकार व्यक्ति है। देवाजी 'देवनगर' के संस्थापक, देववाणी के सम्पादक और देवासेना के प्रधान सेनापति हैं। उनका व्यक्तित्व एक स्वप्नद्रष्टा व्यक्ति का है जिनकी कथनी और करनी में पूर्ण तादात्म्य नहीं है। वे चाटुकारिताप्रिय व्यक्ति हैं इसीलिए उन्हें वैसे ही लोग अपने आसपास अच्छे लगते हैं। अन्य पात्रों में तीरथराम और हरमोहन जैसे व्यक्ति भी हैं जो मन से तो कलुषित हैं किन्तु दिखाने के लिए आदर्श का आवरण ओढ़े हुए हैं। नन्दलाल और ज्ञानी जी देवनगर के सही अर्थों में देवसैनिक हैं जो देवाजी के आदर्शों पर चलते हुए उत्कृष्ट समाज की स्थापना की कामना पाले हुए हैं।

'अश्क के चरित्र–चित्रण की यह विशेषता है कि उन्हें अपने पात्रों के बारे में अपनी ओर से लम्बी–चौड़ी भूमिका नहीं बाँधानी पड़ी और न इन पात्रों को स्पष्ट रूप से उभरने के लिए विस्तृत घटनाक्रम आयोजित करना पड़ा है। 'पत्थर अल पत्थर' के पात्र–विशेष रूप से गौण पात्र–भले ही थोड़ी देर के लिए सामने आयें, मगर उतने में ही अपनी पहचान स्थापित कर लेते हैं। उपन्यास की पूरी कथा में जो कसाव है, वही उसके चरित्र–चित्रण में भी परिलक्षित होता है। अश्क के चरित्र घटना–प्रवाह के दौरान ही रूप लेते चलते हैं और उनके व्यक्तित्व की परतें एक के बाद एक घटनाओं के दौरान खुलती चलती हैं।'[28]

नारी पात्र :

पुरुष पात्रों की तुलना में अश्क जी ने स्त्री पात्रों के चित्रण में यद्यपि सहानुभूति से काम लिया है, फिर भी वे उन स्त्रियों का चित्रण करने में भी पीछे नहीं रहे जो स्वभाव से झगड़ालू, फूहड़, क्रूर और निर्मम हैं। नारी पात्रों की बहुरंगी सृष्टि अश्क के उपन्यासों की एक विशेषता है। जिसमें सम्भ्रान्त परिवार के साथ मध्यवर्ग और निम्नवर्ग के नारी पात्रों को सम्मिलित किया जा सकता है जो अपढ़ भी हैं तो पढ़ी–लिखी बुद्धिजीवी स्त्रियाँ भी हैं। स्वतन्त्र विचारों की हैं तो समाज के बेड़ियों और संस्कारों

में जकड़ी पति को परमेश्वर मानकर उनके अत्याचारों और दुर्व्यवहारों को सहने वाली स्त्रियाँ भी हैं।

सुविधा की दृष्टि से नारी पात्रों को भी दो भागों में बाँटा जा सकता है- मुख्यपात्र, गौणपात्र।

मुख्य नारी पात्र :

मुख्य नारी पात्रों में लता (सितारों के खेल), चन्दा (गिरती दीवारें), वाणी (बड़ी-बड़ी आँखें), सत्या जी (गर्मराख) आदि को रखा जा सकता है जो अश्क जी के उपन्यासों में महत्वपूर्ण भूमिका निभाती हैं।

'लता' (सितारों के खेल) उच्च शिक्षा प्राप्त की हुई स्वतन्त्र विचारों की एक भावुक नवयुवती है, जिसे दुनिया के सही-गलत का ज्ञान नहीं है। अपनी अतिभावुकता के कारण वह अपना सर्वस्व खो बैठती है। पहले उसे जगत से प्रेम होता है किन्तु उसके धोखा देने पर वह इतनी खिन्न हो जाती है कि बंसीलाल का सच्चा प्रेम भी उसे दिखायी नहीं देता और जब अपने प्रेम को ठुकरा दिये जाने पर अपने प्राणों को त्यागने के लिए उसके ही घर के दूसरे महले से बंसीलाल कूद कर अपने आपको मांसपिण्ड बना लेता है तो लता एक बार फिर भावुक हो उठती है और जी-जान से बंसीलाल की सेवा में लग जाती है। किन्तु इसी बीच उसके जीवन में तीसरा प्रेमी-पात्र डॉ0 अमृतराय आते हैं तो बंसीलाल को अपने प्रेम की राह में रोड़ा जानकर उसे विष देने में संकोच नहीं करती। चूँकि लता जो कुछ भी करती है वो बिना कुछ सोचे-समझे करती है, इसलिए उसे अन्ततः कुछ भी हासिल नहीं होता। भावुकता में किया गया उसका अपराध अन्ततः उसे अपने प्राणों को त्यागने पर बाध्य कर देता है। अन्ततः उसे अपनी अज्ञानता का एहसास होता है और वह अपने-आपको क्षमा नहीं कर पाती। अन्त में उसका यह कहना कि 'बंसीलाल को मारकर पाप किया या पुण्य, यह मैं नहीं जानती, डॉक्टर साहब। पर यह सब अच्छा ही हुआ। उसके और मेरे मध्य जो परदा छा गया था, मौत ने उसे हरा दिया और उस पर्दे के हट जाने पर वह और मैं आमने-सामने हो गये।'[29] उसके अतिसंवेदनशील मनःस्थिति का प्रतीक है।

'गिरती दीवारें' की 'चन्दा' सामान्य शक्ल-सूरत वाली, अधपढ़ी और फूहड़ युवती है किन्तु 'वह उपन्यास की सर्वाधिक संवेदनशील

और मानवीय पात्र है।....वह अपने तमाम मौन के बावजूद नायिका है।'[30] चन्दा का चरित्र निरन्तर विकासशील चरित्र है। चूँकि 'गिरती दीवारें' के अगले खण्डों में चन्दा को अश्क जी ने ज्यादा महत्व दिया है इसलिए उसके व्यक्तित्व का विकास दिखाई पड़ता है। प्रारम्भ में चन्दा एक मोटी–मुटल्ली सुस्त लड़की के रूप में दिखाई देती है किन्तु आगे चलकर उसका व्यक्तित्व प्रखर बुद्धि की और साफ–सुथरी युवती की बनती है। जो अपने पति का हर कदम पर साथ देती है। उसे चेतन पसन्द तो नहीं करता किन्तु कुछ सालों के साथ में उसकी अच्छाइयों और निश्छल प्रेम ने उसे जीत लिया। 'लेकिन उसका प्यार धरती से फूट उठने वाले झरने की तरह नहीं था, जो अपने वेग को दबा नहीं सकता, मुखर होकर निकल पड़ता है, बल्कि किसी शान्त सरोवर की तरह था, जो घने पेड़ों की शीतल छाया में मौन, मूक अपने किनारों में संयत रहकर निकट आने वाले की अशान्ति और श्रान्ति हर लेता है।'[31] चंदा की ही भाँति सत्याजी (गर्मराख) भी अत्यन्त शांत, शालीन युवती हैं किन्तु वे चंदा की भाँति अपढ़ या फूहड़ नहीं है, बल्कि अत्यन्त सुघड़, सुशिक्षित, संस्कारी शिक्षिका हैं, जो जगमोहन को प्रेम करती हैं किन्तु जगमोहन को उनकी शालीनता के बदले उन्हीं की बहन दुरो की अल्हड़ता भाती है। सत्याजी का व्यक्तित्व ऊपर से जितना गंभीर दिखायी देता है वे हृदय से उतनी ही तरल हैं। लता की भाँति उनमें भी अत्यन्त भावुकता है और इसी भावुकता के कारण सत्याजी जगमोहन से ठुकराये जाने पर रंगून के एक अधेड़ कुरूप मिलिट्री मैन से विवाह करने पर राजी हो जाती है।

'बड़ी–बड़ी आँखें' की वाणी तेरह–चौदह बरस की किशोरी लड़की है। जो अपने पिता के लेखों और कहानियों की नायिकाओं की भाँति 'उसने देखना, बोलना, हृदय की भावनाओं को आँखों में भरना और अपने सामने बैठे व्यक्ति के हृदय में अपनी दृष्टि को उतार देना सीखा था।'[32] वह संगीत से प्रेम करती है किन्तु उसका प्रेम वासना से रहित स्निग्धा प्रेम था। वह अति संवेदनशील युवती है जो दूसरों का दुख–दर्द समझती है। वाणी की बड़ी–बड़ी आँखों की संवेदनशीलता ने ही संगीत को वह दृष्टि प्रदान की, जिसके कारण संगीत अपने जीवन में अपना एक आदर्श बना पाता है। संगीत अगर गरीब लड़के नबी के लिए देवनगर के लोगों से लड़ पाता है,

तो उसकी प्रेरणा वाणी ही होती है। अश्क जी ने वाणी के रूप में एक किशोरी लड़की और उसके मनोभवों को चित्रित करने में पूर्ण सफलता पायी है। उन्होंने स्त्री पात्रों के हर रूप को अपने उपन्यासों के माध्यम से पाठकों के सामने रखा है, जिसमें अगली कड़ी के रूप में निमिषा का चित्रण दिखायी पड़ता है। 'निमिषा' अश्क जी के उपन्यासों की पहली ऐसी स्त्री पात्र है जो निम्न–मध्यवर्ग से न होकर सम्भ्रान्त परिवार से है। उसका चरित्र दृढ़ इच्छाशक्ति वाली युवती का है, जो सम्भ्रान्त परिवार से ताल्लुक रखती है और जो अत्यन्त व्यवहारिक है। किन्तु उसके जीवन की ट्रेजिडी यह है कि उसे एक निम्न–मध्यवर्ग के भीरु, कायर व स्वार्थी युवक से प्रेम हो जाता है। गोविन्द उसे अपने परिवार के दबाव में आकर धोखा देता है किन्तु फिर भी निमिषा उसे माफ कर देती है। इससे उसके हृदय की सरलता का भी पता चलता है।

नारी के विभिन्न रूप- जैसे कि हमारे मध्य या निम्न–मध्यवर्ग समाज में है- अश्क की रचनाओं में देखे जा सकते हैं। निमिषा, सत्याजी और दुरो जैसी मॉडर्न, सशक्त, स्वतन्त्र, अपनी किस्मत बनाने वाली, जिन्दगी की तमाम असमानताओं से जूझने वाली नारियाँ हैं तो पति या प्रेमी को परम्परागत रूप में प्रेम करने वाली निम्न–मध्यवर्गीय नारियाँ भी हैं।

गौण नारी पात्र :

अश्क के उपन्यासों में गौण नारी पात्रों की भरमार है। उनके कुछ नारी पात्र तो इतना सशक्त बन पड़े हैं कि उनका महत्व मुख्य पात्रों से भी ज्यादा जान पड़ता है। 'गर्मराख' की दुरो और 'गिरती दीवारें' की नीला इसी श्रेणी में आती हैं। दुरो और नीला का चरित्र इतना सशक्त है कि उनके आगे सत्या और चन्दा का व्यक्तित्व दब सा गया है। दुरो वय–संधि की सीमा को पार करती हुई एक भावुक लड़की है। उसे समाज–सेवक हरीश से प्रेम है और उसके लिए वह वो सब कुछ करने को तैयार है, जिससे उसे हरीश का सानिध्य प्राप्त हो। 'ओढ़ि पितम्बर लै लकुटी' के अनुसार हरीश की खातिर वह सब कुछ करने को तैयार दिखती है और कई बार तो वह हरीश की प्रतिच्छाया–सी लगने लगती है- वैसे ही विचार, वैसा ही दृष्टिकोण और यहाँ तक की बात करने का लहजा तक वह हरीश–जैसा अपना लेती है। भावुकता की दृष्टि से दुरो–जैसी लड़कियों की कमी

निम्न–मध्यवर्गीय समाज में नहीं, लेकिन उसमें एक ऐसी विशेषता भी है, जो सामान्यतः भावुक लड़कियों में नहीं पायी जाती। वह है आत्मविश्वास और छिछोरेपन के प्रति बेझिझक आक्रोश जो उसके चरित्र के लिए रक्षा–कवच है।'[33] 'गिरती दीवारें' में नीला उपन्यास की नायिका चन्दा से ज्यादा महत्वपूर्ण नजर आती है। 'गिरती दीवारें' में चेतन और नीला की प्रेम कहानी ही मुख्य रूप से नजर आती है। नीला सुन्दर, सुसंस्कारी और समझदार लड़की है। जो चेतन को और उसके विचारों को अच्छी तरह से समझती है और चेतन जिससे सबसे ज्यादा प्रभावित होता है। अन्य गौण पात्रों में चेतन की लाजवन्ती देवी, केसर, प्रकाशो, मन्नी, परदादी गंगादेई, भाभी चम्पादेवी, गौरा की माँ, कविराज की पत्नी, कुन्ती, चेतन की सास, सोहनी, केसरी चौधारायन, ज्वाली महरी जैसी अनेक स्त्री पात्रों से उनके उपन्यास भरे पड़े हैं। चेतन की माँ लाजवन्ती देवी एक पतिव्रता स्त्री हैं जो अपने पति को परमेश्वर समझती है 'जिनके दिल–दिमाग धर्म–शास्त्रों पण्डितों और पुरोहितों ने बुरी तरह जकड़ रखे हैं। स्वर्ग पाने के लिए ही वे पति को परमेश्वर समझती हों, यह बात नहीं। बचपन से ही उन्हें सिखाया जाता है कि पति अन्धा, काला, लूला, लंगड़ा, निर्धन, शराबी, जुआरी–कैसा भी क्यों न हो, पत्नी के लिए वह परमेश्वर है। उसकी अवज्ञा करना महापाप है। इसलिए पतिव्रत्य धर्म उनके स्वभाव का एक अंग बन जाता है।'[34] इसीलिए अपने पति पं0 शादीराम से आजीवन प्रताड़ित रहने के बावजूद कभी उनकी आलोचना नहीं की, यहाँ तक कि अपने बच्चों को भी सदा उनका आदर करना ही सिखाया। वहीं चेतन की परदादी गंगादेई पुराने और दकियानूसी विचारों की महिला थीं। 'हजारों देवी–देवताओं, पीरों–फकीरों में विश्वास रखने वाली और पुरोहिताई को प्रत्येक ब्राह्मण का धर्म समझने वाली सख्त लड़ाकी, कर्कशा ब्राह्मणी थीं। उनके जीवन का अधिकांश समय अपनी पुरोहिताई और धर्म को बनाये रखने में लग जाता था, जो बचता था उसमें कुछ लड़ाई–झगड़े और शेष पीरों–फकीरों की भेंट हो जाता था।'[35] परदादी की ही भाँति चेतन की भाभी चम्पा देवी एक नम्बर की झगड़ालू औरत का पात्र है, जो दिन–रात या तो झगड़ती या इधर–उधर बैठी रहतीं, घर में किसी काम से भी उन्हें सरोकार न था। जो लड़ना–झगड़ना और अपने अहंकार में रत रहना खूब जानती थीं।

'द्वेष उनके स्वभाव में कूट–कूट कर भरा था।'[36] केसर, प्रकाशो और मन्नी निम्न–मध्यवर्ग की ऐसी युवतियाँ हैं जो अभावों में ही पली हैं और जिनके अन्दर कुण्ठित काम–भावना विद्यमान है अपने इसी काम–भावना के कारण वे चेतन के सम्पर्क में आती हैं। इनके अतिरिक्त गौरा की माँ, चौधरायन जैसी अनेक निम्न– मध्यवर्गीय महिलाओं का चित्रण हुआ है जो अत्यन्त झगड़ालू प्रवृत्ति की, लड़ाई की कला में विशेष रूप से पारंगत हैं और जो 'कला–कला के लिए' में पूरा विश्वास रखती हुई कला की साधना–मात्र के लिए लड़ा करती थीं।'[37] ऐसी पात्रों में एक हैं– देबू की माँ– जो अत्यन्त झगड़ालू स्त्री है। वो न सिर्फ मुहल्लेभर की स्त्रियों से झगड़ती थी बल्कि अपने पति तक को अवसर मिलने पर पीट देती। 'शहर में घूमता आईना' में उसके चरित्र की इसी विशेषता को चित्रित करते हुए अश्क ने लिखा है– 'देबू काने की माँ– सख्त लड़ाकी स्त्री थी। मुहल्ले में तो यह भी प्रसिद्ध था कि वह ज्योतिषी जी को पीट भी देती है। जो स्त्री अपने पति को पीट दे, वह अपने बच्चों से क्या प्यार करती होगी।'[38]

'गर्मराख' की गौण पात्रों में दुरो के अतिरिक्त शान्ता, जगमोहन की भाभी आदि हैं। शान्ता देवी जो एक विद्यालय की प्रधान–अध्यापिका हैं, चरित्र से अत्यन्त रसिक हैं। विवाह पूर्व उनका प्रेम संबंध एक कांग्रेसी युवक के साथ होता है, जिससे उन्हें एक सन्तान भी होती है। विवाह के बाद भी उनके रसिकता में कोई कमी नहीं आती और वे कवि चातक के सम्पर्क में आ जाती हैं।

इनके अतिरिक्त राजरानी (सितारों के खेल) और चन्द्रा (बांधों न नाँव इस ठाँव) जैसी स्त्री–पात्र भी अश्क के उपन्यासों में मिलती हैं। राजरानी कहने को तो गौण पात्र हैं किन्तु वह लता की अपेक्षा कहीं ज्यादा सशक्त पात्र है। वह लता की अपेक्षा मन–मस्तिष्क से स्वस्थ एवं समय की पहचान रखने वाली युवती है। राजरानी निम्न–मध्यवर्गीय परिवार की लड़की है, जिसे अपने भाई बंसीलाल से अत्यन्त प्रेम है और जो उसकी देख–भाल माँ की तरह करती है। बंसीलाल जब अस्पताल में मौत से लड़ता है तब राजरानी अपने शरीर का मांस देकर उसकी रक्षा करती है। 'राजरानी बंसीलाल की छोटी बहन तो थी, पर उसे बंसीलाल से जो प्रेम था, उसकी देखभाल वह जिस स्नेह से करती थी, उसमें बड़ी बहन के

प्रेम की–सी चाशनी थी।'[39] चन्द्रा (बांधो न नाँव इस ठाँव) एक सुन्दर, चंचल किशोरी है। जिसे पढ़ाने के लिए चेतन शिमला जाता है। चन्द्रा मन से चंचल होने के कारण चेतन को हमेशा अपनी ओर आकर्षित करने का प्रयास करती, उसका मन पढ़ाई में न लगता, इसी कारण मैट्रिक में वह दो बार फेल हो जाती है। शारीरिक तौर पर वह जितनी आकर्षक थी, बुद्धि से उतनी ही कूढ़–मगज, कुन्द जेहन, परम मूर्खा, बेपरवाह लड़की जो हमेशा शरारती कामों में लगी रहती है। 'निमिषा' की माला अत्यन्त मूढ़ युवती है। गोविन्द के साथ धोखे से ब्याही गयी माला में न रूप है, ना ही कोई गुण। वह अनपढ़, फूहड़ और बेशर्म युवती है, जो हमेशा गोविन्द पर शक करती रहती है। झगड़ालू प्रवृत्ति की होने के कारण वह अपने पति गोविन्द से हमेशा झगड़ा करती रही है। उसके दुर्व्यवहारों के कारण ही अन्ततः गोविन्द उसे छोड़कर बंगलौर जाने की सोचता है।

कुछ नारी पात्रों के दुर्गुणों को दिखाने के बावजूद अश्क ने नारी पात्रों के चित्रण में सहानुभूति से काम लिया है। उन्हें नारी पात्रों की अशिक्षा, उनका निम्न–मध्यवर्गीय जीवन, उनके रूढ़िगत एवं परम्परागत संस्कार और उनके अभाव के प्रति भारी असन्तोष है। यही कारण है कि निम्न–मध्यवर्गीय जीवन की चक्की में पिसती हुई नारियों के प्रति अपने उपन्यासों में उन्होंने सहानुभूति से काम लिया है। स्त्रियों के प्रति उनके मन में सहानुभूति जरूर है किन्तु फिर भी स्त्रियों के लिए उनका दृष्टिकोण कुछ अलग है, जिसे वे दृष्टि–प्रतिदृष्टि में व्यक्त करते हुए लिखते हैं– 'नारी पुरुष को उसका नैतिक केन्द्र प्रदान करती है या कर सकती है, लेकिन सभी नारियाँ ऐसा नहीं करती, न कर सकती हैं। नारियाँ–पुरुषों को भटका भी सकती है, अनैतिक काम करने की प्रेरणा अचेतन रूप से दे सकती है। उसे यदि उठा सकती हैं तो गिरा भी सकती हैं। लेकिन 'गिरती दीवारें' की दो नारियाँ–चेतन की माँ और उसकी पत्नी– क्रमशः उसके पिता को और उसे नैतिक केन्द्र प्रदान करती हैं।'[40]

निष्कर्षतः कहा जा सकता है कि अश्क जी ने बड़ी ही पैनी दृष्टि से अपने पात्रों के चरित्रों को रचा है। सामाजिक विषमता और तज्जन्य विकृतियों का शिकार बने हुए व्यक्तियों के चित्रण में उन्होंने अपूर्व कौशल दिखाया है। अश्क जी के उपन्यासों के नायक प्रायः निम्न मध्यवर्ग के

युवा हैं, जिनके घुटन, संघर्ष और अहं का चित्रण अश्क के उपन्यासों में दिखाई पड़ता है। उन्होंने स्वयं कहा है– 'मेरे अधिकांश उपन्यासों के पात्र निम्न–मधयवर्ग के बौद्धिक युवक हैं और जैसा कि मैंने उन्हें देखा है, वैसा ही चित्रित कर दिया है। समझौता करके प्रसन्न रहने वाले अबौद्धिक होते हैं, लेकिन जो सोचते– समझते हैं, चिन्तन और मनन करते हैं, घुटन, चिन्तन और जिन्दगी भर घुलना उनका भाग्य है जब तक कि वे अपनी मनचाही राह नहीं पा लेते।.....वे युवा हैं, बदलने के क्रम में हैं, विद्रोही हैं और उनके बारे में कोई अन्तिम बात नहीं कही जा सकती।'[41]

अश्क जी के चरित्र–चित्रण की यह विशेषता है कि उन्हें अपने पात्रों के बारे में अपनी ओर से लम्बी–चौड़ी भूमिका नहीं बांधनी पड़ी और ना इन पात्रों को स्पष्ट रूप से उभारने के लिए विस्तृत घटनाक्रम आयोजित करना पड़ा है। उन्होंने समाज के विभिन्न वर्गों के प्रतिनिधि पुरुष तथा स्त्री–पात्रों के चित्रण में यथार्थ दृष्टि अपनायी है। यथार्थ के अभाव में वर्गगत चरित्र सजीव आकृतियों में उभर ही नहीं सकते। यथार्थ चित्रण के कारण ही अश्क जी के उपन्यासों के सम्पूर्ण पात्र अपनी वैयक्तिक विशेषताओं के साथ स्पष्ट रूप में उभर पाये हैं।

अश्क जी के चरित्र–चित्रण में एक और विशेषता पायी जाती है– बुरे पात्रों का विशेष रूप से चित्रण। अश्क जी को पूर्ण अच्छे पात्रों की अपेक्षा बुरे पात्र ज्यादा आकर्षित करते हैं। इसीलिए उनके उपन्यासों में नकारात्मक पात्र ज्यादा दिखलायी पड़ते हैं। उन्होंने इस बात को स्वयं स्वीकार किया है– 'मुझे यह स्वीकार करने में संकोच नहीं कि शत–प्रतिशत भले पात्र मुझे आकर्षित नहीं करते। बुरे पात्र क्यों बुरे हैं, क्यों वैसा आचरण करते हैं, यह बात मुझे ज्यादा आकर्षित करती है और उनके बारे में लिखना मुझे भाता है, क्योंकि जिन्दगी को जानने और समझने के लिए उन्हें जानना और समझना जरूरी है।'[42]

अश्क के उपन्यासों में पात्रों की संख्या ज्यादा है किन्तु वे कहीं भी नीरस नहीं दिखायी पड़ते। विभिन्न मनोवृत्तियों वाले विभिन्न पेशों वाले एक से बढ़कर एक पात्र पाठक के नेत्रों के सामने से गुजरते हैं और पाठक आसानी से उन्हें पहचानता चलता है।

चरित्र-चित्रण में मनोवैज्ञानिकता :

यद्यपि अश्क जी के उपन्यासों में मनोवैज्ञानिक पात्रों का प्राय: अभाव है, फिर भी कहीं-कहीं पात्रों की मन:स्थितियों का बड़ा ही मनोवैज्ञानिक चित्र मिलता है। जैसे- ''सितारों के खेल'' की प्रमुख पात्र लता की चारित्रिक अवस्थाओं का चित्रण लेखक द्वारा सतर्क मनोवैज्ञानिक दृष्टि से हुआ है। वह बंशीलाल नामक पात्र के निरन्तर दोहराये जाने वाले प्रेम-निवेदनों की हृदयहीनता से ठुकरा देती है, परन्तु दुर्भाग्यवश जब वह वातायन से गिरकर अपनी मुखाकृति और शरीर को विकृत बना लेता है और अपने को अंग-भंग कर लेता है, उसके दाँत टूट जाते हैं, हाथ-पैर टूट जाते हैं तथा मस्तिष्क विकृत हो जाता है तब वही नायिका उसकी प्राण रक्षा करने के लिए अपने प्राण बलिदान कर देने के लिए प्रस्तुत हो जाती है। यही नहीं, वह उसकी जीवनरक्षा में सफल भी होती है और अन्त में उसे विष देकर मार भी डालती है।'[43] डॉ0 अमृत राय में भी यह मनोस्थिति देखने को मिलती है। डॉ0 राय पहले स्वयं ही बंसीलाल को विष देकर मार डालना चाहते हैं, पर वे उसे विष देने में असफल हो जाते हैं, किन्तु जब उन्हीं के कहने पर लता बंशीलाल को विष देती है तो उसके इस कृत्य पर उन्हें लता से घृणा हो जाती है और उनका उससे मोह भंग हो जाता है। 'गिरती दीवारें' में भी चेतन के चरित्र में मनोवैज्ञानिक स्थिति देखने को मिलती है। जब वह कविराज रामदास के साथ शिमला में चैडविक प्रपात देखने जाता है। कविराज उसे गीत सुनाते हैं और चेतन उनके बारे में सोचता है- 'यह शख्स, जिसे वह केवल एक चालाक व्यापारी, एक हृदयहीन शोषक समझता था, अपने सीने में दिल भी रखता है।'[44] उनका गीत 'सुनते-सुनते नयी श्रद्धा से उसका मन प्लावित हो उठा। वह भूल गया कि कविराज शोषक है, व्यापारी है, दुनियादार है। उसके सामने रह गया केवल उनका कलाकार, जो अनायास अपने सारे आवरण उतार कर गा उठा था, रह गया केवल मानव.....।'[45] इस प्रकरण में चेतन के चरित्र में मनोवैज्ञानिकता देखी जा सकती है।

चेतन को केन्द्र में रखकर अश्क ने 'गिरती दीवारें' में अनेक निम्न-मध्यवर्गीय पात्रों के मनोवैज्ञानिक पक्ष को सामने रखा है। उनके उपन्यासों का कोई भी पात्र ऐसा नहीं है जिसे कृत्रिम, अयथार्थ अथवा कपोलकल्पित

कह सकें। चेतन के बड़े भाई रामानन्द जिन्हें घर के सुख–दुख तो दूर रहे अपनी परेशानियाँ भी छू न पाती थीं, जिनकी निर्लिप्तता में किसी भी प्रकार की समस्या, परेशानी बाधा नहीं उत्पन्न कर पाती थी, बात–बात में झगड़ा करने वाली उसकी भाभी, शराब पीकर मार–पीट, गाली–गलौज करने वाले उसके पिता, परोपकार की मूर्ति बने धूर्त कविराज आदि सभी के चरित्र के विविध पक्षों को, 'पत्थर अल पत्थर' के हसनदीन की भाग्यवादी सोच और उसके निम्नवर्गीय चारित्रिक विशेषताओं को, खन्ना साहब के कंजूसी और शोषक रूप का तथा 'गर्मराख' के जगमोहन के पल–पल बदलते भावनाओं के मनोवैज्ञानिक पक्ष को अश्क जी ने बड़ी ही कुशलता से चित्रित किया है।

अश्क अपने उपन्यासों में सिर्फ वातावरण के जीवन्त चित्रण पर ही ध्यान नहीं दिये हैं, वे उस वातावरण में जिन्दगी जी रहे अनेक वर्गों के पात्रों का भी यथार्थता और गहरी दृष्टि के साथ चित्रण किये हैं। 'अश्क जी सामान्य जीवन के पक्षधर हैं। अपनी लेखनी में भी उन्होंने कभी महानता से प्रेरित होकर कोई चरित्र नहीं उठाया है। उन्होंने हमेशा निम्न–मध्यवर्गीय जीवन को अपनाया है और हमेशा उसी को अपने कथा साहित्य में अनेक रूपों में प्रस्तुत किया है।'[46] इसी कारण उनके पात्र जीवन के इतने करीब के होते हैं। उनके सभी पात्र संघर्षों का सामना तो करते हैं किन्तु उन सामाजिक विषमताओं पर उन्हें आक्रोश नहीं आता, वे समस्त कठिनाइयों को अपनी नियति मान जीये जाते हैं। इस सन्दर्भ में अश्क जी तर्क देते हुए कहे हैं– 'बात कलापूर्ण और सूक्ष्म, लेकिन पुर–असर ढंग से कहनी हो तो लेखकीय दखलअन्दाजी की जरूरत नहीं। अपनी रचनाओं में मैं कहीं नहीं आता। मेरी रचनायें अपने पूरे परिवेश, चरित्र–चित्रण, सम्वादों और रूपाकार से उस सत्य की ओर इंगित करती है, जिसे मैं पाठकों तक पहुँचाना चाहता हूँ। मेरे पात्र– 'पत्थर अल पत्थर' का हसनदीन हो या चेतन की माँ हो या फिर चेतन हो– कोई आन्दोलन नहीं करते, नारे नहीं लगाते, बहसें नहीं करते, न लेखक ही उनके पक्ष से कुछ कहता है। अपनी बेबसी में वे सन्तुष्ट भी दिखाई देते हैं, लेकिन पूरी रचना उस व्यक्ति अथवा समाज के खिलाफ एक गहरा आक्रोश पाठक के मन में पैदा कर देती है, जो उन पर अत्याचार तोड़ता है या उनका शोषण करता है।[47]

निष्कर्षत: कहा जा सकता है कि अश्क के पात्र सामान्य जीवन से उठाये गये पात्र हैं, जो आम जीवन जीते हैं तथा जो निम्न-मध्यवर्ग के तमाम संघर्षों, गंदगी-गजालत, वैमनस्य का एक हिस्सा है। उनके सभी पात्रों का अपना महत्व है, जो मुख्यपात्र के परिवेश व उसके व्यक्तित्व को पूर्ण उभारने में सहायक हुए हैं। जिस प्रकार मुंशी प्रेमचन्द ने किसानों और मजदूरों के चित्रण के द्वारा उनके जटिल जीवन व संघर्षों की तरफ पाठकों का ध्यान आकर्षित किया, ठीक उसी प्रकार अश्क ने निम्न-मध्यवर्गीय जीवन के पात्रों को अपने उपन्यासों में उठाया और उनके संघर्षों, विषमताओं, शोषण, गंदगी, कुण्ठा आदि का यथार्थ रूप पाठकों के सामने रखा है।

संदर्भ

1. हिन्दी उपन्यासों में नायक–कुसुम वार्ष्णेय, पृ0 115
2. गिरती दीवारें : दृष्टि–प्रतिदृष्टि–अश्क, पृ0 58
3. वही, पृ0 117
4. वही, पृ0 117
5. वही, पृ0 117
6. उपन्यासकार अश्क–डॉ0 इन्द्रनाथ मदान, पृ0 33
7. गिरती दीवारें–अश्क, पृ0 196
8. गर्मराख–उपेन्द्रनाथ अश्क, पृ0 122
9. निमिषा–अश्क, पृ0 6
10. उपन्यासकार–अश्क, ले0– उपेन्द्रनाथ अश्क, पृ0 76
11. उपन्यासकार–अश्क, ले0 सतीशचन्द्र श्रीवास्तव, पृ0 239
12. पत्थर अल पत्थर–अश्क, पृ0 34
13. साक्षात्कार और विचार 3, अश्क, पृ0 160–61
14. गिरती दीवारें–अश्क, पृ0 121
15. वही, पृ0 275
16. गर्मराख–अश्क, पृ0 10
17. एक रात का नरक–अश्क, पृ0 23
18. पत्थर अल पत्थर–अश्क, पृ0 37
19. वही, पृ0 41
20. वही, पृ0 43
21. सितारों के खेल–अश्क, पृ0 200
22. गिरती दीवारें : दृष्टि–प्रतिदृष्टि–अश्क, पृ0 74
23. वही, पृ0 370
24. उपन्यासकार–अश्क–सतीशचन्द्र श्रीवास्तव, पृ0 240
25. उपन्यासकार–अश्क–ले0– सुरेन्द्रपाल, पृ0 201
26. गिरती दीवारें–अश्क, पृ0 69
27. वही, पृ0 65
28. वही, पृ0 142
29. वही, पृ0 59
30. शहर में घूमता आईना–अश्क, पृ0 185
31. सितारों के खेल–अश्क, पृ0 70

32. गिरती दीवारें : दृष्टि–प्रतिदृष्टि–अश्क, पृ0 160
33. साक्षात्कार और विचार–3, अश्क, पृ0 160
34. उपन्यासकार अश्क–ले0– अश्क, पृ0 73
35. हिन्दी उपन्यास कला–ले0– प्रताप नारायण टण्डन, पृ0 107–08
36. गिरती दीवारें–अश्क–पृ0 256
37. वही, पृ0 256
38. विवादों के घेरे में–लक्ष्मीकान्त वर्मा, पृ0 23
39. वही, अश्क, पृ0 77–78

षष्ठ अध्याय

अश्क की सामाजिक दृष्टि में व्यंग्य

समाज की समस्याओं, उसकी कुरूपताओं, मानव–मन की दुर्बलताओं को सचेत दृष्टि से पकड़ने के लिए और बिना किसी प्रकार के संकोच और रियायत के उसकी आलोचना करने के लिए व्यंग्य का प्रयोग किया जाता है।

साहित्य में 'व्यंग्य' शब्द नया नहीं है अपितु व्यंग्य की परम्परा अत्यन्त प्राचीन है। व्यंग्य के दर्शन भारतीय साहित्य में सर्वप्रथम वेदों के माध्यम से होते हैं। इसके अतिरिक्त संस्कृत साहित्य में भी व्यंग्य की परम्परा दिखाई पड़ती है किन्तु संस्कृत में व्यंग्य विधा को हास्य के अन्तर्गत ही रखा गया है। 'वास्तव में व्यंग्य की उत्पत्ति 'व्यंजना–शब्द–शक्ति' से हुई है, जिसमें प्रस्तुत शब्दों का अर्थ उनके लोकव्यापी अर्थ से भिन्न किन्तु प्रभाव की दृष्टि से अधिक शक्तिशाली होता है। व्यंग्य+यत् का शाब्दिक अर्थ शब्द की व्यंजना शक्ति द्वारा निकलने वाला अर्थ है।"[1]

व्यंग्य का प्रयोग साहित्य में मानव–जीवन के संघर्षों, समस्याओं और उच्चवर्गों द्वारा नीचे के तबकों के लोगों का हो रहे शोषण की अभिव्यक्ति के लिए किया जाता है। समाजवादी साहित्यकारों ने समाज में फैले शोषण और अनाचार को अपने लेखन का विषय बनाया और उसके विकृतियों, छल–प्रपंच, वाह्याडम्बरों को लक्ष्य बनाकर उन पर तीक्ष्ण व्यंग्य का प्रयोग कर, उन विरुपताओं पर पाठकों का ध्यान आकर्षित कराया। व्यंग्य एक सहज अभिव्यक्ति है, जो हर रचना में बीजरूप में उपस्थित रहता है। आधुनिक व्यंग्य से मिलती–जुलती रचनाओं का हमारे साहित्य–सम्पदा में कभी अभाव नहीं रहा। 'वैसे तो व्यंग्यात्मक आवेश वेदों में भी मिल जाते हैं, किन्तु नाट्यशास्त्र में व्यंग्यात्मकता के स्पष्ट संकेत हैं। सिद्ध साहित्य में पूजा–पाठ करने वाले पण्डितों, गंगास्नान आदि को पुण्य–कर्म मानने वाले

पौराणिक धर्मावलम्बियों पर व्यंग्य किया गया है।'[2]

व्यंग्य शब्द की व्युत्पत्ति अंग्रेजी के 'सटायर' शब्द से हुई है। 'सटायर' शब्द की व्युत्पत्ति लैटिन भाषा के 'सैटुरालेक्स' से हुई है। 'सैटुरालेक्स' का अर्थ है– 'प्राचीन काल में प्रकृति देवी से रीज के भेद हेतु वर्ष के प्रथम फलों से भरी हुई तस्वीर। 'तत्पश्चात् इस शब्द के अर्थ में परिवर्तन हुआ और इसका प्रयोग नाना प्रकार के संग्रह के अर्थ में हुआ, जो गद्य अथवा पद्य दोनों शैलियों में लिखा जाता था और जिसमें दुर्वचनों तथा अश्लील शब्दों का भी व्यवहार रहता था। क्रमशः लेखकों ने दुर्वचनों तथा अश्लीलता के प्रयोग को हटाकर 'सटायर' में व्यंग्य के माध्यम से सुधार का उद्देश्य अपने सम्मुख रखा।'[3]

'सटायर' शब्द का ही हिन्दी रूपान्तरण 'व्यंग्य' है। 'सटायर' शब्द और 'व्यंग्य' समानार्थी नहीं है। किन्तु हिन्दी में अभी तक कोई ऐसा शब्द नहीं निर्मित हुआ जो 'सटायर' शब्द का समानार्थी हो सके। यह अलग बात है कि 'व्यंग्य' में भी 'सटायर' के समान तीव्र आघात, आक्रोश, नफरत और कड़वाहट होती है।

पश्चिम में व्यंग्य–रचना की एक दीर्घ एवं प्राचीन परम्परा रही है। अतएव पाश्चात्य में व्यंग्य के उद्देश्यों पर व्यापक दृष्टिपात किया गया।

व्यंग्य को परिभाषित करते हुए 'मेरीडिथ' ने कहा है– 'यदि आपको किसी रचना में ऐसा उपहास दिखाई दे कि उपहासास्पद के प्रति आपकी दयाभावना समाप्त प्राय हो जाय तो आप 'सटायर' की पकड़ में आते हैं।'[4] एक–दूसरे स्थान पर मेरीडिथ ने लिखा है कि 'व्यंग्यकार एक सामाजिक ठेकेदार होता है, बहुधा यह एक सामाजिक सफाई करने वाला है जिसका काम गन्दगी के ढेर को साफ करना होता है।'[5]

अंग्रेजी के एक 'शब्दकोष' के अनुसार– 'व्यंग्य एक विशेष किस्म की ऐसी साहित्यिक रचना होती है जिसमें मूर्खता, दोष, अनुचित आचरण तथा विकार इत्यादि की विगर्हणता सहित निन्दा की जाती है।'[6]

ए0 निकल ने लिखा है– 'व्यंग्य के कटु हो सकने की सीमा हास्यास्मकता का अभाव तक हो सकता है क्योंकि व्यंग्य की मारक क्षमता

अत्यन्त तीव्र होती है। इसमें नैतिकता का अभाव होता है एवं करुणा, उदारता इत्यादि का कोई स्थान नहीं होता।'[7]

पाश्चात्य साहित्य की भाँति ही व्यंग्य भारतीय साहित्य में नया नहीं है, इसका प्राचीनरूप संस्कृत साहित्य में उपलब्ध है, किन्तु बहुत कुछ हास्य के अन्तर्गत ही इसका उल्लेख होता रहा है। संस्कृत के प्रथम आचार्य भरतमुनि ने व्यंग्य को परिभाषित करते हुए कहा है कि 'दम्भ, पाखण्ड का चित्रण ही व्यंग्य का मूल धर्म है। आडम्बर या पाखण्ड इत्यादि से दो–चार होना एवं उस पर प्रहार करने की आक्रोशपूर्ण मनःस्थिति से ही पाखण्ड का जन्म होता है।'[8]

इनके अतिरिक्त अन्य संस्कृत आचार्यों ने भी व्यंग्य के महत्व को स्वीकार किया है किन्तु उन्होंने भी व्यंग्य की परिणति हास्य के माध्यम से ही माना है।

हजारी प्रसाद द्विवेदी ने व्यंग्य के विषय में कहा है– 'व्यंग्य वह है, जहाँ कहने वाला अधरोष्ठ में हँस रहा हो और सुनने वाला तिलमिला उठा हो, फिर भी कहने वाले का जवाब देना और भी उपहासास्पद बना लेना हो जाता है।'[9]

हिन्दी के उत्कृष्ट व्यंग्यकार हरिशंकर परसाई व्यंग्य को परिभाषित करते हुए कहते हैं 'व्यंग्य जीवन से साक्षात्कार कराता है, जीवन की आलोचना करता है, विसंगतियों, मिथ्याचारों और पाखण्डों का पर्दाफाश करता है।'[10]

व्यंग्यकार अमृतराय के अनुसार– 'अच्छी व्यंग्य रचना पढ़कर आदमी कभी जोर–जोर से नहीं हँसता, बस एक हल्की सी, जहरीली सी मुस्कुराहट उसके होठों पर आ जाती है।'[11]

प्रो. जगदीश पाण्डेय ने अपनी पुस्तक 'हास्य के सिद्धान्त तथा मानस में हास्य' में लिखा है कि 'उपहास विशेषतः उस युग में या उस व्यक्ति से ठीक उतरता है, जिसमें बुद्धि तथा उक्ति वैचित्र्य की प्रधानता रहती है। श्रद्धा तथा आस्था के अभाव में जहाँ सांस्कृतिक क्षेत्र में भावों का स्थान विरोधाभास, छिद्रान्वेषण तथा कथित स्वतन्त्र विचार ले लेते हैं वहाँ उपहास की बन आती है।'[12]

नारायण दीक्षित ने व्यंग्य की विशिष्टता बताते हुए कहा है– 'उपहास के इस समाज विरोधी स्वरूप के अतिरिक्त एक और विशिष्टता है। अन्य प्रकार के हास्य हृदय की ओर संकेत करते हैं परन्तु उपहास बुद्धि को सम्बोधित करता है।'[13]

निष्कर्षतः कहा जा सकता है कि अन्तर्वाह्य जगत के नास्ति मूल्यों पर वैदग्यपूर्ण तीखा प्रहार व्यंग्य है। व्यंग्य वह भावना है जो समाज के सड़े–गले नियमों, वाह्याडम्बरों पर प्रहार कर उन्हें दूर करने के लिए प्रेरित करता है। व्यंग्य जीवन के हर पहलू में नजर आता है और घृणा अथवा विरोध प्रदर्शित करने के लिए इसका प्रयोग होता रहता है। व्यंग्य किसी संस्था, समाज, व्यक्ति अथवा समूह की दुर्बलताओं तथा अवगुणों का उद्घाटन कर उस पर आक्षेप करता है, जिसका लक्ष्य किसी वस्तु विशेष का विरोधा करना होता है।

स्वरूप एवं विषय-क्षेत्र :

व्यंग्य का समसामयिक होना आवश्यक है। व्यंग्य को पैना व प्रयोजनयुक्त बनाने के लिए उसमें यथार्थता, संवेदनशीलता, गंभीरता, बौद्धिकता, भाषा की प्रौढ़ता, सांकेतिकता एवं तटस्थता का होना अति आवश्यक है। इन सभी तत्वों के समावेश से व्यंग्य जीवन की गहरी विडम्बनाओं को स्पर्श करने में समर्थ बन जाता है। वही व्यंग्य श्रेष्ठ माना जाता है जिसमें समाज की समग्र कुरूपता, विरूपता, विडम्बना, दर्पण में प्रतिबिम्बित हो जाय।

व्यंग्य का विषय असीमित होता है। चूँकि समाज विसंगतियों से भरा हुआ होता है, अतः व्यंग्य के विषय भी असीमित होंगे। 'व्यंग्य एक भावना है जो त्वरित होकर समय और कर्तव्य–कर्म से प्रेरित रहती है, इसीलिए वह समाज के सड़े–गलेपन, सड़ी–गली व्यवस्था पर प्रहार और सृजन के रास्ते अख्तियार करती है। व्यंग्यकार का प्रहार और सृजन (विदूषकत्व और हँसाना नहीं) मनुष्य समाज के क्रान्तिकारी विचार, संहार और सृजन की द्वन्द्वात्मकता से ही आगे आते हैं। यह बात विवाद का विषय हो सकता है कि किसी भी व्यंग्य रचना में प्रहार के सिवाय सृजन का कितना अंश रहता है। लेकिन यह विवाद के परे है कि सृजन के लिए किया गया प्रहार, सृजन का ही अंग होता है।'[14]

विषय के साथ ही व्यंग्य का क्षेत्र भी व्यापक होता है। मूर्ख व्यक्ति, प्रतिष्ठित-अप्रतिष्ठित, समाज-सुधारक, भ्रष्ट-सरकारी कार्यालय व उसके कर्मचारी, राजनीति व उसके नेतागण सभी व्यंग्य की चपेट में आ सकते हैं। सीधे-सादे शब्दों में कह सकते हैं कि 'जब कोई व्यक्ति वास्तव में खुश है लेकिन अपने ऊपर अच्छाई का लबादा ओढ़ लेता है और उसका यही दम्भ मानवीय परिवेश के लिए भयावह हो जाता है तब वह व्यंग्य की चोट का निशाना बन जाता है।....झूठे शान-प्रदर्शन, मिथ्या ज्ञान-प्रदर्शन, बड़बोलापन, अंधानुकरण, अहमवादिता आदि पर व्यंग्य झपट पड़ता है, व्यंग्य का आलम्बन ढूंढ़ने कहीं जाना नहीं पड़ता, व्यंग्यकार जिधर आँख घुमाता है, संसार का 'डिस्टार्टेड' रूप उसकी चित्तवृत्ति में उभर आता है।'[15] व्यंग्य सामाजिक विद्रूपताओं से जूझते समाज का स्वर है जिसका प्रयोग कर व्यंग्यकार उसी समाज की जनता के बीच जागरण आह्वान करता है और उसकी संवेदनाओं को उत्प्रेरित करता है। वैयक्तिक स्तर पर व्यंग्यकार जिन अवस्थाओं को अपने अनुकूल नहीं पाता उनके लिए उत्तरदायी लोगों के प्रति उसकी आन्तरिक जिह्वा तीखी हो जाती है। उदात्त जीवन-दृष्टि से सम्पन्न व्यंग्यकार समाज की समस्याओं को देखता और उसे महसूस करता है। इसलिए व्यंग्यकार का व्यंग्य व्यक्तिगत न होकर जन-जन की व्यथा से प्रेरित होता है। व्यंग्य का समाज से गहरा संबंध होता है और इस सरोकार से व्यक्ति छूट नहीं सकता। 'सही व्यंग्य व्यापक जीवन-परिवेश को समझने से आता है। व्यापक सामाजिक, आर्थिक, राजनीतिक परिवेश की विसंगति, मिथ्याचार, असामंजस्य, अन्याय आदि की तह में जाना कारणों का विश्लेषण करना, उन्हें सही परिप्रेक्ष्य में देखना- इससे सही व्यंग्य बनता है। जरूरी नहीं कि व्यंग्य में हंसी आये। यदि व्यंग्य चेतना को झकझोर देता है, विद्रूप को सामने खड़ा कर देता है, सोचने को बाध्य करता है तो वह सफल व्यंग्य है। जितना व्यापक परिवेश होगा, जितनी गहरी विसंगति होगी और जितनी तिलमिला देने वाली अभिव्यक्ति होगी, व्यंग्य उतना ही सार्थक होगा।'[16]

व्यंग्य-परम्परा :

हिन्दी में व्यंग्य की परम्परा नयी नहीं है। इसके अंकुर संस्कृत

साहित्य में ही उत्पन्न हो चुके थे, जो धीरे–धीरे पहले हिन्दी के प्राचीन काव्य में प्रवेश करते हुए भक्ति, रीतिकाल से होते हुए आधुनिक युग में विकसित हुआ। किन्तु भक्तिकाल तक व्यंग्य की जो परम्परा दिखाई देती है उसमें व्यंग्य का वह रूप नहीं मिलता है, जो भक्तिकाल में कबीर की बानियों में मिलता है और उनके बाद आधुनिक काल के गद्य एवं काव्य के साहित्यकारों में दृष्टव्य होता है। कबीर ने अपने बानियों में व्यंग्य का प्रयोग कर समाज की विकृतियों (सामाजिक रूढ़ि, धार्मिक पाखण्ड, हिंसा, बाह्याडम्बर आदि) को दूर करने का प्रयास किया। कबीर विद्रोही कवि थे, उन्होंने अपने समय में व्याप्त सामाजिक कुरीतियों, धार्मिक पाखण्ड, वाह्याडम्बर, हिंसा, अकर्मण्यता आदि पर अत्यन्त तीखा प्रहार किया। धार्मिक पाखण्ड एवं वाह्याडम्बरों पर प्रहार करते हुए कबीर ने हिन्दू और मुसलमान दोनों पर तीखा व्यंग्य किया है–

'अरे इन दुअन राह न पाई।
हिन्दू अपनी करे बड़ाई गागर छुवन न देई।
वेश्या के पाइनतर सोवे यह देखो हिन्दुआई।।
मुसलमान के पीर औलिया मुर्गी–मुर्गा खाई।
खाला वोरी बेटी ब्याहें घरहिं में करे सगाई।।
बाहर से एक मुर्गा लाये घोइ घाय चढ़वाई।
सब सखिया मिल जेवन बैठी घर भर करे बड़ाई।।
हिन्दुन की हिन्दुआई देखी तुरकन की तुरकाई।
कहे कबीर सुनो भाई साधो कौन राह बै जाई।।'[17]

हिन्दी साहित्य की व्यंग्य परम्परा में कबीर का महत्व न केवल ऐतिहासिक है बल्कि प्रासंगिक भी है। कबीर अनपढ़ थे, किन्तु उनका एक–एक शब्द अपना अर्थ व महत्व रखता था। उनके व्यंग्य में जो धार थी, वह सीधे दिल में लगती थी। 'हजारी प्रसाद द्विवेदी' ने कबीर के व्यंग्य की इसी धार पर अपना विचार प्रकट करते हुए कहा है– 'सच पूछा जाय तो आज तक हिन्दी में ऐसा जबरदस्त व्यंग्य लेखक पैदा ही नहीं हुआ। उनकी साफ चोट करने वाली भाषा, बिना कहे भी सब कुछ कह देने वाली शैली और अत्यन्त सादी किन्तु तेज प्रकाशन–भंगी अनन्य–साध

ारण है। हमने देखा है कि वाह्याचार पर आक्रमण करने वाले संतों और योगियों की कमी नहीं है, पर इस कदर सहज और सरस ढंग से चकनाचूर करने वाली भाषा कबीर के पहले बहुत कम दिखाई दी है।'[18] उदाहरणार्थ–

'ना जाने तेरा साहब कैसा है?
मसजिद भीतर मुल्ला पुकारे, क्या साहब तेरा बहरा है?
चिंउटी के पग नेबर बाजे, सो भी सहिब सफनता है।
पंडित होय के आसन मारे, लम्बी माला जपता है।
अन्तर तेरे कपट करनी, सो भी साहेब लखता है।
ऊँचा-नीचा महल बनाया, गहिरी नेव जमाता है।
चलेगा मनसूबा नाहीं, रहने को मन करता है।

– – –

हीरा पाय परख नहीं जाने, कोड़ी परखन करता है।
कहत कबीर सुनो भाई साधो, हरि जैसे को तैसा है।'[19]

उपर्युक्त पद में हिन्दू और मुसलमान दोनों के बाह्याडम्बरों पर कबीर ने जिस प्रकार तिलमिला देने वाला व्यंग्य किया है। उसके इसी काट को विश्लेषित करते हुए डॉ0 नगेन्द्र ने लिखा है– 'वीरगाथाकाल की अन्तिम प्रतिध्वनि हम्मीरदेव के पतन के बाद ही शान्त हो गयी। यह देश के पतन की चरमसीमा थी। देश की परिस्थितियों ने कबीर को इसी समय जन्म दिया, जिसकी आत्मा में निराशा ने ही घर बना लिया था। नैराश्य की अंधेरी रात्रि में पापों और अत्याचारों की इस झंझा में दुर्बल शरीर कबीर अचल पर्वत के सदृश खड़ा हुआ हिन्दू और मुसलमानों को सावधान करता रहा। सीधे ढंग से न मानने वालों के लिए उनके समक्ष एक ही साधन था– व्यंग्य। इस वृद्ध जुलाहे के शब्दों में गजब की शक्ति थी, उसकी फटकारें, उसके व्यंग्य, तीर की तरह सुनने वाले के हृदय में प्रवेश करते थे और वह उसकी चोट से वहीं तड़प कर बैठ जाता था।'[20]

यूँ तो कबीर के पश्चात् और भी ऐसे लोग हुए हैं जो अपने साहित्य में व्यंग्य का प्रयोग किये, किन्तु उनके व्यंग्य में वो धार नहीं है जो कबीर की बानियों में द्रष्टव्य होती है। कबीर के व्यंग्य का वास्तविक एवं पूर्ण विकास भारतेन्दु युग में ही हो सका। व्यंग्य का हिन्दी गद्य में पदार्पण

भारतेन्दु के गद्य–निबन्धों से माना जाता है। भारतेन्दु ने अपने निबन्धों की रचना ही देश की अव्यवस्था पर व्यंग्य करने के लिए किया। व्यंग्य की प्रबल शक्ति को अनुभव कर भारतेन्दु ने साहित्य की धरातल पर आश्चर्यजनक, उल्लेखनीय व सार्थक प्रयोग किया। भारतेन्दु जी ने अपने स्वर में तत्कालीन जनता की पीड़ा को समायोजित कर पूरे कालखण्ड को आन्दोलित करने का प्रयत्न किया। इनके साहित्य में अभिव्यक्त व्यंग्य का उद्देश्य पहले अंग्रेजों की जोंक सदृश नीतियों को उघाड़ना फिर उनसे मुक्ति पाना था। उसके पश्चात् सामाजिक जीवन के धार्मिक वाह्याचार, जातिप्रथा, स्त्रियों की दयनीय दशा उनके व्यंग्य के दृष्टिपथ का दूसरा केन्द्र था। 'भारत की दुर्दशा' के मूल कारण की तलाश करना ही भारतेन्दु जी के नाटकों व निबन्धों में अभिव्यक्त व्यंग्य का मूल उद्देश्य था। उदाहरणार्थ– 'अंधेर नगरी' में उन्होंने देश के भ्रष्ट कर्मचारियों पर व्यंग्य करते हुए लिखा है–

'हिन्दू चूरन इसका नाम। विलायत पूरन इसका काम।
चूरन जब से हिन्द में आया। इसका धन, बल सभी घटाया।
चूरन अमले अब जो खाये। दूनी रिश्वत तुरत पावे।
चूरन साहब जो खाता। सारा हिन्द हजम कर जाता।।'[21]

भारतेन्दु कालीन साहित्यकारों में जिन्होंने भारतेन्दु जी की व्यंग्य परम्परा को और आगे ले गये उनमें 'प्रताप नारायण मिश्र' भारतेन्दु के प्रमुख थे। उन्होंने अपनी व्यंग्य रचनाओं– भौं, धोका, पेट, दाँत, नाक, हो–ओ–ली आदि के माध्यम से भारतीय जन–मानस को सामाजिक जीवन की विसंगतियों के प्रति जागृत करने का प्रयत्न किया। मिश्र जी के अतिरिक्त बालकृष्ण भट्ट भी भारतेन्दु युगीन व्यंग्यकार हैं किन्तु उन्होंने जो भी व्यंग्य लिखा है, उसमें अधिक तीव्रता नहीं है, इसलिए उनका व्यंग्य अधिक उल्लेखनीय नहीं माना जा सकता। भारतेन्दु युग एवं द्वि वेदी युग के बीच की श्रृंखला 'बालमुकुन्द गुप्त' हिन्दी के उच्चकोटि के व्यंग्यकार माने जाते हैं। उन्होंने अपने व्यंग्य 'शिवशम्भू का चिट्ठा' के माध्यम से समाज की विसंगतियों का कच्चा–चिट्ठा खोला है। गुप्त जी का यह निबन्ध लार्डकर्जन को संबोधित करते हुए लिखा गया है, जिसमें

भारतवासियों की राजनीतिक विवशता का कच्चा–चिट्ठा पेश किया गया है। गुप्त जी की ही भाँति 'राधाचरण गोस्वामी' भी हिन्दी व्यंग्य परम्परा के उच्चकोटि के व्यंग्यकार माने जाते हैं, जिन्होंने अनेक व्यंग्य रचनायें लिखी हैं, जिसमें सामाजिक कुरीतियों पर प्रहार किया गया है। उनकी व्यंग्य रचनाओं में 'यमपुर की यात्रा' विशेष उल्लेखनीय हैं, जिसमें गोदान की परम्परा पर करारा व्यंग्य किया गया है। गोस्वामी जी के व्यंग्य में व्यापकता एवं विविधता है साथ ही वैयक्तिकता के साथ–साथ सामाजिकता का भी समावेश हुआ है।

द्विवेदी युगीन व्यंग्यकारों में 'चन्द्रधर शर्मा गुलेरी' की व्यंग्य रचनाओं में गम्भीर चिन्तन एवं सूक्ष्म विश्लेषण प्राप्त होता है। गुलेरी जी की भाषा प्रौढ़ एवं विषयानुकूल है, जिसके कारण उनका व्यंग्य और भी तेज हो गया है। इनके निबन्ध संग्रह– जिसमें सामाजिक विसंगतियों पर उत्कृष्ट व्यंग्य परिलक्षित होता है– में 'गोबर गणेश संहिता', 'कछुआ धर्म', और 'मारेसि मोहि कुंठाव' प्रमुख हैं। द्विवेदी युग के पश्चात् शुक्ल युग में भी व्यंग्यपूर्ण रचनायें दिग्दर्शित होती हैं। इस युग के प्रमुख व्यंग्यकारों में हजारीप्रसाद द्विवेदी, कुबेरनाथ राय, विद्यानिवास मिश्र आदि को लिया जा सकता है, जिन्होंने समाज की विसंगतियों पर करारा व्यंग्य किया है। उपर्युक्त सभी लेखक शुक्लयुग के उत्कृष्ट व्यंग्यकार हैं जिनकी व्यंग्य रचनायें आज भी प्रासंगिक हैं। शुक्ल युग के उत्कृष्ट व्यंग्यकार 'हजारी प्रसाद द्विवेदी' की रचनाओं में जहाँ व्यंग्य के साथ हास्य की निर्मल धारा प्रवाहित है, वहीं कुबेरनाथ राय का व्यंग्य सामाजिक विसंगतियों पर कठोर प्रहार करता है। व्यंग्य शैली में इनकी भाषा अधिक प्रखर व धारदार हो जाती है। आधुनिक युग के प्रतिभा सम्पन्न व्यंग्यकारों में पण्डित 'विद्यानिवास मिश्र' का भी महत्वपूर्ण स्थान है। मिश्र जी का व्यंग्य भी सामाजिक समस्याओं एवं जीवन की विषमताओं पर प्रहार करता है। उपर्युक्त विवरण में हिन्दी के कवियों व निबन्धकारों की रचनाओं में अभिव्यक्त व्यंग्य की परम्परा को देखा जा सकता है। व्यंग्य की परम्परा तथा विकास कविताओं अथवा निबन्धों तक सीमित नहीं है। आधुनिक युग में जैसे–जैसे साहित्य विकसित होता गया, वैसे–वैसे व्यंग्य भी अपना दायरा बढ़ाता गया। आधुनिक युग में आकर व्यंग्य कहानी, नाटक, निबन्ध, कविता के साथ उपन्यासों में

भी विकसित होता गया। जैसे–जैसे उपन्यासों में सामाजिक व राजनीतिक समस्यायें ने अपने पैर पसारते गये, वैसे–वैसे उपन्यासों में व्यंग्यात्मक शैली विकसित होती चली गयी। 'यही कारण है कि ये उपन्यास 'कला के लिए कला' के रूप में नहीं हो सके हैं, बल्कि उनके ये गुण एक विशेष शैली के रूप में अपना लिए गये जिससे इन उपन्यासों का प्रभाव और भी अधिक बढ़ गया है। ऐसे उपन्यासों में प्रायः राष्ट्रीय एवं सामाजिक समस्याओं को वर्ण्य विषय बनाया गया है।....इस खेवे के उपन्यासकारों की सबसे बड़ी विशेषता, उनकी व्यंग्यात्मक शैली ही है।'[22] इन विद्वानों के पश्चात् प्रेमचन्द के कथा–कहानियों में उत्कृष्ट व्यंग्य परिलक्षित होता है। चूंकि प्रेमचन्द का साहित्य जन–जीवन से जुड़ा रहा है इसलिए समाज की विषमताओं पर व्यंग्य इनके साहित्य में होना स्वाभाविक है। मुंशी जी की कहानी हो या उपन्यास उसमें मानव जीवन के विविधा पक्षों के सूक्ष्म चित्रण के साथ उनकी विषमताओं पर करारा व्यंग्य भी है।

प्रेमचन्द के अतिरिक्त 'सूर्यकान्त त्रिपाठी 'निराला' भी आधुनिक युग के प्रतिनिधि व्यंग्यकार माने जाते हैं। उनका विद्रोही व्यक्तित्व उनके व्यंग्यों के माध्यम से और भी सशक्त रूप में सामने आता है। व्यक्तिगत जीवन में संघर्षरत 'निराला' अपने जीवन में हर प्रकार की विपत्तियों और विसंगतियों की पीड़ा को अनुभव करते हुए समाज की व्रिकृतियों पर दृष्टिपात किया। निराला के गद्य और पद्य दोनों रचनाओं में समाज की दयनीय दशा के लिए असंतोष दिखाई पड़ता है। गद्य की व्यंग्य रचनाओं में 'देवी', 'चतुरी चमार', 'कुल्ली भाट', 'बिल्लेसुर बकरिहा', 'सुकुल की बीवी' आदि निराला की उत्कृष्ट व्यंग्य रचनायें हैं। पद्य के अन्तर्गत निराला की 'कुकुरमुत्ता' उच्चकोटि की व्यंग्य कविता है। जिसमें उन्होंने शोषकवर्ग पर तिलमिला देने वाला व्यंग्य किया है। निराला के अतिरिक्त हिन्दी उपन्यासों के अन्तर्गत व्यंग्य–परम्परा को विकसित करने वाले उपन्यासों में जो प्रमुख हैं, उनमें भगवती चरण वर्मा की 'तीन वर्ष', 'टेढ़े–मेढ़े रास्ते', 'आखिरी दांव', रांगेय राघव की 'घरौंदे' आदि प्रमुख हैं। इसके साथ ही केशवचन्द्र वर्मा, शरद जोशी, श्रीलाल शुक्ल, रवीन्द्रनाथ त्यागी, नरेन्द्र कोहली, हरिशंकर परसाई और उपेन्द्रनाथ अश्क उत्कृष्ट व्यंग्यकार माने जाते हैं। ये सभी साहित्यकार सामाजिक जीवन से जुड़े हुए व्यक्ति हैं, अतः इनकी रचनाओं में समाज

की विसंगतियों पर प्रहार परिलक्षित होता है। वर्मा जी के उपन्यास 'तीन वर्ष' में पाश्चात्य सभ्यता के साथ ही सरकारी कर्मचारियों की नैतिकता एवं उनके उत्तरदायित्वों को लेकर बड़ा ही करारा व्यंग्य हुआ है। उन्हीं के एक अन्य उपन्यास 'आखिरी दांव' में सिनेमा-जगत की दुनिया और आधुनिक युग के उन युवाओं पर व्यंग्य हुआ है जो रात-दिन फिल्मी दुनियां में जाने के सपने पाले रहते हैं। रांगेय राघव के सुप्रसिद्ध उपन्यास 'घरौंदे' में 'छात्र–छात्राओं के पारस्परिक चलने वाले प्रेम, प्रोफेसर तथा शिष्याओं के बीच होने वाले घातों–प्रतिघातों तथा विद्यालयों के राजनैतिक जागरणों को लेकर लेखक ने बड़ा ही सुन्दर यथार्थ व्यंग्य लिखा है।'[23]

सामाजिक क्षेत्र में अधिकतर विसंगतियाँ मध्यवर्गीय परिवेश में पैदा होती है। यह वर्ग अनेक विकृतियों का शिकार हैं, जिनमें स्त्री–प्रताड़ना, दहेज प्रथा, जाति भेद, वर्ग भेद, टूटते पारिवारिक संबंध, दोहरी मानसिकता, दिखावापन, कुण्ठा, वर्जनायें आदि प्रमुख समस्यायें दिखाई पड़ती हैं। समाज के पीड़ितों एवं शोषितों से सम्पृक्त रहने के कारण अश्क उनके बीच के लेखक हैं, जो इस वर्ग के हर सुख–दुख को महसूस करते हैं। साध ारण जन से संबंद्ध होने के कारण उनकी रचनाओं के सामाजिक सरोकार बहुत ज्यादा हैं, इसलिए उनके उपन्यासों में सामाजिक सन्दर्भों का उल्लेख ज्यादा प्राप्त होता है। समाज की विकृतियों और विसंगतियों को अपने उपन्यासों में चित्रित करते समय लेखक जब असन्तोष की भावना से भर जाता है तो उस पर व्यंग्य का तीक्ष्ण बाण छोड़ना शुरू करता है। अश्क के उपन्यासों में सन्दर्भित सामाजिक विसंगतियों को कई रूपों में देखा जा सकता है, जिसमें सामाजिक रूढ़ियाँ, धार्मिक अन्धविश्वास, आर्थिक विषमता, साहित्यिक दिशाहीनता आदि प्रमुख हैं। इन सभी सामाजिक विसंगतियों के चित्रण में अश्क की दृष्टि पैनी हो गयी है। सत्य तो यह है कि अश्क की वृत्ति ही व्यंग्य की है, इसलिए जहाँ कहीं भी उन्होंने व्यक्ति विशेष की त्रुटियों, खामियों, खोखलेपन को उजागर किया है वहाँ उनकी दृष्टि व्यंग्यपूर्ण हो गयी है।

अश्क का व्यक्तिगत जीवन अत्यन्त संघर्षपूर्ण रहा, उन्होंने अपने जीवन में दुख, विवाद, कुण्ठा, आर्थिक विपन्नता को करीब से देखा है,

इसीलिए उनका साहित्य उनके जीवनानुभवों से अछूता नहीं रहा। 'जीवन की कटुताओं एवं संघर्षों ने अश्क जी को वे आँखें दी हैं जिनसे उनकी वृत्तियाँ सूक्ष्म चिन्तन तक पहुँचती हैं। यही कारण है कि उनके सभी उपन्यास सामाजिक हैं जिनमें सामाजिक विकृतियों, विद्रूपताओं का खुला चित्रण है। उनमें कहीं जबरदस्त ठोकर है, कहीं गहरे दर्द हैं, दुख हैं, टीस है और तड़पती आत्माओं की चीत्कार है। उनमें दुख-दर्द ज्यादा हैं, तड़प भी अधिक है और सबसे ज्यादा है उनके उभार के लिए अश्क के व्यंग्य-बाण, जो चुभते हैं तो बिना रक्तपात के, बिना बाहरी हाव-भाव के अन्दर ही अन्दर नफरत, घृणा, विद्वेष का जहर फैला देते हैं कि यह सब दूर होना चाहिए, भविष्य के लिए, जीवन के लिए, सुखी आत्मा के लिए।'[24] अश्क प्रेमचन्द की परम्परा के उपन्यासकार हैं। जिस प्रकार प्रेमचन्द ने अपने उपन्यासों में सामाजिक जीवन की विसंगतियों पर व्यंग्य किया है ठीक उसी प्रकार अश्क ने भी सामाजिक जीवन के कुसंस्कारों, कुण्ठाओं एवं विसंगतियों पर व्यंग्य-दृष्टि फेंकी है। उन्होंने अपने उपन्यासों के माध्यम से प्रेमचन्द की व्यंग्य-शक्ति को और निखारा है।

अश्क की व्यंग्य योजना में कटुता तथा निर्मम ठिठोली का स्वर मुखर है। उनके हास्य व व्यंग्य की विशेषताओं को उद्धृत करते हुए श्री भैरवप्रसाद गुप्त ने लिखा है- 'हास्य और व्यंग्य के अश्क उस्ताद हैं।.. ...बिना हास्य-व्यंग्य के अश्क अधूरे हैं। अश्क का व्यंग्य कोई मामूली, बौद्धिक अथवा खरोंच पैदा करने वाला व्यंग्य नहीं होता, वह बिल्कुल नंगा कर देता है।'[25] व्यंग्य की धार उनके सम्पूर्ण उपन्यासों में द्रष्टव्य होता है। समाज के विकृति पर प्रहार करते हुए उनकी लेखनी मुखर हो उठी है। उन्होंने अपने सभी उपन्यासों में सामाजिक रूढ़ियों, धार्मिक अंधविश्वास, आर्थिक विषमता, शोषण आदि का यथार्थ चित्रण किया है और इन सामाजिक विकृतियों को चित्रित करते हुए उन पर जमकर व्यंग्य बाण भी छोड़ा है। अश्क का व्यंग्य सामाजिक दृष्टि से ओत-प्रोत है। उनके व्यंग्य की प्रासंगिकता समाज में तब तक बनी रहेंगी, जब तक विसंगतियाँ व विद्रूपताएँ कहीं शेष रहेंगी।

अश्क ने अपने उपन्यासों में निम्न-मध्यवर्ग के चित्रण में उसकी

रूढ़ियों, विकृतियों पर जमकर व्यंग्य किया है। निम्न-मध्यवर्ग की विषम परिस्थितियों के चित्रण में, उसकी कुरीतियों को उद्‌घाटित करने में उनकी भाषा व्यंग्यपूर्ण हो गयी है। अनमेल विवाह की समस्या ऐसी ही एक समस्या है जिस पर उन्होंने अपनी दृष्टि डाली है। अश्क अपने व्यक्तिगत जीवन में स्वयं अनमेल विवाह की समस्या से गुजर चुके थे, इसलिए वे ऐसे विवाह-बन्धन से सख्त नफरत करते थे जो युवक-युवतियों के जीवन को नष्ट कर देते हैं या जिसकी वजह से वे निरन्तर कुण्ठित रहने लगते हैं। उनके उपन्यासों में 'गिरती दीवारें', 'गर्मराख' व 'निमिषा' में अनमेल विवाह की त्रसदी देखी जा सकती है, जिस पर अश्क ने निःसंकोच व्यंग्य किया है।

'गिरती दीवारें' में नीला के विवाह के अवसर पर ऐसे अनमेल विवाह पर व्यंग्य देखा जा सकता, जहाँ किशोरवय युवती का विवाह एक कुरूप एवं वृद्ध व्यक्ति से होता है। चेतन को माध्यम बनाकर अश्क ने व्यंग्य करते हुए लिखा है- 'कान्हा!....कैसा कान्हा वर ढूंगा है नीला के लिए!.. ..कौन लड़की है, जो चांद सा वर नहीं चाहती। लेकिन चाँद-सा वर क्या सभी को सुलभ है! उनकी बात तो दूर रही, जो स्वयं कुरूपा होने पर भी चाँद सा वर चाहती हैं, पर उन युवतियों में से कितनी को ऐसा वर मिलता है, जो हर प्रकार से ऐसे वर के योग्य होती हैं। आये दिन कान्त-कामिनी युवतियाँ, मोटे, भद्‌दे, बदसूरत और फूहड़ लेकिन अमीर युवकों, अधेड़ों अथवा विधुरों के संग बांध दी जाती है और ये अपढ़ स्त्रियाँ अपने गीतों में निरन्तर उन्हें कान्ह और कन्हैया बनाया करती है।'[26] अनमेल विवाह पर अश्क का यह व्यंग्य चित्र सामाजिक संस्कारों पर करारा प्रहार करता है। इस प्रसंग के माध्यम से उपन्यासकार ने समाज द्वारा ऐसे विवाह का समर्थन करने पर व्यंग्य किया है, जो ऐसे रीति-रिवाजों और परम्पराओं को बढ़ावा देता है, जिससे व्यक्ति मानसिक कुण्ठा का शिकार हो जाता है। अश्क ने अनमेल विवाह के उपरान्त मानसिक कुण्ठा से घिर जाने वाले युवकों के जीवन को 'गिरती दीवारें' में चेतन के माध्यम से चित्रंकित किया है। चेतन सुन्दर पढ़ी-लिखी पत्नी की इच्छा रखता है, किन्तु परिस्थितियाँ उस पर इतनी हावी हो जाती हैं कि वह कठपुतली बने जीवन की विषमताओं में पिसता जाता है और उसका विवाह उसकी पसन्द के विपरीत एक

सफस्त व सामान्य सी दीखने वाली युवती के साथ हो जाता है। अपने विवाह के अवसर पर अपनी सास का काला, झुर्रियों वाला चेहरा देखकर यह सोचना कि 'इस माँ की बेटी कैसे रूपवती न होती?'[27] उसके मन में दबी रूपवती पत्नी की चाह की आकांक्षा इस व्यंग्य भरे शब्द में साफ दिखता है। 'स्वेच्छा के द्वारा न किए गये विवाह की कैसी प्रतिक्रिया होती है इसे 'चेतन' के अस्थिर मन से जाना जा सकता है।'[28] व्यंग्य का यह रूप सामाजिक न होकर व्यक्तिगत है। चूंकि निम्न-मध्यवर्गीय युवकों में इस प्रकार की कुण्ठा देखी जाती है अतः अश्क का यह व्यंग्य प्रासंगिक है भले ही व्यंग्य का यह रूप व्यक्तिगत हो।

अश्क ने उन साहित्यकारों पर भी व्यंग्य किया है, जो पैसों के दम पर प्रतिभा खरीदते हैं और बैठे-बिठाये प्रसिद्धि पा लेते हैं। 'भौतिक युग के वैज्ञानिक साधनों ने यद्यपि बहुत-सी असम्भव वस्तुओं को भी सम्भव करके दिखला दिया है, परन्तु उसके अद्‌भुत चमत्कार भी अभी तक मनुष्यों में प्रतिभा का आरोप नहीं कर सके हैं, जिसे लक्ष्मी के वरद् पुत्रों ने कर के दिखला दिया है। समाज में इतनी आर्थिक अव्यवस्था है कि जिसके कारण सच्ची प्रतिभाएं चमत्कार दिखला ही नहीं पातीं।....साहित्यकारों के बीच प्रोफेसरों का अपने शिष्यों द्वारा लिखाकर तथा अधिकारियों का सहायकों द्वारा लिखाकर अपने नाम की मुहर लगा देना नैतिक ही माना जाता है, इसके अतिरिक्त स्थिति इस सीमा तक पहुँच गई है कि वे मूर्ख धनपति जिन्हें सीधे कलम तक भी नहीं पकड़ना आता, दीन साहित्यकारों की स्थिति से लाभ उठाकर कृतियाँ खरीद कर साहित्यकार बन जाते हैं।.. ..'अश्क जी' ने कविराज को चित्रित कर इस प्रकार के लोगों का सजीव चित्र उपस्थित कर दिया है।[29]

निम्न-मध्यवर्गीय समाज में व्याप्त धार्मिक पाखण्डों का अत्यधिक बोलबाला रहता है। जहाँ धार्मिकता के नाम पर अनेक आडम्बर किये जाते हैं। अश्क ने इन धार्मिक आडम्बरों को अपने जीवन में देखा था और इसकी वास्तविकता से वे अच्छी तरह परिचित भी थे। धार्मिक पाखण्ड को उद्‌घाटित करने के लिए अश्क ने 'गिरती दीवारें' में दादी गंगादेई एवं कविराज रामदास को माध्यम बनाकर ऐसे ही पाखण्डियों पर व्यंग्य किया

है। पात्रों के माध्यम से अश्क ने ऐसे व्यक्तियों का बखूबी मजाक उड़ाया है जो धार्मिकता के नाम पर तरह–तरह के दान–पुण्य का काम करते हैं किन्तु अन्दर से वे अत्यन्त निष्ठुर व शोषक होते हैं।

धार्मिकता के नाम तरह–तरह के बुरे कर्म करने वालों पर अश्क ने बखूबी व्यंग्य किया है। निम्न–मध्यवर्गीय औरतों के धार्मिक पाखण्ड पर, साधु–सन्तों के साथ उनके संबंध पर अश्क ने 'गिरती दीवारें' एवं 'शहर में घूमता आईना' में व्यंग्य कर धार्मिक कर्मकाण्डों का विरोध किया है जिसके आड़ में भोग–विलास को बढ़ावा मिलता है। इन उपन्यासों में ऐसे अनेक प्रसंग है जो धार्मिक पाखण्ड की पोल खोलते नजर आ जाते हैं। उन्हीं में एक प्रसंग यह भी- 'चेतन के घर के सामने.....माई जीवाँ रहती थीं। बड़ी धर्मात्मा और नेक- बख्त। प्रातः चार बजे उठकर कुएँ को ध ोती(सर्दी हो या गर्मी, वहीं नहाती और फिर वहीं बैठकर बड़ी देर तक पूजा–पाठ में निरत रहती। सत्संग उसके यहाँ सदा लगता। 'गुरु बिना (क्योंकि) गति नहीं इसलिए युवावस्था से ही एक महात्मा को गुरु बना रखा था।.....पड़ोसियों में बड़ी निन्दा होती जब कोई जवान हट्टा–कट्टा साधु बड़ी मस्ती से जटायें चेहरे पर बिखेरे, अपने ब्रह्मचर्य का तेज चारों ओर फैलाता हुआ माई जीवाँ के घर को पवित्र करता तो ये काना–फुसियाँ बढ़ जातीं।....पर वह भला लोक के डर से अपना परलोक बिगाड़ लेती।[30]

धर्म के नाम पर भोग–विलास करने वालों पर किया गया यह व्यंग्य अत्यन्त उल्लेखनीय है। निःसंदेह अश्क समाज के खोखले आदर्शों से सख्त नफरत करते हैं, इसलिए जब वे कहीं धर्म, परम्परा के नाम पर लोगों को ढोंग करते देखते हैं या आदर्श के नाम पर छल करते देखते हैं तो उन पर व्यंग्य करने में वे पीछे नहीं हटते। 'गिरती दीवारें' और उसके अन्य खण्डों में अश्क ने उपन्यास के नायक चेतन को अपना यही दृष्टिकोण सौंप कर सामाजिक विसंगतियों पर तीखा प्रहार किया है। '.....चेतन समाज के खोखले आदर्शों, जीवन की थोथी मान्यताओं से घृणा करता है,....वह आदर्शों तथा आदर्शवादिता का पुजारी बनकर अपना जीवन जीना चाहता है। उससे वंचित होकर वह छटपटाता है, भटकता है, कराहता है और विवशता की स्थिति में सब पर कटु व्यंग्य कसता है।'[31]

अश्क को वाह्याडम्बरों से सख्त चिढ़ थी, इसलिए जब वे अपने आस–पास ऐसे व्यक्तियों को देखते थे तो उन पर व्यंग्य करने में जरा भी संकोच नहीं करते थे। उनका स्पष्ट मत था– 'मुझे बनावट से चिढ़ है और समाज में जितनी बनावट है, उसका पर्दाफाश करना मुझे अत्यन्त प्रिय है।'[32] इसलिए जब भी उन्हें ऐसे लोग मिले जो बनावटी और आडम्बरी थे, उनका अपने उपन्यासों के माध्यम से मखौल उड़ाने और उनकी बनावटों का पोल खोलने में उन्हें अत्यन्त रुचि मिली। 'गिरती दीवारें', 'शहर में घूमता आईना', 'गर्मराख', 'बांधों न नाँव इस ठाँव' आदि उपन्यासों में ऐसे ही लोगों पर व्यंग्य कर उनका माखौल उड़ाया गया है। 'गिरती दीवारें' में कविराज रामदास जैसे लोगों पर व्यंग्य किया गया है, जो सदैव अपने आपको महिमा–मण्डित करने का प्रयास करते रहते हैं, इसी चक्कर में कई सोसाइटियों की वे अध्यक्षता करते, कर्म–काण्ड करते, दान देने का पुण्य काम करते। किन्तु इन सब कामों के पीछे परोपकार की भावना न होकर उनका अपना स्वार्थ होता। अपने आपको लोकप्रिय बनाना ही उनका ध्येय रहता है। इसी प्रकार 'शहर में घूमता आईना' में पण्डित गुरुदास राम, लाला बंशीराम, योगी जालन्धरीमल जैसे पात्रों द्वारा ढोंगी व बनावटी लोगों पर व्यंग्य किया गया है। जो अपने हित के लिए बड़े से बड़े ढोंग व झूठ का सहारा लेते हैं। ऐसे पात्रों में लाला बंशीराम व जालन्धरीमल का प्रसंग उल्लेखनीय है, जो पाखण्डियों का पाखण्ड खोलने के लिए पर्याप्त है।

लाला बंशीराम गांधी जी की लोकप्रियता से प्रभावित रहते हैं और स्वयं भी उन्हीं की भाँति प्रसिद्ध होने की चाह उनमें रहती है। इसलिए वे गांधी जी की तरह खादी पहने और सर मुंडवाये रहते। वे हमेशा गांधी जी का रूप धरे रहते थे इसलिए लोग उन्हें 'दोआबा का गांधी' कहते। तत्कालीन समय में ऐसे व्यक्तियों की कोई कमी न थी, जो गांधी की नकल उतार कर, वैसी ही वेशभूषा धारण कर लोकप्रिय नेता बनने की चाहत रखते थे। किन्तु जिनके कर्म कहीं से भी गांधी जी की भाँति न थे। लाला बंशीराम को माध्यम बनाकर ऐसे ही लोगों पर व्यंग्य करना अश्क का मकसद है। लाला बंशीराम के माध्यम से अश्क ने तत्कालीन नेताओं पर करारा व्यंग्य किया है जो समाज के लिए कोई प्रासंगिक कार्य तो नहीं करते किन्तु अपने वाह्याडम्बरों में किसी प्रकार की कमी नहीं

रखते। अश्क के व्यंग्य की यह विशेषता है कि उसकी प्रवृत्ति सचेष्ट न होकर स्वाभाविक है। चूँकि समाज में अनेक तरह के लोग रहते हैं जिनके आचार-विचार भिन्न हैं, व्यवहार में असंगतियाँ हैं, अन्दर कुछ और बाहर कुछ और हैं। इसलिए लेखक इस प्रवृत्ति के द्वारा उनकी बनावट, उनकी विकृति, उनका खोखलापन एवं उनके थोथे आदर्शों को भली-भाँति उघाड़, चीर-फाड़ कर रख देता है। लाला बंशीराम और जालंधरीमल ऐसे ही व्यक्ति हैं, जिन पर अश्क ने व्यंग्य किया है। जालन्धरीमल जो ढोंगी ज्यादा थे और योगी कम, जिन पर पहले 'देशप्रेम' के पश्चात् 'योगविद्या' का बुखार चढ़ता है- उन पर चेतन के माध्यम से किया गया व्यंग्य उनके जैसे लोगों का पोल खोलने के लिए पर्याप्त है- 'चार दिन की जेल ने लाला का सारा देश-प्रेम निकाल दिया और वह तत्वज्ञानी बन बैठा।'[33] इसके साथ ही पंजाबी में कहे लोकोक्ति- 'इस बन्दर को सोंठ की गाँठ मिली और यह पंसारी की दुकान सजा बैठा। उपर्युक्त पंक्तियाँ के माध्यम स्वाभाविक व्यंग्य द्वारा, अश्क लाला जालन्धरीमल जैसे व्यक्तियों के योग के ढोंग को खोलते दिखाई पड़ते हैं।

अपने बहुचर्चित उपन्यास 'गर्मराख' में भी अश्क ने व्यंग्यों के माध्यम से कवि चातक जैसे लोगों का खुलकर मखौल उड़ाया है। कवि चातक जिन्हें कवितायें करना और अपनी काल्पनिक प्रेयसी में डूबे रहना अच्छा लगता है। उनकी बेपरवाही के कारण उनका प्रेस बंद होने वाला रहता है और हजारों रुपये उन पर कर्ज चढ़ा रहता है। अचानक उन पर देश-भक्ति का भूत सवार हो जाता है, इसलिए वे 'रणभेरी' नामक 'क्रान्ति-समर्थक' पत्रिका को न सिर्फ अपने प्रेस में छपवाते हैं बल्कि प्रशंसा पाने के लिए (देश प्रेम का तमगा पाने के मकसद से) रणभेरी नामक कविता लिखकर उसे प्रकाशित भी करवाते हैं, किन्तु जब उनके इन सुकृत्यों के लिए उन्हें जेल में डालकर उन पर कठोर कार्रवाई होती हैं तो उनकी सारी देशभक्ति की भावना गायब हो जाती है। वे जज के सामने गिड़गिड़ाने लगते हैं कि वे कोई क्रान्तिकारी नहीं, बल्कि परम गांधीवादी हैं, उनकी कविता का गलत अर्थ निकाला जा रहा है। उपन्यास में इस प्रसंग का चित्रण कर अश्क ने कवि चातक के बनावटी देश प्रेम का पोल ही नहीं खोलते बल्कि उन जैसे तमाम कवियों और लेखकों पर भी व्यंग्य करते हैं जो अपने ढोंग द्वारा दूसरों

पर अपना झूठा प्रभाव छोड़ने का प्रयत्न करते हैं।

'बांधों न नाँव इस ठाँव' में भी ऐसे बनावटी लोगों पर व्यंग्यवृत्ति का प्रयोग किया गया है। ऐसे ही प्रसंगों में लाला हाकिमचन्द और डॉ0 गोपालदास का प्रसंग है, जिनकी बनावटों का चित्रांकन कर अश्क ने दिखावटी व्यक्तियों पर व्यंग्य किया है। चेतन के माध्यम से लाला हाकिमचन्द पर किया गया यह व्यंग्य– '....अच्छी नौकरी या अच्छे कपड़े से कोई कल्चर्ड नहीं हो जाता.....इस साले का दिल–दिमाग अभी तक टुच्चे क्लर्क का है।'[34] लाला हाकिमचन्द जैसे व्यक्तियों का पोल खोलता है, जो ऊपर से तो अपने आपको सभ्य व कल्चर्ड बनाते हैं, अपना रहन–सहन ऊँचे दर्जे के संभ्रान्त परिवारों की भाँति रखते हैं। किन्तु अन्दर से निम्न दर्जे के व्यक्तियों की भाँति गाली–गलौज व मारपीट करने वाले व्यक्ति ही रहते हैं।

इसी उपन्यास में एक स्थान पर चेतन द्वारा ही किया गया यह व्यंग्य कि– 'अपनी युवा–पत्नी को प्रसन्न रखने के लिए, एक बुड्ढे की असफल और भौंड़ी कोशिश से ज्यादा, कोई महत्व नहीं रखता।'[35] डॉ0 गोपाल दास और उन्हीं की भाँति ऐसे व्यक्तियों पर अश्क का करारा व्यंग्य है जो ध ोखे से अपने से आधी उम्र की युवती से शादी कर लेते हैं और उन्हें प्रसन्न रखने का झूठा दिखावा करते फिरते हैं। लाला हाकिमचन्द एवं डॉ0 गोपालदास की ही भाँति ऐसे व्यक्तियों पर भी व्यंग्य किया गया है जो अन्दर से तो पूरी तरह खोखले होते हैं किन्तु जिनका वाह्य रूप अत्यन्त रोबदार होता है। जो अपनी झूठी शान का महत्व बनाये रखने के लिए कभी–कभी अपने आपको ऐसी स्थिति में डाल देते हैं, जिनकी वे स्वयं भी अपेक्षा नहीं रखते। निम्न–मध्यवर्गीय परिवारों की अपढ़ युवतियों के मनोविज्ञान एवं काम–कुण्ठा युक्त मानसिकता भी अश्क की पैनी नजर से बच नहीं पाया है। 'निमिषा' नामक उपन्यास में निम्न–मधयवर्गीय अपढ़ युवतियों के 'काम–संबंधी' मनोविकार पर अश्क का करारा व्यंग्य द्रष्टव्य होता है। गोविन्द की पत्नी माला के संबंध में किया गया यह व्यंग्य– '.... अपनी पाकदामनी को बचाती हुई निम्न–मध्यवर्गीय घरों की घुटन में बन्द लड़कियाँ, जाने कैसी–कैसी मानसिक रति से नापाक हुआ करती हैं....।'[36]

निम्न- मध्यवर्गीय अपढ़ युवतियों के संस्कारों का पोल खोलने के लिए पर्याप्त है जो उन्हें परम्परा से अपने परिवारों द्वारा प्राप्त होता है।

अश्क के सम्पूर्ण उपन्यासों में स्थान-स्थान पर व्यंग्य में जो तीखापन द्रष्टव्य होता है, वो उनके संघर्षपूर्ण जीवन का कटु यथार्थ है। चूँकि उनके उपन्यास उनके अपने जीवन को ज्यादा प्रतिबिम्बित करते हैं इसलिए उनके व्यंग्यों में भी नश्तर-सी काट है। अश्क के प्रायः सभी उपन्यास का मुख्य प्रतिपाद्य मध्यवर्गीय जीवन की विषमतायें तथा उन विषमताओं में प्रताड़ित जीवन का यथार्थ चित्रण करना रहा है, जिसे उन्होंने व्यंग्य के माध्यम से अभिव्यक्ति देने का सफल प्रयास किया है। अश्क मुख्यतः यथार्थवादी उपन्यासकार हैं, जीवन को उसकी विषमताओं के साथ चित्रित करने में उन्हें अधिक रुचि रही है। जीवन के विकृतियों के चित्रण के लिए वे व्यंग्य को महत्वपूर्ण मानते हैं। सत्य तो ये है कि 'अश्क जी उपन्यास-संबंधी प्रकृतवाद एवं यथार्थवाद के विवाद से बचने के लिए अपने यथार्थ के स्वरूप को आलोचनात्मक यथार्थ (critical realism) की संज्ञा देना उपयुक्त समझते हैं। इसीलिए वे समाज के यथार्थ की व्यंग्य-विद्रूप और हास्य के माध्यम से आलोचना करते हैं।'[37]

अश्क व्यष्टि और समष्टि के करीब रहने वाले साहित्यकार हैं इसीलिए समाज के और व्यक्ति के छल-प्रपंच, शोषण आदि को अच्छी तरह समझते हैं और इसी कारण इसके चित्रण में वे अधिक पैनी दृष्टि का प्रयोग करते हैं। उनके सभी उपन्यासों में समाज के शोषित और संघर्षशील व्यक्तियों का चित्रण बड़ी ही गहराई के साथ हुआ है। अश्क को जीवन का बड़ा ही गहरा अनुभव प्राप्त था, इस कारण जीवन के कटु यथार्थ के चित्रण में उनकी शैली स्वतः व्यंग्यपूर्ण हो गयी है। उनका यह कथन कि- 'कुछ हकीकतें हैं, जो व्यक्ति की भी हैं और समाज की भी है और मुझे गहरे में आन्दोलित भी करती हैं। उन्हें मैं अभिव्यक्ति देता हूँ। अन्दर से मैं एक क्रुद्ध आदर्शवादी लेखक हूँ और जैसा कि मैंने कहा, मेरी कथनी और करनी में बहुत अन्तर नहीं है। जब मैं व्यक्ति और समाज, उसके गुटों के छल-प्रपंच, झूठ, रियाकारी, धूर्तता, शोषण, उत्पीड़न को देखता हूँ तो बुरी तरह आन्दोलित होता हूँ और मेरा क्रोध व्यंग्य के माध्यम से उन हकीकतों

की अक्कासी करता हूँ।'[38] उनके व्यंग्य को मजबूत आधार प्रदान करता है।

अश्क ऐसे लेखक हैं, जिनकी दृष्टि समाज में व्याप्त विषमताओं को भेदती हुई उसकी मूल समस्याओं को देखती है जिसे वे उठाकर अपनी रचनाओं में चित्रित करते हैं। सभी समस्याओं के चित्रण में वे ऐसे व्यंग्य-विद्रूप शब्दों का प्रयोग करते हैं जिसे पढ़कर पाठक आक्रोश से भर स्वयं सब कुछ बदल देने को व्याकुल हो उठता है। अश्क लोगों को हँसाने या गुदगुदाने के लिए नहीं लिखते, बल्कि उनकी प्रत्येक रचना में अभिव्यक्त व्यंग्य सामाजिक यथार्थ को ध्वनित करता है। उन्होंने अपनी रचनाओं के माध्यम से जीवन-पर्यन्त निम्न-मध्यवर्गीय व्यक्तियों को और उसके संघर्षों को ही पूर्ण दायित्व के साथ समाज के सामने रखा। वे अन्धाविश्वास, पाखण्ड और संकीर्ण मानसिकता के विरोधी लेखक थे और लोगों की मानसिक जड़ता को तोड़ना चाहते थे। इसीलिए अपनी रचनाओं में किसी भी ऐसी शक्ति को जो लोगों को मूर्ख बनाकर या भय दिखाकर अपना हित साधती है, नहीं बख्सते। समाज में व्याप्त अन्तर्विरोधों पर अश्क की पकड़ बड़ी ही सशक्त है। जीवन की वास्तविकताओं से उनका निकट का संयोग रहा, वे समाज के हर वर्ग से गहरे रूप में जुड़े रहे, इस कारण उनकी वास्तविकताओं के चित्रण में उन्होंने व्यंग्य का सहारा लिया तथा सामाजिक रूढ़ियों एवं विसंगतियों पर गहरा प्रहार किया। कहीं सीधी-सादी भाषा में तो कहीं-कहीं वक्रोक्ति में उन्होंने तिलमिला देने वाला व्यंग्य किया है। 'गिरती दीवारें' में कल्लोवानी मुहल्ले के चित्रण में उन्होंने ऐसे ही सहज व सरल व्यंग्य का सहारा लिया है। वहाँ की स्त्रियों के झगड़ालू आचरण के चित्रण में अश्क ने बड़े ही सहज व्यंग्य का प्रयोग किया है, उदाहरणस्वरूप- 'औरतें लड़ाई की कला में विशेष रूप से पारंगत थीं और 'कला-कला के लिए' में पूरा विश्वास रखती हुईं कला साधना-मात्र के लिए लड़ा करती थीं।'[39] इन पंक्तियों में निम्न-मध्यवर्ग की स्त्रियों के व्यवहार की पर व्यंग्य किया गया है, जो सारा दिन लड़ाई-झगड़ों में यूं ही बिता देती हैं। इसी प्रकार उनके गाली-गलौज करने पर भी अश्क की गहरी दृष्टि पड़ी है और वे उसका भी बड़ी तन्मयता के साथ चित्रण करते हैं, यथा- 'बाहर मुहल्ले में खूब लड़ाई हो रही थी। एक ओर अपने मकान की ऊँची खिड़की में बैठी, तीन सम्पन्न पति-विहीना बेटियों वाली धानी विध

वा चौधरायन माथे से पसीने को पोंछती हुई नयी–नयी गालियों से मुहल्ले की स्त्रियों के कोष भर रही थी। दूसरी तरफ ब्राह्मणी जीवा पल्ला पसार कर परमात्मा से, न जाने कैसे शब्दों में, उसके कुटुम्ब की शेष सधवाओं के भी विधवा होने की भयंकर प्रार्थनाएँ कर रही थीं।.....ज्वाली का यह कहना था कि ब्राह्मणी जीवा ने अपनी 'शुभकामनाओं' के क्षेत्र को विस्तार देने की ठान ली और महरी और उसके कुटुम्ब को भी दिल खोलकर 'मधुरवचन' सुनाने में रत्ती भर भी संकोच नहीं किया। इस पर ज्वाली ने घड़े को वहीं छोड़कर कृतज्ञता के रूप में उसे कुछ नयी तरह के 'मीठे वचन' सुनाना अपना कर्तव्य समझा।'[40]

व्यंग्य वृत्ति अश्क में खूब है। हास–परिहास के बीच व्यंग्य की ध्वनि, उनके बातचीत में भी विद्यमान रहती थी। पत्र–परिचर्चा में भी और साहित्य में भी उनके व्यंग्य में कटु यथार्थ, करुणा, दारुणा आदि का समावेश देखा जा सकता है। विषय–वस्तु की दृष्टि से अश्क के व्यंग्य का विशेष मूल्य है। उन्होंने अपने उपन्यासों में ऐसे विषय चुने हैं, जिससे वे समाज के शोषकों, पाखण्डियों की आलोचना व्यंग्य के माध्यम से कर सके। समाज व व्यक्ति के रूढ़िवादिता व वाह्याडम्बरों पर आलोचना करते समय उन्होंने व्यंग्य व प्रभावपूर्ण हास्य का सहारा लिया है। अश्क ने व्यक्ति–विशेष को ही अपने व्यंग्य का आलम्बन नहीं बनाया अपितु मानव मात्र की मनःस्थितियों, समस्याओं तथा द्वन्द्वों के प्रति भी पाठकों के हृदय में कोई भाव–विशेष जगाने का प्रयास किया है।

अश्क की यह प्रवृत्ति विशेषकर उपन्यासों में अधिक मुखर हुई है। उनके सभी उपन्यास सामाजिक हैं, इसलिए उनकी समस्याओं का उद्‌घाटन करने में इस प्रवृत्ति का काफी सहारा लिया गया है। चूँकि समाज में अनेक तरह के लोग रहते हैं, जिनके आचार–विचार भिन्न हैं, व्यवहार में असंगतियाँ हैं, अन्दर कुछ और बाहर कुछ और है, इसलिए लेखक इस प्रवृत्ति के द्वारा उनकी बनावट, उनकी विकृति, उनका खोखलापन एवं उनके थोथे आदर्शों को भली–भाँति उघाड़, चीर–फाड़ कर रख देता है। 'शहर में घूमता आईना' में उन्होंने ऐसे ही लोगों को निशाना बना कर उन्हें अपने व्यंग्योक्ति से साधा है। व्यंग्य उनके उपन्यासों की इतनी बड़ी

विशेषता बन चुकी है कि अगर इन तत्वों (हास्य, व्यंग्य) को अश्क के उपन्यासों से अलग कर दिया जाय तो शायद उनके सम्पूर्ण उपन्यासों का रस–वैविध्य ही समाप्त हो जाय। उनके संबंध में यह सत्य ही कहा गया है कि वे जिस पर भी अपने व्यंग्य का बाण छोड़ते हैं, वो बौखला जाता था। अश्क के व्यंग्य की इसी तीक्ष्णता पर बलवन्त सिंह का कथन है- 'थैंकरे ने स्विफ्ट के व्यंग्य के बारे में जो कुछ लिखा है, वही मैं अश्क के बारे में भी कहूँगा कि अगर अश्क के पिस्तौल की गोली खाली चली जाय तो वह पिस्तौल की नली थामकर उसके बट से ही शत्रु की खोपड़ी खोल देते हैं। उनका शत्रु चाहे कोई व्यक्ति हो या उल्टी–सीधी परिस्थितियाँ।'[41]

निष्कर्षतः यह कहा जा सकता है कि अश्क का व्यंग्य सामाजिक विषमताओं और उसकी समस्याओं की आलोचना करने में पूर्णरूप से सफल हैं। उन्होंने समाज की विसंगतियों पर न केवल प्रहार किया बल्कि अपने व्यंग्य में हास को मिलाकर उसकी ठिठोली भी उड़ायी है। अश्क के व्यंग्य के विषय में यह कहा जा सकता है कि उनका व्यंग्य व्यक्तिगत होकर भी सामाजिक है और सामाजिक होकर भी व्यक्तिगत है क्योंकि उन्होंने व्यंग्यों का प्रयोग व्यक्तिगत स्तर पर ही किया है भले ही उसका दायरा सामाजिक हो।

संदर्भ

1. मानक हिन्दी कोश, सं0 रामचन्द्र वर्मा (पाँचवा खण्ड), पृ0 123
2. हिन्दी साहित्य कोष, सं0 रामखेलावन पाण्डेय, भाग–1–ए, पृ0 741
3. काव्य की परख–डॉ0 एस0पी0 खत्री, पृ0 80
4. आइडिया आर्फ कॉमेडी–मेरिडिथ, पृ0 79
5. हिन्दी साहित्य में हास्यरस (डॉ0 बरसाने लाल चतुर्वेदी), पृ0 101 से उद्धृत।
6. वेवस्टरस न्यू होल्ड डिक्शनरी, सं0- एलन नेल्सन
7. थ्योरी आर्फ ड्रामा–ए0 निकिल, पृ0 212
8. भरत नाट्यशास्त्र–भरतमुनि, पृ0 18, 154
9. कबीर–हजारी प्रसाद द्विवेदी, पृ0 164
10. सदाचार का ताबीज–हरिशंकर परसाई, पृ0 90
11. मेरी श्रेष्ठ व्यंग्य रचनायें–अमृतराय (भूमिका)
12. हास्य के सिद्धान्त तथा मानस में हास्य–प्रो. जगदीश पाण्डेय, पृ0 105

13. हास्य के सिद्धान्त-नारायण दीक्षित, पृ0 63
14. आँखन देखी-मलय, पृ0 266
15. हरिशंकर परसाई : व्यंग्य की वैचारिक पृष्ठभूमि-प्रो. राधोश्याम शर्मा, पृ0 24
16. मेरी श्रेष्ठ व्यंग्य रचनायें-हरिशंकर परसाई, पृ0 10-11
17. कबीर साहेब की शब्दावली (पहला भाग), प्रकाशक- वेल वेडियर प्रेस
18. कबीर-हजारी प्रसाद द्विवेदी, पृ0 164
19. कबीर साहेब की शब्दावली (पहला भाग)
20. हिन्दी कविता में हास्यरस- डॉ0 नगेन्द्र (वीणा, सितम्बर माह), पृ0 14
21. अंधेर नगरी (दूसरा अंक), भारतेन्दु हरीशचन्द्र
22. हिन्दी उपन्यास और यथार्थवाद-त्रिभुवन सिंह, पृ0 260
23. वही, पृ0 265
24. उपेन्द्रनाथ अश्क-व्यक्तित्व एवं कृतित्व-कपिलदेव राय से उद्धृत।
25. उपन्यासकार अश्क-भैरव प्रसाद गुप्त, पृ0 253
26. गिरती दीवारें-अश्क-पृ0 383
27. वही, पृ0 127
28. वही, पृ0 271
29. उपन्यासकार अश्क-इन्द्रनाथ मदान, पृ0 40
30. हिन्दी उपन्यास और यथार्थवाद-त्रिभुवन सिंह, पृ0 266
31. वही
32. उपन्यासकार अश्क-अश्क, पृ0 72
33. शहर में घूमता आईना-अश्क, पृ0 296
34. बांधों न नाँव इस ठाँव-अश्क, पृ0 85
35. वही, पृ0 379
36. निमिषा-अश्क, पृ0 231-32
37. उपन्यासकार अश्क-इन्द्रनाथ मदान, पृ0 26
38. विवादों के घेरे में-अश्क, पृ0 77
39. गिरती दीवारें-अश्क, पृ0 59
40. वही, पृ0 59
41. अश्क : एक रंगीन व्यक्तित्व, ले0- बलवन्त सिंह, पृ0 84